Biering • **Preis- und Produktstrategien
für digitale Produkte, untersucht
am Beispiel des Software-Marktes**

D1666633

Simone Biering

Preis- und Produktstrategien für digitale Produkte, untersucht am Beispiel des Software-Marktes

 Band 76 der Schriftenreihe des Instituts für Allgemeine Wirtschaftsforschung der Albert-Ludwigs-Universität Freiburg i. Br.

Herausgegeben von
Prof. Dr. G. Blümle
Prof. Dr. Dr. h. c. K. Brandt
Prof. Dr. S. Hauser
Prof. Dr. Dr. h. c. E. Hoppmann
Prof. Dr. B. Külp
Prof. Dr. O. Landmann
Prof. Dr. D. Lüdeke
Prof. Dr. B. Neumärker
Prof. Dr. F. Schober
Prof. Dr. G. Schulze
Prof. Dr. V. Vanberg

Rudolf Haufe Verlag • Freiburg i. Br.

Bibliografische Information der Deutschen Bibliothek
Die Deutsche Bibliothek verzeichnet diese Publikation in der Deutschen Natio-
nalbibliografie; detaillierte bibliografische Daten sind im Internet über
http://dnb.ddb.de abrufbar.

Biering, Simone:
Preis- und Produktstrategien für digitale Produkte,
untersucht am Beispiel des Software-Marktes

ISBN 3-448-06101-8 Best.-Nr. 00948-0001

© Rudolf Haufe Verlag, Freiburg i. Br. 2004
Einband-Entwurf: Manfred Stark, Freiburg i. Br.
Druck: Digitaldruck GmbH, Frensdorf

Meinen Eltern

Vorwort

Die vorliegende Arbeit wurde von der Wirtschafts- und Verhaltenswissenschaftlichen Fakultät der Albert-Ludwigs-Universität Freiburg im Breisgau im November 2003 als Dissertation angenommen. Sie entstand in den Jahren 2000 bis 2003 an der Abteilung für Wirtschaftsinformatik des Instituts für Allgemeine Wirtschaftsforschung im Anschluss an mein Studium der Volkswirtschaftslehre an der Universität Freiburg.

Bei allen, die mich während dieser Zeit unterstützt haben, möchte ich mich hiermit bedanken.

Mein besonderer Dank gilt an erster Stelle meinem Doktorvater Professor Dr. Franz Schober, Direktor der Abteilung für Wirtschaftsinformatik, für die vielen Anregungen, die konstruktive Kritik und das mir entgegengebrachte Vertrauen bei der Betreuung dieser Arbeit.

Ebenfalls danke ich Herrn Professor Dr. Günter Knieps für die Übernahme des Zweitgutachtens. Weiterhin danke ich der Landesgraduiertenförderung des Landes Baden-Württemberg, deren Stipendium die gezielte Konzentration auf diese Arbeit über zwei Jahre hinweg ermöglichte.

Besonders möchte ich auch Herrn Dr. Gunter Schall dafür danken, dass er meinen unermüdlichen Fragen stets mit Diskussionsbereitschaft begegnete und dabei auch fachliche Anregungen gab. Ebenso wie ihm möchte ich auch nicht zuletzt meiner Familie herzlich dafür danken, dass sie mich mit ihrem Verständnis und ihrem Rückhalt bei dieser Arbeit immer unterstützt hat.

Berlin, im Januar 2004

Simone Biering

Inhaltsverzeichnis

Abbildungsverzeichnis

Tabellenverzeichnis

Abkürzungsverzeichnis

BMJ	Bundesministerium für Justiz
BSA	Business Software Alliance
DRM	Digital Rights Management
GATT	General Agreement on Tariffs and Trade
GATS	General Agreement on Trade in Services
OECD	Organization for Economic Co-operation and Development
RTA	Regional Trade Area
TRIPS	Trade-Related Aspects of Intellectual Property Rights
WIPO	World Intellectual Property Organization
WTO	World Trade Organization

Weitere Bezeichnungen

Sofern jeweils nichts Abweichendes angemerkt ist, gelten folgende Bezeichnungen für entsprechend angegebene Variablen.

c_1, c_2	Grenzkosten für Gut 1 und Gut 2
p_1, p_2	Einzelpreise für Gut 1 und Gut 2
p_B	Bündelpreis
r, r_1, r_2	Reservationspreise je Gut für Gut 1 und Gut 2

1 Einleitung

„The time has come to take a clearer view of the Internet.
We need to move away from the rhetoric about 'Internet in-
dustries', 'e-business strategies' and a 'new economy' and
see the Internet for what it is: an enabling technology – a
powerful set of tools that can be used, wisely or unwisely, in
almost any industry and as a part of almost any strategy.
We need to ask fundamental questions: Who will capture the
economic benefits that the Internet creates? Will all the
value end up going to customers, or will companies be able
to reap a share of it?
(...)
And what will be its impact on strategy?"[1]

Oftmals wurde prophezeit, das Internet und seine neuen Möglichkeiten würden alle oder zumindest eine Mehrheit der bisher geltenden Regeln ungültig machen. Es wurden zahlreiche neue Regeln des E-Commerce aufgestellt, die sich jedoch bei genauerem Hinsehen als altbekannt erwiesen. Die neuen Entwicklungen der Informations- und Kommunikationstechnologie implizieren nicht unbedingt die grundsätzlichen und alle Branchen betreffenden Veränderungen des Marktes, die ihnen oftmals zugeschrieben wurden. Je nach Art der betrachteten Güter kann die Nutzung des Internet durch einen Anbieter sehr unterschiedlich ausfallen. Entsprechend verschieden sind demnach auch die Auswirkungen auf die Strategie des Anbieters, auf das Marktergebnis und die Wohlfahrt insgesamt.

---

[1] S. Porter, M. (2001), S. 64.

Die Nutzung des Internet durch einen Anbieter kann in drei unterschiedliche Stufen eingeteilt werden:

1. Bei bestimmten Gütern kann ein Anbieter das Internet als zusätzlichen Vertriebskanal nutzen, ohne das Produkt selbst zu verändern. Physische Produkte werden also zusätzlich zu anderen Kanälen auch im Internet angeboten, die Auslieferung erfolgt jedoch weiterhin auf dem physischen Wege. Ein Beispiel hierfür sind etwa der Buchversand Amazon oder andere Versandhäuser wie Otto Versand.

2. Anbieter anderer Güter können hinsichtlich der Internet-Nutzung bereits einen Schritt weiter gehen und im Internet zu ihrem regulären Angebot Zusätze anbieten. Dies geschieht beispielsweise im Bereich der Medien bei Zeitungsartikeln oder Fernsehsendungen, zu den häufig Hintergrundinformationen im Internet angeboten werden.

3. Andere Güter erlauben eine noch weitergehende Nutzung des Internet. Sie können vollständig digital über das Internet angeboten und bereitgestellt werden. In diesen Fällen können alle Vorgänge des Handels, von der Kontaktaufnahme zum potenziellen Konsumenten über den Abschluss des Kaufvertrags und die Auslieferung zur Abrechnung, auf digitalem Wege erledigt werden. Möglich ist dies beispielsweise bei Musik, Texten oder Software.

Insbesondere letztere sind von besonderem Interesse, da sich bei diesen Gütern darüber hinaus für Konsumenten und Anbieter auch weitere Veränderungen ergeben können. Dies ist darauf zurückzuführen, dass die betroffenen Güter ganz spezifische Eigenschaften aufweisen, die bei anderen Gütern nicht auftreten. Die Güter der dritten Gruppe, im Folgenden auch digitale Produkte genannt, stellen das wirklich Neue am Internet und seinen Möglichkeiten für Anbieter dar. Es handelt sich um eine neue Form von Gütern, deren typische Eigenschaften sich teilweise in sehr großem Maße von denen herkömmlicher Güter unterscheiden.

Diese Eigenschaften und ihre Konsequenzen für den Markt wurden bislang in der Literatur häufig nur partiell und vor allem oftmals getrennt untersucht. Besonders hervorzuheben ist unter den Eigenschaften digitaler Produkte, dass ihre Grenzkosten in der Produktion gegen null tendieren. Damit ist die Vervielfältigung digitaler Produkte sehr billig. Auch treten sehr häufig positive Netzexternalitäten auf, so dass Nutzer von einer möglichst hohen Anzahl von Mitnutzern profitieren. Zudem beinhalten digitale Produkte häufig auch geistiges Eigentum, dessen Schutz u. U. gewahrt werden muss.

Aufgrund dieser besonderen, für digitale Produkte typischen Eigenschaften steht der Anbieter solcher Produkte vor einer neuen Entscheidung bzgl. der Wahl seiner Preis- und Produktstrategie. Einige der üblichen Preisstrategien sind bei den betroffenen Produkten nicht anwendbar, etwa weil diese über eine ungewöhnliche Kostenstruktur verfügen. Außerdem können für den Anbieter beim Handel mit diesen Produkten Probleme völlig neuer Art oder in einem neuen Ausmaß entstehen. Auf diese Probleme kann der Anbieter mit gezielten Preis- und Produktstrategien reagieren. Es stellt sich nun die Frage, welche Strategie ein Anbieter unter Berücksichtigung seiner Situation wählen sollte.

Der Einsatz dieser Preis- und Produktstrategien bewirkt möglicherweise auch Veränderungen bei der Wohlfahrtsverteilung. Hier stellt sich hauptsächlich die Frage, inwiefern die Konsumentenrente durch den Einsatz von gewinnmaximierenden Preis- und Produktstrategien durch den Anbieter beeinträchtigt wird. Es ist zunächst noch ungewiss, welche Akteure von den jeweiligen Strategien am meisten profitieren können.

Vor diesem Hintergrund verfolgt diese Arbeit drei Ziele:

1. Die Besonderheiten digital ausgelieferter Produkte an sich sollen ebenso wie sich daraus ergebende Fragen des Handels dargestellt werden.

2. Relevante Preis- und Produktstrategien, die sich für das Angebot derartiger Produkte besonders gut eignen, sollen aufgezeigt werden. Es soll analysiert werden, welche dieser Strategien unter welchen Gegebenheiten besonders zu empfehlen sind und welche gesamtwohlfahrtlichen Implikationen sich aus ihnen ergeben. Die gesamtwirtschaftliche Wohlfahrt wird insbesondere im Hinblick auf ihre Bestandteile Konsumenten- und Produzentenrente und deren Veränderungen beim Einsatz der verschiedenen Strategien untersucht.

3. In einer Fallstudie soll anhand von drei Software-Anbietern die tatsächliche Anwendung dieser Strategien überprüft werden.

Die drei Ziele dieser Arbeit sollen wie folgt erreicht werden: Von den insgesamt neun Kapiteln widmen sich Kapitel 2, 3 und 4 den Besonderheiten digitaler Produkte und den sich daraus ergebenden Fragen des Handels. Zuerst werden in Kapitel 2 die für das weitere Vorgehen benötigten Definitionen getroffen. Insbesondere wird die untersuchte Gütergruppe ein- und von anderen abgegrenzt. Die so definierten Güter wiederum sind durch typische Eigenschaften gekennzeichnet, die von großer Bedeutung für die entsprechend zu wählenden Preis- und Produktstrategien sind. Sie werden ebenfalls in diesem Kapitel dargestellt.

Die betrachteten digitalen Produkte eignen sich aufgrund ihres Vertriebs und der Auslieferung über das Internet besonders gut für grenzüberschreitenden Handel. Gerade im Bereich des internationalen Handels sind jedoch bislang einige Fragen ungeklärt. Im Mittelpunkt dieser aktuellen Diskussion steht die Klassifikation digitaler Produkte im Rahmen der WTO. Hier ist noch nicht entschieden, ob der Handel mit diesen Produkten im Rahmen des GATT oder des GATS geregelt werden soll. Diese Fragestellungen und mögliche Lösungsansätze werden in Kapitel 3 dieser Arbeit erläutert.

Im vierten Kapitel der Arbeit ist eine besondere Eigenschaft der digitalen Produkte der Ausgangspunkt. Ein wichtiger Bestandteil digitaler Produkte ist geistiges Eigentum. Gerade aufgrund anderer typischer Eigenschaften digitaler Produkte ist der Schutz des geistigen Eigentums bei diesen Produkten sehr schwer. Etwa die leichte Reproduzierbarkeit nicht nur durch den eigentlichen Hersteller, sondern auch durch Konsumenten erleichtert die Piraterie bei diesen Produkten. Zudem bestehen für Konsumenten häufig auch Anreize zur Piraterie. Kapitel 4 zeigt anhand verschiedener mikroökonomischer Modelle, welchen Einfluss Piraterie auf die Wohlfahrt haben kann und wie betroffene Anbieter mittels gezielter Strategiewahl darauf reagieren können. In Kapitel 4 wird also die Verbindung zum zweiten Ziel dieser Arbeit vollzogen, das im weiteren Verlauf in den Kapiteln 5 und 6 behandelt wird.

Im Anschluss daran soll auf die verschiedenen Arten der Aggregationsstrategien eingegangen werden. Hierzu wird in Kapitel 5 zunächst die Nachfrage-Seite dargestellt. Einerseits wird erläutert, auf welche Art die Nachfrage in den Modellen der Aggregationsstrategien abgebildet werden kann. Andererseits wird auch gezeigt, wie bestimmte Aggregationsstrategien die Entscheidungen der Konsumenten beeinflussen können. In diesem Zusammenhang spielen Forschungsergebnisse der Wirtschaftspsychologie eine besondere Rolle. Aus diesen Erkenntnissen lassen sich weitere Empfehlungen für Anbieter digitaler Produkte ableiten.

Im Rahmen des sechsten Kapitels dieser Arbeit werden Modelle der Aggregationsstrategien erörtert. Es handelt sich hierbei um sehr unterschiedliche Modelle, die zunächst in zwei Gruppen unterteilt werden. Zum einen werden Modelle für Aggregation im Monopol dargestellt, zum anderen Modelle für Aggregation im Wettbewerb. Ergänzt werden diese um weitere Modelle für Sonderfälle. In beiden Modellgruppen kann wiederum unterschieden werden zwischen Zwei-

Güter-Modellen und N-Güter-Modellen. Die Ausgangspunkte der Modelle sind zum Teil sehr unterschiedlich, jedoch befassen sich alle Modelle mit der Frage, welche Strategie für einen Anbieter unter gegebenen Umständen die vorteilhafteste ist.

Aufbauend auf diesen Modellen werden jeweils die Wohlfahrtsergebnisse der in den Modellen dargestellten Strategien dargestellt. Es stellt sich hier die Frage, wer von den betrachteten Strategien profitieren kann: Konsumenten, Produzenten oder beide Gruppen.

In Anlehnung an das dritte Ziel der Arbeit werden die bis dahin gewonnenen Erkenntnisse im siebten Kapitel der Arbeit daraufhin überprüft, ob sie auch tatsächlich Anwendung finden. Grundlage hierfür ist eine Fallstudie anhand von drei Software-Anbietern. Aus dem Angebot jedes Anbieters wurde eine zu untersuchende Produktlinie ausgewählt, deren Angebotsstrategien mit den in der Arbeit dargestellten Strategieempfehlungen verglichen wird.

2 Digitale Produkte: Begriffliche Abgrenzungen und Eigenschaften

Unter den Bezeichnungen digital, digitalisierbar und digitale Güter und Produkte verbergen sich häufig sehr ungenaue und bisweilen auch identische Definitionen. Um jedoch in den folgenden Kapiteln eine differenzierte Darstellung digitaler Produkte und ihres Marktes zu ermöglichen, sollen in diesem Kapitel einige Definitionen vorgenommen werden. Im Anschluss daran wird auf die Eigenschaften der im Folgenden untersuchten digitalen Produkte besonders eingegangen, da sich aus ihnen auch Rückschlüsse hinsichtlich der geeigneten Preis- und Produktstrategien ziehen lassen.[2]

2.1 Digitalisierbarkeit und digitale Güter

2.1.1 Die Verwendung verschiedener Begriffe in der Literatur

Die Begriffe „digital", „digitale Güter", „digitale Produkte" und „Informationsgüter" erfahren in der Literatur sehr unterschiedliche und teilweise recht widersprüchliche Verwendungen. Eine Übersicht der häufigsten Verwendungen zeigt dies sehr deutlich.

Bei Varian und Shapiro ist vornehmlich die Rede von „Information Goods", aber auch von digitalen Gütern. Varian definiert Information Goods als „alles, was digitalisiert werden kann".[3] Die Bezeichnungen Informationsgut und digita-

---

[2] Teile dieses Kapitels sind in Anlehnung an Armbruster, K. / Biering, S. (2003) entstanden.
[3] S. Varian, H. (1998), S. 3.

les Gut werden synonym verwendet, ohne dass jedoch genauer darauf eingegangen wird, was „digital" ist. Als Beispiele werden hier Bücher, Filme und Telefongespräche genannt. Es wird also damit impliziert, dass allein die Möglichkeit zur Digitalisierung eines Gutes ausreicht, um ein beliebiges Gut als digitales Gut oder Informationsgut zu bezeichnen. Die gleichen Bezeichnungen verwenden Shapiro / Varian.[4] Die ungenaue Spezifizierung unterschiedlicher Begriffe und deren synonyme Verwendung eignen sich für folgende Untersuchungen nicht besonders gut, da sie keine differenzierte Betrachtung der einzelnen Güter ermöglichen. Mit Information Good kann ein gebundenes Buch ebenso wie ein über das Internet übertragener Film bezeichnet werden. Sind derart verschiedene Güter unter einem Sammelbegriff zusammengefasst, wird eine detaillierte Untersuchung schwierig.

Häufig wird auch nicht nur das Gut selbst betrachtet, sondern zusätzlich auch andere Transaktionsphasen des Handels mit einem bestimmten Gut. So bezieht etwa Illik sämtliche Transaktionsphasen des Handels mit in die Beurteilung eines Gutes ein, wie beispielsweise Bestellung oder Versandanzeige.[5] Damit lassen sich nur schwer Aussagen über Eigenschaften des betrachteten Gutes machen. Ob also das Gut selbst oder nur bestimmte Prozesse beim Handel mit diesem Gut digital sind, lässt sich nicht ohne weiteres differenzieren.

Andere Autoren wiederum unterscheiden bei digitalen Gütern zwischen elektronischen Inhaltedienstleistungen, automatischen digitalen Dienstleistungen und digitalen Produkten. Elektronische Inhaltedienstleistungen sind dabei Prozesse, bei denen „physische Personen anhand von elektronische Netzwerken ihr Know-How / Wissen und / oder ihre manuelle Arbeitskraft über eine Entfernung hinweg zur Verfügung" stellen.[6] Im Gegensatz dazu werden automatische elektronische Prozesse wie automatische Suchmaschinen oder Agenten als automatische digitale Dienstleistungen bezeichnet. Digitale Produkte wiederum werden

---

[4] Vgl. Shapiro, C. / Varian, H. (1999).
[5] Vgl. Illik, J. (1998).
[6] S. Hauser, H. / Wunsch-Vincent, S. (2002), S. 18.

von den Autoren als Untergruppe der elektronischen Inhaltedienstleistungen eingestuft, da sie auf einer Mischung aus Informationsgütern (z. B. Bücher), Content (geschützter Inhalt) und Dienstleistungsprozess (Schaffung von Verfügbarkeit der betrachteten Inhalte) basieren.[7] Eine derartige Verwendung der Begriffe ermöglicht kein differenziertes Vorgehen bei der weiteren Untersuchung, da eine eindeutige Trennung zwischen den jeweiligen Güterkategorien nicht immer und wenn, dann nur sehr schwer möglich ist.[8]

Eine andere Verwendung der Bezeichnung „digital" verwenden Choi et al. Die Autoren gehen davon aus, dass alles, was über das Internet übertragen, also gesendet und empfangen werden kann, das Potential zu einem digitalen Produkt hat.[9] Güter auf materiellen Datenträgern, z. B. Papier, können durch bestimmte Prozesse wie Scannen also zu digitalen Produkten werden. Digitale Produkte sind laut Choi et al. nicht nur in ihrer physischen Eigenschaft ein Strom aus Bits, sondern unterliegen auch in ihrer Produktion und Anwendung keinen physischen Beschränkungen. Bei digitalen Produkten nach Choi et al. können drei Untergruppen unterschieden werden:[10]

1. Informations- und Unterhaltungsprodukte, wie z. B. digitale Zeitungen, elektronische Grußkarten oder Filme,

2. Symbole, Zeichen und Konzepte, wie beispielsweise elektronische Flugtickets, elektronische Währungen, und

3. Prozesse und Dienstleistungen, wie etwa Auktionen, interaktive Medizin-Dienstleistungen und interaktive Unterhaltung.

---

[7] Hauser und Wunsch-Vincent berufen sich dabei auf die Positionierung digitaler Produkte durch Luxem. Dieser allerdings unterscheidet zwischen Informationsgütern und immateriellen Gütern, in deren Schnittmenge sich die digitalen Produkte befinden. Eine weitere Güterkategorie, die Prozesse und Dienstleistungen, sind laut Luxem teilweise immaterielle Güter und teilweise Informationsgüter, weisen aber keinerlei Schnittmenge mit den digitalen Produkten auf. Vgl. Hauser, H. / Wunsch-Vincent, S. (2002) und Luxem, R. (2000), S. 20f.

[8] Vgl. hierzu Hauser, H. / Wunsch-Vincent, S. (2002), S. 18.

[9] Hinzuweisen ist auch darauf, dass die Autoren nicht von digitalen Gütern, sondern von „digital products" sprechen. Vgl. Choi, S.-Y. / Stahl, D. / Whinston, A. (1997), S. 62.

[10] Vgl. hierzu Choi, S.-Y. / Stahl, D. / Whinston, A. (1997), S. 64.

Allerdings beinhaltet die Definition von Choi et al. keine Differenzierung zwischen digitalen Gütern und digitalen Produkten. Des Weiteren umfasst der Begriff der digitalen Produkte sehr vielfältige Güter wie bereits vorgefertigte Güter einerseits und andererseits interaktive Dienstleistungen. Diese Gütergruppen sind möglicherweise durch recht unterschiedliche Eigenschaften und dementsprechende Konsequenzen hinsichtlich des Handels mit ihnen gekennzeichnet. Eine Unterscheidung diesbezüglich ermöglicht die Definition digitaler Güter von Stelzer. Der Autor definiert digitale Güter wie folgt:[11] „Unter digitalen Gütern versteht man immaterielle Mittel zur Bedürfnisbefriedigung, die sich mit Hilfe von Informationssystemen entwickeln, vertreiben oder anwenden lassen. Es sind Produkte oder Dienstleistungen, die in Form von Binärdaten dargestellt, übertragen und verarbeitet werden können."

Dabei wird zum einen zwischen digitalen Dienstleistungen und digitalen Produkten unterschieden, die beide zu den digitalen Gütern gehören, und zum anderen können Güter nach unterschiedlichen Digitalisierungsgraden klassifiziert werden.

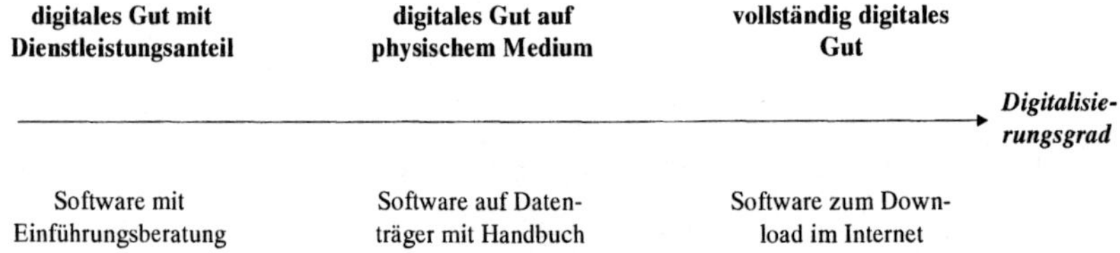

digitales Gut mit Dienstleistungsanteil	digitales Gut auf physischem Medium	vollständig digitales Gut	
			Digitalisierungsgrad
Software mit Einführungsberatung	Software auf Datenträger mit Handbuch	Software zum Download im Internet	

Abbildung 1:   **Güter mit verschiedenen Digitalisierungsgraden. Quelle: Stelzer, D. (2000), S. 836.**

---

[11] Vgl. Stelzer, D. (2000), S. 836.

Allerdings weisen die Güter verschiedenen Digitalisierungsgrades völlig unterschiedliche Eigenschaften auf, beispielsweise ein digitales Gut mit Dienstleistungsanteil und ein digitales Gut auf physischem Träger. Dementsprechend unterschiedlich fallen auch die geeigneten Preis- und Produktstrategien dieser Güter aus. Ferner kann auch in dieser Definition die Verwendung des Gutes ausschlaggebend für den Digitalisierungsgrad sein. Die Verwendungsmöglichkeiten digitaler Güter sind jedoch äußerst vielfältig und variieren möglicherweise von Konsument zu Konsument. Auch diese Definition eignet sich also nicht sehr gut für die Untersuchungen dieser Arbeit.

2.1.2 Begriffliche Abgrenzung digitaler Güter

Für die weiteren Untersuchungen dieser Arbeit soll der Begriff der digitalen Produkte genau abgegrenzt werden. Relevant sind hier bestimmte Güter, deren Übertragung vom Anbieter zum Kunden auf elektronischem Wege erfolgt. Die folgende Definition verdeutlicht dies:

> Mit dem Begriff digitale Güter werden im Folgenden Güter bezeichnet, bei denen das Übertragungsmedium bei der physikalischen Übertragung des Gutes vom Sender (Anbieter) zum Empfänger (Konsumenten) ausschließlich IT-gestützte Kommunikationsnetze sind.

Von zentraler Bedeutung für die Frage, ob ein Gut digital vorliegt oder nicht, ist hier der Zustand des betrachteten Gutes zum Zeitpunkt der Übertragung vom Anbieter zum Konsumenten. Es ist also hier von zentraler Bedeutung, ob die Übertragung vom Anbieter zum Konsumenten digital stattfindet. Ein digitales

Gut wird in jedem Fall elektronisch über IT-gestützte Kommunikationsnetze zum Kunden übertragen. In welcher Form das betrachtete Gut zu anderen Zeitpunkten vorliegt, spielt bei dieser Definition keine Rolle. Ob ein digitales Gut vor oder nach der Übertragung zum Kunden auf anderen Trägermedien als dem IT-gestützten Kommunikationsnetz gespeichert ist, ändert nichts an der Einstufung als digitales Gut. Bei einem Text, der zunächst auf Papier vorliegt und gescannt wird, um anschließend über das Internet zu einem anderen Nutzer übertragen zu werden, handelt es sich nach oben stehender Definition um ein digitales Gut. Dies ist auch unabhängig davon der Fall, ob der Text vom Empfänger wiederum auf Papier ausgedruckt wird oder nicht. Analog ist Software, die beispielsweise über das Internet vom Anbieter zum Kunden übertragen wird, als ein digitales Gut entsprechend der hier eingeführten Definition zu betrachten. Dieselbe Software wiederum, wenn sie in Form von Disketten oder CD-ROMs vom Anbieter zum Empfänger übertragen wird, gilt entsprechend der hier verwendeten Definition nicht als digitales Gut. Digitale Güter liegen während der Übertragung vom Anbieter zum Konsumenten zwingend in immaterieller Form vor, können vor oder nach dieser Übertragung jedoch auch in materieller Form vorliegen. Von Relevanz sein soll also nur, in welcher Form das betrachtete Gut den Anbieter verlässt und beim Konsumenten eintrifft. Was der Anbieter oder der Konsument zu anderen Zeitpunkten als dem der Übertragung mit dem Gut machen, z. B. ob sie es in eine nicht-digitale Form umwandeln oder zu welchem Zweck das Gut verwendet wird, soll hier keine Rolle spielen. Abgesehen davon liegen digitale Güter im kommerziellen Bereich i. d. R. beim Anbieter bereits in der Form vor, in der sie auch zum Konsumenten übertragen werden sollen. Sie müssen dementsprechend vom Anbieter nicht kurz vor der Übertragung zum Konsumenten umgewandelt werden, wie etwa durch Scannen.

Auch ist es hier nicht von Bedeutung, ob das vorliegende Gut über IT-gestützte Kommunikationsnetze angeboten oder der Handel selbst auf diesem Wege vereinbart wurde. Beim Handel digitaler Güter ist es also irrelevant, auf welchem

Wege alle Transaktionsphasen außer der Auslieferung stattfinden. Im Unterschied zu anderen Gütern besteht aber bei digitalen Gütern die Möglichkeit, alle Transaktionsphasen des Handels einschließlich der Lieferung des Gutes zum Konsumenten auf elektronischem Wege zu tätigen. Denkbar wäre es, dass die Bestellung für ein digitales Gut nicht auf elektronischem Wege getätigt wird, sondern beispielsweise per Post. Allerdings ist es üblich, die Bestellung für digitale Güter auf dem Wege zu tätigen, auf dem das Gut anschließend auch ausgeliefert wird. Gerade bei digitalen Gütern sind Zeitpunkt und Vorgang der Bestellung und Zeitpunkt und Vorgang der Auslieferung auch kaum zu trennen: mit einem Klicken des Konsumenten auf ein Download-Symbol etwa wird die gewünschte Software augenblicklich „geliefert".

2.1.3 Digitalisierbarkeit

Als digitalisierbar wiederum werden hier Güter bezeichnet, die zum Betrachtungszeitpunkt nicht-digital übertragen werden, die aber diese Möglichkeit beinhalten.

Bei digitalisierbaren Gütern handelt es sich um alle Güter, die potenziell zur Menge der digitalen Güter gehören können.

Die Menge der digitalen Güter ist entsprechend eine Teilmenge der Menge der digitalisierbaren Güter, da jedes digitale Gut digitalisierbar sein muss, andererseits aber nicht jedes digitalisierbare Gut zum Betrachtungszeitpunkt digital sein muss.

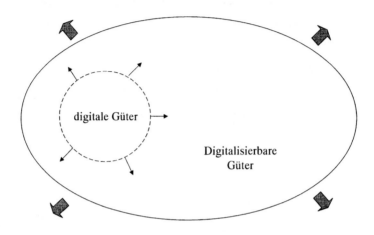

Abbildung 2:   Digitalisierbare und digitale Güter. Quelle: Armbruster, K. / Biering, S. (2003), S. 3.

Die in der obigen Abbildung dargestellte Menge der digitalen Güter kann sich innerhalb der Menge der digitalisierbaren Güter beliebig ausdehnen, da alle digitalisierbaren Güter auch digital sein können. Die Größe der Menge der digitalen Güter ist somit jedoch auch begrenzt durch die Größe der Menge der digitalisierbaren Güter. Ein Gut, das außerhalb der Menge digitalisierbarer Güter liegt, kann nicht digital vorliegen. Dabei ist die Größe der Menge der digitalen Güter abhängig von Faktoren wie der entsprechenden Nachfrage und betriebswirtschaftlichen Entscheidungen der Anbieter von digitalisierbaren Gütern.

Auch der Umfang der Menge der digitalisierbaren Güter ist veränderlich, allerdings ist er wiederum abhängig vom technologischen Fortschritt. Dies ist darauf zurückzuführen, dass die Digitalisierbarkeit keine ursprüngliche Gütereigenschaft ist, sondern von verschiedenen Faktoren abhängt.

Die Digitalisierbarkeit eines Gutes ist einerseits in großem Maße vom Informationsgehalt dieses Gutes abhängig, also davon, in welchem Verhältnis der Informationsanteil an diesem Gut zu den anderen Bestandteilen dieses Gutes steht. Je bedeutender dieser Informationsgehalt ist, desto eher ist ein Gut digitalisierbar.

Ein wesentlicher Faktor ist andererseits die Verfügbarkeit von Ein- und Ausgabemedien bei Sender und Empfänger.[12] Neben Computern oder MP3-Playern sind weitere innovative Ein-, insbesondere aber Ausgabemedien denkbar. Beispielsweise wurde am Massachusetts Institute of Technology ein Chip entwickelt, der kleine Röhrchen mit Chemikalien enthält und auf diese Weise Düfte synthetisieren kann.[13] Der Hersteller von Kaffeeautomaten Jura bietet in der Reihe Impressa F90 Geräte an, die sich Parameter für neue Kaffeespezialitäten aus dem Internet herunterladen und diese speichern können.[14] Insofern können Düfte und Kaffeespezialitäten bzw. deren Rezepte als digitalisierbar eingestuft werden. Durch weitere Neuerungen im Bereich der Technologie der Ein- und Ausgabemedien können immer mehr Güter die Digitalisierbarkeit erreichen.

Im Folgenden werden allerdings nur digitale Güter in die Betrachtungen mit einbezogen, nicht jedoch alle digitalisierbaren. Weitere Einschränkungen hinsichtlich der in dieser Arbeit behandelten Güter werden noch vorgenommen.

---

[12] Vgl. Albers, S. / Clement, M. / Skiera, B. (1999), S. 80f.
[13] Vgl. MIT (1999).
[14] Nachzulesen in „ImpressaWorld – das Kaffee-Gourmet-Magazin von Jura" Nr. 3, Herbst 2002 oder unter www.juraworld.de (Zugriff: 11.12.2002).

2.2 Klassifikation digitaler Güter

2.2.1 Allgemeine Kategorien digitaler Güter

Digitale Güter treten in sehr vielen unterschiedlichen Formen auf. Eine Einteilung entsprechend des Inhalts in verschiedene Gruppen wie Textdateien, Musikdateien usw. wird mit zunehmender Zahl verfügbarer Formate zur Übertragung digitaler Güter immer schwieriger, da immer wieder neue Kategorien hinzugefügt werden müssten. Eine andere Möglichkeit ist die Kategorisierung entsprechend der Nutzungsart des digitalen Gutes in Gruppen wie beispielsweise Unterhaltungsgüter, Datenbanken oder Software. Sie birgt aber das Risiko der Subjektivität, da die Verwendung eines digitalen Gutes von Nutzer zu Nutzer unterschiedlich aussehen kann. Choi, Stahl und Whinston schlagen hier eine weitere Art von Kategorien vor, die sich auf die Interaktionen zwischen Anbieter und Konsumenten bezieht. Dieser Fokus entspricht auch der in dieser Arbeit verwendeten Definition digitaler Güter, die ebenfalls diese Interaktion (in diesem Fall nur die Übertragung des Gutes vom Anbieter zum Konsumenten) in den Mittelpunkt rückt. Die von den Autoren genannten Kriterien zur Beschreibung digitaler Güter sind die folgenden:[15]

1. Transfermodus. Hinsichtlich des Transfermodus kann man unterscheiden zwischen fertig gelieferten und interaktiven digitalen Gütern. Die fertig gelieferten digitalen Güter können durch eine einmalige Übertragung vom Anbieter zum Konsumenten übermittelt werden und benötigen keine weitere Interaktion. Interaktive digitale Güter hingegen zeichnen sich durch eine notwendige Echtzeit-Interaktion zwischen Anbieter und Konsumenten aus.

---

[15] Vgl. Choi, S.-Y. / Stahl, D. / Whinston, A. (1997), S. 76ff.

2. Vergänglichkeit. Dieses Kriterium beschreibt die Wertbeständigkeit des betrachteten Gutes im Zeitablauf und ermöglicht die Unterscheidung zwischen zeitabhängigen und zeitunabhängigen digitalen Gütern. Bei zeitabhängigen Gütern handelt es sich um Güter mit häufig aktuellem Bezug, die sehr rasch ihren Wert verlieren. Aufgrund dieses Wertverlusts stellen Wiederverkauf und illegale Reproduktion bei zeitabhängigen digitalen Gütern selten ein Problem dar. Anders ist dies bei zeitunabhängigen digitalen Gütern, die ihren Wert über die Zeit beibehalten. Die Wertbeständigkeit eines digitalen Gutes ist jedoch nicht nur vom betrachteten Gut selber abhängig, sondern auch von der Verwendung, der das Gut zugeführt werden soll.

3. Nutzungsintensität. Dieses Kriterium soll beschreiben, wie häufig ein digitales Gut üblicherweise genutzt wird. Es existieren digitale Güter, die einmalig, und andere, die i. d. R. mehrmals genutzt werden. Auf Märkten für digitale Güter mit mehrfacher Nutzung konkurrieren häufig bereits benutzte mit neuen, noch nicht verwendeten Gütern. Da digitale Güter oftmals keinen oder einen nur sehr geringen Verschleiß aufweisen, sind die bereits verwendeten Güter nahezu neuwertig. Für Anbieter solcher Güter besteht daher der Anreiz, Wiederverkauf oder Reproduktion durch Nutzer zu unterbinden.

4. Nutzungsform. Bei digitalen Gütern können fixierte Dokumente von ausführenden Programmen unterschieden werden. Ausführende Programme beinhalten die Möglichkeit für den Anbieter, mehr als lediglich den Inhalt des Gutes zu kontrollieren. Vielmehr können sie außerdem Einfluss nehmen auf bestimmte Funktionen und Verwendungen des Gutes sowie die technische Umgebung, in der das Gut womöglich ausschließlich genutzt werden kann.

5. Externalitäten. Bei digitalen Gütern können sowohl negative als auch positive Externalitäten auftreten. Allerdings sind negative Externalitäten nur

selten festzustellen. Eine Ausnahme wären hier beispielsweise exklusive Insiderinformationen an den Finanzmärkten. Bei den positiven Externalitäten sind insbesondere Netzexternalitäten zu vermerken. Auf sie wird allerdings in Kapitel 2.3 genauer eingegangen, da sie insbesondere bei einer Untergruppe der digitalen Güter, den digitalen Produkten, auftreten.

Anhand dieser fünf Kriterien ist eine erste Beschreibung digitaler Güter möglich, weitere Klassifikationsmöglichkeiten für digitale Produkte werden im Folgenden erläutert.

2.2.2 Digitale Dienstleistungen und digitale Produkte

Digitale Güter treten in verschiedenen Gütergruppen auf. Entsprechend der in dieser Arbeit verwendeten Definition digitaler Güter lassen sich unter den digitalen Gütern zwei mögliche Kategorien feststellen. Dabei handelt es sich einerseits um vorgefertigte digitale Güter (Produkte) und andererseits digitale Dienstleistungen. Die folgende Abbildung stellt die Aufteilung der Realgüter in zwei relevante Unterkategorien, Dienstleistungen und Produkte dar. Des Weiteren verdeutlicht sie mittels der schwarzen Pfeile, wie bereits weiter oben beschrieben, dass sich der Umfang der digitalisierbaren Güter durch etwa technologische Neuerungen vergrößert. Die grauen Pfeile wiederum zeigen an, dass die Größe der Menge der digitalen Güter variabel ist und maximal der Mange der digitalisierbaren Güter entspricht.

Realgüter

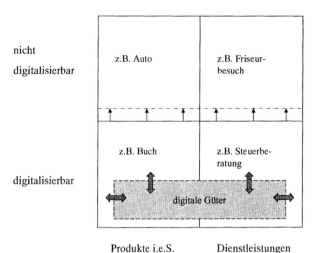

nicht
digitalisierbar

z.b. Auto

z.b. Friseur-
besuch

digitalisierbar

z.b. Buch

z.b. Steuerbe-
ratung

digitale Güter

Produkte i.e.S.   Dienstleistungen

**Abbildung 3:   Digitale Produkte und digitale Dienstleistungen. Quelle:
Armbruster, K. / Biering, S. (2003), S. 7.**

Vorgefertigte digitale Güter, also solche, die bereits vor einer Kundenanfrage in der Form vorliegen, in der sie auch ausgeliefert werden, werden im Folgenden als digitale Produkte (i. e. S.) bezeichnet. Dienstleistungen im Allgemeinen zeichnen sich dadurch aus, dass für ihre Produktion neben den Produktionsfaktoren des Anbieters auch der Konsument oder in dessen Verfügungsgewalt stehende Objekte benötigt werden.[16] Nur wenn diese von außen eingebrachten Produktionsfaktoren des Konsumenten und die Produktionsfaktoren des Anbieters digital übertragen werden können, ist es möglich, Dienstleistungen digital zu erbringen. Sowohl nicht-digitale als auch digitale Dienstleistungen können aufgrund des notwendigen externen Faktors nicht vollständig vorproduziert werden, was eine Unterscheidung von den digitalen Produkten ermöglicht.

---

[16] Vgl. Berekoven, L. (1974), S. 29 und Hilke, W. (1984), S. 8-9.

Das Kriterium der Vorproduzierbarkeit steht in sehr engem Zusammenhang mit der Standardisierbarkeit des jeweiligen Gutes. Je höher die Standardisierbarkeit eines Gutes, desto eher lässt es sich im Voraus fertigen, ohne besondere Gegebenheiten oder Wünsche seitens des Konsumenten berücksichtigen zu müssen. Digitale Produkte zeichnen sich durch eine hohe Standardisierbarkeit und damit Vorproduzierbarkeit aus, während digitale Dienstleistungen nicht standardisierbar und damit nicht vollständig vorproduzierbar sind. Die untenstehende Abbildung verdeutlicht dies noch einmal und zeigt gleichzeitig anhand des grau hinterlegten Feldes, welche Güter für die folgenden Untersuchungen von besonderer Bedeutung sind.

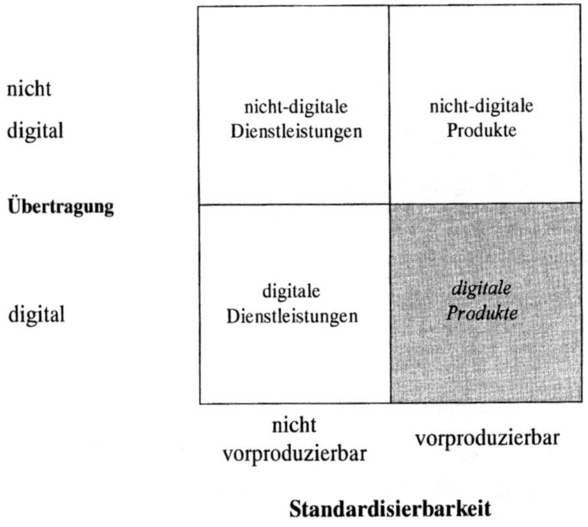

Übertragung		
nicht digital	nicht-digitale Dienstleistungen	nicht-digitale Produkte
digital	digitale Dienstleistungen	*digitale Produkte*
	nicht vorproduzierbar	vorproduzierbar

Standardisierbarkeit

Abbildung 4: **Digitale Produkte und Standardisierbarkeit in der Produktion.**

Entsprechend den bereits weiter oben genannten Kriterien von Choi et al. zur Beschreibung digitaler Güter können digitale Produkte wiederum folgendermaßen charakterisiert und von digitalen Dienstleistungen abgegrenzt werden:

1. Transfermodus. Digitale Produkte sind dadurch gekennzeichnet, dass zum Zwecke ihrer Übertragung vom Anbieter zum Konsumenten i. d. R. keine weiteren Interaktionen zwischen den beiden Akteuren vonnöten sind. Digitale Produkte sind vorgefertigt und können so unmittelbar nach der Bestellung zum Konsumenten übertragen werden. Bei digitalen Dienstleistungen hingegen ist häufig eine (Echtzeit-) Interaktion notwendig, um weitere Produktionsfaktoren vom Konsumenten zum Anbieter zu übertragen, bevor die Dienstleistung erbracht werden kann.

2. Vergänglichkeit. Die Wertbeständigkeit digitaler Produkte kann unterschiedlich ausfallen. Insbesondere aktuelle Informationen verlieren ihren Wert sehr schnell, andere Produkte verfügen über einen längerfristig stabilen Wert. Die Wertbeständigkeit digitaler Produkte kann auch vom Anbieter beeinflusst werden, etwa indem er immer wieder neue Versionen seines Produkts anbietet, die den Wert der älteren Versionen vermindern.

3. Nutzungsintensität. Prinzipiell sind digitale Produkte mehrfach nutzbar. Ob ein digitales Produkt jedoch tatsächlich mehr als einmal verwendet wird, hängt in großem Maße von seiner Verwendung ab. Digitale Dienstleistungen allerdings können nach der Erbringung nicht mehr verwendet werden, wie dies allgemein bei Dienstleistungen der Fall ist.

4. Nutzungsform. Bei digitalen Produkten treten sowohl fixierte Dokumente (wie etwa Artikel) als auch ausführende Programme (z. B. Software) auf.

5. Externalitäten. Im Gegensatz zu digitalen Dienstleistungen treten bei digitalen Produkten sehr häufig Externalitäten auf.

Mit zunehmender Mass Customization nimmt die Integration von digitalen Produkten und digitalen Dienstleistungen zu. Hier wird die Unterscheidung zwischen digitalen Produkten und Dienstleistungen immer schwieriger, da beide Güterarten als Komponenten in einem selben Gut kombiniert werden. Dennoch soll im Folgenden die Trennung von digitalen Produkten und Dienstleistungen entsprechend des Wertes der beiden Komponenten vorgenommen werden. Ist der Wert des standardisierten, vorproduzierten digitalen Produkts größer als der Wert des Dienstleistungsanteils des betrachteten Mass Customization-Gutes, so soll weiter von einem digitalen Produkt gesprochen werden. Sind die Wertanteile am Gesamtwert jedoch umgekehrt verteilt, so soll das Gut weiter als digitale Dienstleistung bezeichnet werden.

2.3 Besondere Eigenschaften digitaler Produkte

2.3.1 Eigenschaften

2.3.1.1 Grundlegende Eigenschaften digitaler Produkte

Digitale Produkte weisen zusätzlich zu den allgemeinen Eigenschaften digitaler Güter weitere charakteristische Eigenschaften auf, die für die Gestaltung der Preis- und Produktstrategien seitens des Anbieters von Bedeutung sind. Dabei ist zunächst von drei grundlegenden Charakteristika auszugehen, die von besonderer Wichtigkeit für die weitergehenden Untersuchungen sind. Darüber hinaus existieren noch weitere, für digitale Produkte typische Eigenschaften.

1. Skaleneffekte und Stückkostendegression. Digitale Produkte verfügen über einen sehr hohen Informationsgehalt, was i. d. R. dazu führt, dass die Erstellung des ersten Exemplars im Vergleich mit allen weiteren produzierten Exemplaren mit ungleich höheren Kosten verbunden ist.[17]

---

[17] Aus diesem Grund werden digitale Produkte auch von einigen Autoren als Informationsgüter bezeichnet.

42

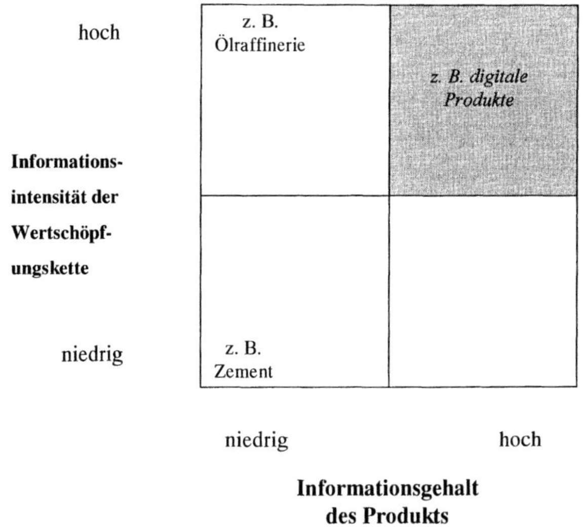

hoch | z. B. Ölraffinerie

z. B. digitale Produkte

Informations-
intensität der
Wertschöpf-
ungskette

niedrig | z. B. Zement

niedrig   hoch

Informationsgehalt
des Produkts

Abbildung 5:   **Informationsintensitätsmatrix. Quelle: In Anlehnung an Porter, M. / Millar, V. (1985), S. 153.**

Die oben stehende Abbildung zeigt eine Systematisierung der Produkte nach der Informationsintensität in der Wertschöpfungskette des Produkts und des Informationsgehalts des Produkts selber. Digitale Produkte siedeln sich hier im rechten, oberen Quadranten an. Denn sowohl die Informationsintensität in ihrer Wertschöpfungskette als auch der Informationsgehalt der digitalen Produkte ist sehr hoch. Die hohe Informationsintensität verursacht eine recht aufwendige Herstellung des ersten Exemplars, während der hohe Informationsgehalt die Digitalisierung ermöglicht.

Ferner sind digitale Produkte durch eine ausgesprochen hohe Reproduzierbarkeit gekennzeichnet, sie sind daher sehr leicht kopierbar und veränderbar. Dies ist einerseits auf technische Gründe zurückzuführen, andererseits wird im Gegensatz zu Dienstleistungen kein externer Faktor für die Produktion benötigt, wodurch das Kopieren und Verändern digitaler Produkte durchaus erleichtert wird.

Während die Herstellung des Originals bei digitalen Produkten i. d. R. sehr teuer ist, ist die Vervielfältigung, also die Produktion von Kopien des Originals, technisch sehr leicht möglich und damit sehr billig. Daraus ergeben sich die für digitale Produkte typischen, sehr niedrigen Grenzkosten der Produktion. Die in der Produktion von digitalen Produkten anfallenden Fixkosten sind vergleichsweise hoch, die variablen Kosten hingegen sehr gering. Daraus kann man folgern, dass die Stückkosten bei steigenden Stückzahlen gegen null tendieren. Aufgrund des sehr hohen Informationsgehalts und der leichten Reproduzierbarkeit ist diese Stückkostendegression bei digitalen Produkten besonders ausgeprägt und zählt zu den wesentlichen Eigenschaften dieser Güter. Stelzer zeigt in diesem Zusammenhang auf, wie ein Anbieter mit vorherrschender Marktposition diese dank der Stückkostendegression weiter verbessern kann.[18] So sinken die Stückkosten eines dominierenden Anbieters bei Erhöhung der Produktionsmenge schneller als bei seinen Wettbewerbern. Senkt der betrachtete dominierende Anbieter daraufhin seine Preise, so kann er voraussichtlich seinen Marktanteil weiter steigern.

Des Weiteren verfügen viele Konsumenten über eine identische oder zumindest ähnliche Technologie wie der Anbieter zur Vervielfältigung der digitalen Produkte. Damit sind digitale Produkte nicht nur für den Anbieter leicht reproduzierbar, sondern auch teilweise für Konsumenten. Daraus resultieren zumeist Schwierigkeiten beim Schutz des geistigen Eigentums digitaler Produkte.

2. Externalitäten. Wie bereits erwähnt, können bei digitalen Produkten negative Externalitäten auftreten, etwa wenn es sich um Insiderinformation

---

[18] Vgl. Stelzer, D. (2000), S. 838.

handelt. Je weniger Konsumenten über ein solches Produkt verfügen, desto höher ist der Wert dieses Produkts für den einzelnen Konsumenten. Diese Ausprägung der Externalitäten tritt allerdings vergleichsweise selten auf.

Häufiger hingegen sind positive Netzexternalitäten bei digitalen Produkten festzustellen. Dabei steigt der Nutzen für den Konsumenten mit der Zahl der weiteren Konsumenten und die Nutzengewinne aus dem „Teilen" des Produkts mit anderen Nutzern („Sharing") übersteigen häufig die dabei entstehenden Kosten. Der Anreiz zur illegalen Reproduktion ist bei digitalen Produkten mit Netzexternalitäten entsprechend hoch, was wiederum den Urheberrechtsschutz bei diesen Produkten erschwert.

Externalitäten bei digitalen Produkten entstehen allerdings nicht nur für Konsumenten, sondern auch für Anbieter.[19] Bei mehreren alternativ verwendbaren Standards ist aufgrund der oben beschriebenen Netzexternalitäten derjenige für Konsumenten attraktiv, auf den ein Großteil des Angebots abgestimmt ist. Dadurch wiederum steigt auch die Attraktivität dieses Standards für Anbieter auf diesem Markt, die entsprechend kompatible Produkte herstellen werden.

3. Nichtabnutzbarkeit. Im Gegensatz zu nicht-digitalen Produkten unterliegen digitale Produkte keiner Abnutzung durch Gebrauch. Digitale Produkte erfahren damit keinen unmittelbaren Wertverlust allein durch die Nutzung und sind selbst nach mehrfachem Gebrauch neuwertig. Digitale Produkte sind daher durch eine sehr hohe Lebensdauer gekennzeichnet. Der Anbieter solcher Produkte steht also dem drohenden Verlust an Marktmacht, der typisch ist für langlebige Güter[20], und einem Second-Hand-Markt mit neuwertigen Produkten gegenüber.

Auch wenn ein digitales Produkt rein theoretisch immer über eine hohe Lebensdauer verfügt, so kann es doch durch technologischen Fortschritt

---

[19] Vgl. Stelzer, D. (2000), S. 839.
[20] Hierbei handelt es sich um die so genannte „Coase Conjecture". Vgl. hierzu Coase, R. (1972).

und die damit einhergehenden neuartigen Güter veralten. Technologischer Fortschritt sowie bestimmte Strategien seitens des Anbieters (wie das Angebot von Updates) begrenzen also die Langlebigkeit digitaler Produkte. Die Nichtabnutzbarkeit digitaler Produkte ist dennoch nicht zu verwechseln mit der Eigenschaft der Zeitabhängigkeit des Wertes eines Gutes. Nichtabnutzbarkeit bedeutet, dass der unmittelbare Konsum eines Produkts seine Eigenschaften und damit die Verwendbarkeit des Produkts nicht oder nur wenig beeinflusst. Es existieren hingegen auch Güter, deren Wert zeitabhängig ist. Der Nutzen dieser Güter ist transitorisch, wie etwa bei Informationen von besonderer Aktualität oder Prognosen. Aktuelle Informationen oder Prognosen haben für die meisten Konsumenten ab einem bestimmten Zeitpunkt keinen Wert mehr.[21] Indessen kann aber die Archivierung solcher Produkte für bestimmte Nutzergruppen von Bedeutung sein. Auf diesem Wege können digitale Produkte einen kumulativen Nutzen bringen.[22]

---

[21] Beispielsweise ist die Wettervorhersage für gestern heute wertlos.
[22] Vgl. Choi, S.-Y. / Stahl, D. / Whinston, A. (1997), S. 66.

2.3.1.2 Weitere typische Eigenschaften digitaler Produkte

Neben diesen drei grundlegenden und für die Gestaltung der Preis- und Produktstrategie besonders wichtigen Eigenschaften verfügen digitale Produkte über weitere typische Charakteristika:

4. Digitale Produkte und geistiges Eigentum. Sehr viele digitale Produkte enthalten Bestandteile, die geistiges Eigentum darstellen können. Dabei besitzt der Urheber oder Erfinder einer bestimmten im Produkt enthaltenen Idee die Rechte an diesem immateriellen Bestandteil des Produkts. Damit sind kostenfreie Nachahmung oder Kopie eines digitalen Produkts häufig zwar leicht möglich, aber illegal. Beim Schutz des geistigen Eigentums an einem digitalen Produkt können bestimmte Preis- und Produktstrategien sehr hilfreich sein. Auf diese Fragestellungen wird in Kapitel 4 dieser Arbeit näher eingegangen.

5. Digitale Produkte als Erfahrungsgüter. Digitale Produkte sind aufgrund ihres hohen Informationsanteils und der feinen Differenzierung zwischen konkurrierenden Produkten i. d. R. Erfahrungsgüter. Solche Güter zeichnen sich dadurch aus, dass der Konsument sie „erfahren" muss, um beurteilen zu können, ob sie seinen Bedürfnissen entsprechen.[23] Der Konsument weiß also vor dem Kauf und teilweisen Konsum noch nicht mit Sicherheit, welchen Wert er dem Produkt zumisst. Diesen Wert kann er nur durch zumindest teilweisen Konsum feststellen und entsprechend beurteilen, ob das gekaufte Produkt seiner Meinung nach den bezahlten Preis auch wert ist.

6. Lock-In-Effekte. Bei bestimmten Produkten, häufig bei digitalen Produkten, entstehen beim Konsumenten beim Wechsel von einem Produkt zu einem Substitut Wechselkosten. Häufig sind diese Kosten auf vorange-

---

[23] Vgl. Shapiro, C. / Varian, H. (1999), S. 5f.

gangene Anpassungen beim Konsumenten an das Produkt zurückzuführen, wie etwa bei Software. Derartige Investitionen in ein Produkt binden den Konsumenten an exakt dieses Produkt, beispielsweise weil komplementäre Produkte mit unterschiedlicher Lebensdauer oder spezifische Kenntnisse vorhanden sind. Möchte ein Konsument nun das betrachtete Produkt ersetzen, so entstehen für ihn möglicherweise hohe Wechselkosten, weil seine bisherigen komplementären Produkte nicht mehr kompatibel sind mit dem neuen Produkt und deshalb ebenfalls ersetzt werden müssen. Oder aber der Konsument ist gezwungen, sich neue Kenntnisse anzueignen. Sind diese Wechselkosten beträchtlich, so spricht man von Lock-In der Konsumenten.[24] Dieser Lock-In-Effekt ist umso größer, je höher die Investitionen in die Integration des Gutes für den Konsumenten sind.[25]

7. Positive Feedbacks. Liegen Lock-In-Effekte, Netzexternalitäten und Skaleneffekte gleichzeitig vor, so kann es zu positiven Feedbacks kommen, da sich diese Effekte gegenseitig noch verstärken. Ein Anbieter mit einem großen Marktanteil kann diesen auf diese Weise noch vergrößern. Je größer die Netzexternalitäten sind, desto attraktiver ist ein sehr verbreitetes Produkt für Konsumenten, was wiederum den Marktanteil weiter erhöhen kann. Dadurch kann der Anbieter in noch größerem Maße von den Skaleneffekten profitieren und die Preise senken. Deshalb vergrößert sich sein Marktanteil erwartungsgemäß wieder. Anbieter, die große Marktanteile bedienen, können diese durch positive Feedbacks noch erweitern, während Anbieter mit kleinen Marktanteilen diese zusätzlich schrumpfen sehen.[26]

---

[24] Vgl. Shapiro, C. / Varian, H. (1999), S. 104.
[25] Vgl. hierzu Shapiro, C. / Varian, H. (1999), S. 103ff und Stelzer, D. (2000). S. 840.
[26] Vgl. Stelzer, D. (2000), S. 841. Arthur bezeichnet diese Effekte als "Increasing Returns", die eine Verstärkung der jeweiligen Position implizieren: kleine Marktanteil werden noch kleiner, große Marktanteile wachsen zusätzlich. Vgl. Arthur, W. (1996), S. 102f.

8. Abhängigkeit von individuellen Präferenzen. Digitale Produkte werden i. d. R. nicht physisch konsumiert. Konsumiert werden einerseits der Inhalt, etwa der Informationsanteil oder die Idee, und andererseits das Resultat aus der Verwendung des Produkts. Insbesondere die Art der Verwendung eines digitalen Produkts kann von Konsument zu Konsument sehr deutlich variieren. Auch wenn die Nachfrage nach allen Gütern von Konsument zu Konsument aufgrund der Heterogenität in den Konsumentenpräferenzen sehr stark schwanken kann, sind Choi et al. der Meinung, dass digitale Produkte in besonderem Maße davon betroffen sind.[27]

9. Intrinsischer Wert. Exklusivität kann nicht nur im Konsum, sondern auch in der Produktion digitaler Produkte eine Rolle spielen. Wenn zahlreiche enge Substitute angeboten werden, sind die besonderen Eigenschaften jedes einzelnen Produkts oder die Exklusivität und Besonderheit des jeweiligen Anbieters entscheidend für die Produktwahl des Konsumenten. Dies ist etwa bei Artikeln und Zeitschriften von Bedeutung, wo möglicherweise andere Anbieter Informationen zum gleichen Thema anbieten, es jedoch für den Konsumenten auch eine Rolle spielt, welche Eigenschaften das betrachtete Produkt von anderen unterscheidet (z. B. Autor oder Herausgeber). Wettbewerbsfähigkeit wird hier unabhängig von der Größe des Anbieters durch die Produktion einzigartiger Produkte erreicht.[28]

10. „Economics of Attention". Da die Vervielfältigung und Veränderung von digitalen Produkten nur sehr geringe Kosten verursacht und da auf diesem Markt sehr viele, sich geringfügig unterscheidende enge Substitute angeboten werden, stellt sich für den Konsumenten ein Informationsproblem. Sich über das gesamte Angebot von digitalen Produkten bestimmter Art zu informieren, ist häufig sehr schwierig und nicht selten mit hohen

---

[27] Vgl. Choi, S.-Y. / Stahl, D. / Whinston, A. (1997), S. 65.
[28] Vgl. Hierzu Choi, S.-Y. / Stahl, D. / Whinston, A. (1997), S. 69.

Suchkosten verbunden.[29] Konsumenten müssen also erst einmal darauf aufmerksam gemacht werden, dass auf bestimmten Web Sites digitale Produkte angeboten werden.

2.3.2 Konsequenzen hinsichtlich Preis- und Produktstrategie des Anbieters

Die angeführten Eigenschaften digitaler Produkte ermöglichen oder erfordern teilweise besondere Preis- und Produktstrategien des Anbieters. Aufgrund der bei digitalen Produkten besonders ausgeprägten Stückkostendegression und den stark sinkenden Grenzkosten der Produktion wird eine Bepreisung digitaler Produkte entsprechend der Grenzkosten sinnlos, da sie verlustbringend wäre. Die Anbieter konkurrienter Produkte würden sich in diesem Fall so lange preislich unterbieten, bis nur noch ein einziger Anbieter bestehen könnte.

Allerdings bewirkt die Tatsache, dass die angebotenen digitalen Produkte häufig keine perfekten, sondern nur enge Substitute sind, oftmals einen unvollständigen, monopolistischen Wettbewerb. Die angebotenen digitalen Produkte unterscheiden sich zwar meistens nur geringfügig, diese Differenz ist aber bereits ausreichend, um den Anbietern ein gewisses Maß an Marktmacht zu gewährleisten. Aus diesem Grunde bietet sich dem typischen Anbieter digitaler Produkte die Möglichkeit, zwischen mehreren Preis- und Produktstrategien auszuwählen, die für ihn vorteilhaft sein können.

Bei digitalen Produkten mit negativen Externalitäten wiederum besteht für die Konsumenten kaum ein Anreiz zu illegaler Reproduktion. Aus diesem Grunde besteht für den Anbieter derartiger Produkte keine Notwendigkeit, illegaler Re-

---

[29] Diese Eigenschaft betrifft in besonderem Maße eine Untergruppe der digitalen Produkte, die der Information des Konsumenten gelten, also beispielsweise digitale Artikel. Aber auch andere digitale Produkte sind hiervon betroffen. Vgl. hierzu Shapiro, C. / Varian, H. (1999), S. 6ff.

produktion vorzubeugen oder gegen sie vorzugehen. Vielmehr muss er den Konsumenten des Produkts dessen Wert durch Zugangsbeschränkungen gegenüber weiteren Konsumenten garantieren.[30] Netzexternalitäten hingegen erhöhen den Anreiz zu illegaler Vervielfältigung wesentlich. Zusätzlich bestehen bei digitalen Produkten, wie bereits oben beschrieben, für den Konsumenten sehr häufig die technischen Voraussetzungen hierzu, was diesen Anreiz durchaus verstärkt. Der Schutz des geistigen Eigentums bei digitalen Produkten wird damit ungleich schwerer als der nichtdigitaler Produkte. Aus dieser Hinsicht empfiehlt es sich für den Anbieter, durch die Wahl seiner Preis- und Produktstrategie dem Problem der illegalen Vervielfältigung entgegenzuwirken.[31]

Aufgrund der Nichtabnutzbarkeit und der damit verbundenen potenziell langen Lebensdauer digitaler Produkte bilden sich häufig Second-Hand-Märkte und dem Anbieter droht ein gewisser Verlust an Marktmacht. Um diesen Problemen zu begegnen, kann der Anbieter digitaler Produkte seine Preis- und Produktstrategie demzufolge gestalten.[32]

Die Eigenschaften von Erfahrungsgütern bei digitalen Produkten wiederum führen seitens des Konsumenten zu einer gewissen Unsicherheit bzgl. seiner Bewertung des Produkts vor dem Konsum. Um dieser Unsicherheit seitens der Konsumenten entgegenzuwirken, stellen viele Anbieter potenziellen Käufern vor dem Kauf Zusammenfassungen, Ausschnitte oder Testversionen zur Verfügung. Auch werden häufig ein Markenname oder der gute Ruf des Herstellers auf diesem Gebiet eingesetzt.

---

[30] Vgl. Choi, S.-Y. / Stahl, D. / Whinston, A. (1997), S. 66ff.

[31] Dies kann beispielsweise durch das Angebot verschiedener Versionen und Updates eines Produkts erfolgen.

[32] In dieser Situation könnte ein Anbieter beispielsweise durch Updating regelmäßig „neue" Produkte schaffen, die den Wert des Vorgängerprodukts mindern. Eine andere Möglichkeit wäre etwa Licensing in Verbindung mit Bezahlung in jeder Periode mit Nutzung (wie beim klassischen Verleih). Der Markt bleibt somit für den Anbieter bestehen, selbst Konsumenten, die bereits über das Produkt verfügen, müssen weiterhin bezahlen. Vgl. Choi, S.-Y. / Stahl, D. / Whinston, A. (1997), S. 71.

Gerade aufgrund der Lock-In-Effekte werden häufig Aggregationsstrategien eingesetzt, so dass komplementäre Produkte beispielsweise als Paket angeboten werden. Der Konsument muss somit nicht alle mit dem neuen Produkt kompatiblen Komplemente selbst suchen, sondern erhält bereits eine Auswahl an geeigneten Produkten.

Der intrinsische Wert digitaler Produkte führt dazu, dass es in den meisten Fällen für Anbieter wichtig ist, eine geringfügige Differenzierung gegenüber Substituten mittels kleinen Besonderheiten des Produkts herbeizuführen. Auch anhand dieser Besonderheiten kann der Anbieter wiederum auf die Existenz seines Produkts aufmerksam machen, was insbesondere bei einer großen Fülle von angebotenen Substituten sinnvoll erscheint.

Aufgrund der besonderen Eigenschaften digitaler Produkte sind bestimmte Preis- und Produktstrategien nicht sinnvoll, beispielsweise die Bepreisung entsprechend der Grenzkosten. Indessen bieten sich weitere, bei digitalen Produkten besonders gut anwendbare Preis- und Produktstrategien wie Versioning oder Aggregation. Diese Strategien werden in Kapitel 6 genauer untersucht.

3 Der internationale Handel mit digitalen Produkten und die WTO

National bedingte Unterschiede in den Regulierungen aller Bereiche des internationalen Handels können sich als Hindernis beim grenzüberschreitenden Handel erweisen. Dieses Problem besteht unabhängig davon, ob die Regulierung direkt Zwecke der Protektion verfolgt oder ob sie auf indirekte Weise, wie z. B. Standards, diskriminierend wirkt. Im Bereich des grenzüberschreitenden Handels können also nicht nur Regeln, die nur von ausländischen Anbietern eingehalten werden müssen, Handelshemmnisse sein. Vielmehr kann die Anpassung eines internationalen Anbieters an zahlreiche, unterschiedliche nationale Regelungen bereits eine Handelsbarriere darstellen. Diese nicht unbedingt neue Problematik wird durch die neuen, verstärkt internationalen Möglichkeiten des Handels im Bereich des Internet besonders deutlich. Außerdem wird der Bereich des elektronischen Handels zunehmend reguliert, so dass auf diesem Gebiet weitere Unterschiede in den nationalen Regulierungen entstehen und den Handel mit digitalen Produkten beeinträchtigen könnten.

Recht verbreitet ist daher auch die Auffassung, dass eine internationale Homogenisierung der Regelungen des internationalen Handels mit digitalen Produkten zur Schaffung von Vertrauen und Erleichterung des Handels notwendig ist. Foren für diese Diskussion auf internationalem Niveau bieten vor allem die OECD, die WTO und die EU.

Insbesondere in der WTO treten besondere Fragen bei digitalen Produkten auf, die ursprünglich mittels eines Trägers in nicht-digitaler Form vom Anbieter zum Konsumenten gelangten. Diese Güter, die herkömmlich unter die Regelungen des GATT fielen, werden nunmehr häufig als „online gelieferte Dienstleistungen" bezeichnet. Eine solche Klassifikation der digitalen Produkte im Bereich des internationalen Handels ist abhängig von der zugrunde gelegten Definition von Dienstleistungen[33] und hat weitreichende praktische Konsequenzen für den Handel. Die im Rahmen der WTO geführte Diskussion bezieht sich allgemein auf digitale Transaktionen, also (nach der in dieser Arbeit verwendeten Definition) neben digitalen Produkten auch auf digitale Dienstleistungen. Die im Folgenden dargestellten Argumente werden hier jedoch nur im Hinblick auf digitale Produkte formuliert und bewertet.

In diesem Kapitel sollen zunächst die in dieser Diskussion relevanten multilateralen Abkommen der WTO mit ihren Kernverpflichtungen dargestellt werden. Im Anschluss daran werden die Diskussion um die Klassifikation der digitalen Produkte innerhalb der WTO und die hinter den Argumenten stehenden nationalen Interessen erläutert. Die Zuständigkeit der WTO-Verträge hinsichtlich der digitalen Produkte ist noch nicht hinreichend geklärt. Zur Diskussion stehen hier die Zuordnung des elektronischen Handels allgemein und damit auch der digitalen Produkte entweder zum GATT oder zum GATS.

---

[33] Die in dieser Arbeit verwendete Definition von Dienstleistungen ließe eine Klassifikation der digitalen Produkte als Dienstleistung nicht zu. Vgl. Kapitel 2. Hinter den Argumenten in dieser Diskussion verbergen sich jedoch sehr häufig politische Interessen der einzelnen WTO-Mitglieder, wie im Folgenden noch dargestellt werden soll.

3.1 Der bestehende Rahmen der WTO-Verträge für den Handel mit digitalen Produkten

3.1.1 Die multilateralen Abkommen der WTO

Die WTO geht zurück auf das Allgemeine Zoll- und Handelsabkommen (GATT) aus dem Jahre 1947. Dabei handelte es sich um einen völkerrechtlichen Vertrag mit mehreren Vertragspartnern, nicht um eine internationale Organisation mit Mitgliedern. Erst die im Jahre 1995, als Ergebnis der Uruguay-Runde gegründete WTO ist eine völkerrechtliche Organisation mit zunächst 76 Mitgliedern. Bis heute ist die Mitgliederzahl der WTO auf 145[34] gewachsen.

Die Vereinbarungen der WTO lassen sich gliedern in multilaterale und plurilaterale Abkommen. Erstere sind für alle Mitglieder der WTO verbindlich, während letztere nur sehr begrenzte Bereiche des internationalen Handels betreffen und eine freiwillige Teilnahme ermöglichen. Von Interesse für den internationalen Handel mit digitalen Produkten sind hauptsächlich die multilateralen Abkommen, das GATT, das GATS und das TRIPS. Diese drei Abkommen bestehen aus einerseits gemeinsamen Bestandteilen und andererseits vertragsspezifischen Sonderbestimmungen. Im Folgenden sollen die Inhalte der drei multilateralen Abkommen in einer Abbildung verdeutlicht werden.

---

[34] Zugriff vom 5. Februar 2003, Quelle: www.wto.org.

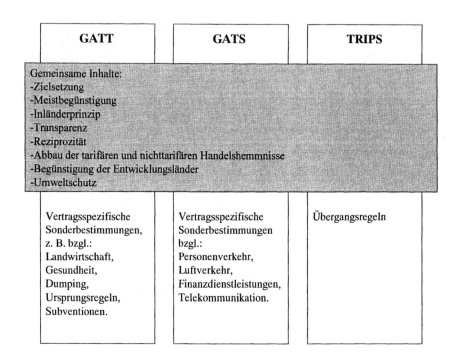

GATT	GATS	TRIPS

Gemeinsame Inhalte:
-Zielsetzung
-Meistbegünstigung
-Inländerprinzip
-Transparenz
-Reziprozität
-Abbau der tarifären und nichttarifären Handelshemmnisse
-Begünstigung der Entwicklungsländer
-Umweltschutz

Vertragsspezifische Sonderbestimmungen, z. B. bzgl.: Landwirtschaft, Gesundheit, Dumping, Ursprungsregeln, Subventionen.	Vertragsspezifische Sonderbestimmungen bzgl.: Personenverkehr, Luftverkehr, Finanzdienstleistungen, Telekommunikation.	Übergangsregeln

Abbildung 6:   Multilaterale Abkommen in der WTO. Quelle: Eigene Darstellung in Anlehnung an Senti, R. (2000), S. 155.

Die Abbildung zeigt eine Reihe von gemeinsamen Inhalten der drei Abkommen. Die Zielsetzungen der WTO sind in der Präambel der WTO-Vereinbarung verankert. Sie beinhalten die Ausrichtung der internationalen Handels- und Wirtschaftsbeziehungen auf „die Erhöhung des Lebensstandards, auf die Sicherung der Vollbeschäftigung und eines hohen und ständig steigenden Umfangs des Realeinkommens und der wirksamen Nachfrage sowie auf die Ausweitung der Produktion und des Handels mit Waren und Dienstleistungen".[35] Zur Realisierung dieser Ziele wird verwiesen auf die gegenseitige, nicht diskriminierende Marktöffnung und den Abbau von tarifären und nichttarifären Handelshemmnis-

---

[35] S. Senti, R. (2000), S. 156.

sen. Ferner sind im GATT und GATS die Forderungen nach weiteren Liberalisierungen und nach der Förderung von Wachstum enthalten. Des Weiteren wurden ebenfalls der Umweltschutz und die Förderung der Entwicklungsländer in den allgemeinen Zielkatalog der Präambel aufgenommen.

Bei dem Prinzip der Meistbegünstigung handelt es sich um eines der Hauptelemente der WTO. Es beinhaltet, dass Vorteile beim Handel, die gegenüber einem Land und dessen Staatsbürgern eingeräumt werden, auch gleichzeitig allen WTO-Mitgliedern zu gewähren sind.

Das Inländerprinzip untersagt es den WTO-Mitgliedern, ausländische Anbieter und deren Waren und Dienstleistungen gegenüber Inländern und ihren Waren und Dienstleistungen zu benachteiligen. Damit dient das Inländerprinzip der Verhinderung von Diskriminierung zwischen In- und Ausland.

Die Herstellung von Transparenz gilt als Voraussetzung für die mögliche Erreichung der im Rahmen der WTO vereinbarten Ziele. Ohne Transparenz über bestehende Regelungen in unterschiedlichen Mitgliedstaaten wird der Handel zwischen diesen Ländern auf unnötige Weise behindert. Aus diesem Grund wird Transparenz auf zwei unterschiedlichen Ebenen gefordert: einerseits zwischen den Mitgliedstaaten selbst und andererseits zwischen den Mitgliedstaaten und der WTO.[36]

Das Prinzip der Reziprozität ist ein wichtiges Prinzip der WTO, das viele ihrer Vereinbarungen prägt. Gefordert werden hier die Gegenseitigkeit und das Handeln zum gemeinsamen Nutzen der Mitglieder angesichts der nationalen Regelungen und der Maßnahmen zur Erreichung der gemeinsamen Ziele.

Ein weiterer Inhaltspunkt der WTO, der allen ihren multilateralen Abkommen gemein ist, ist der Abbau von Handelshemmnissen zum Zwecke der internationalen Liberalisierung des Handels. Der Abbau der sowohl tarifären (Zölle) und nichttarifären Handelshemmnisse soll allgemein das Erreichen der Ziele der

---

[36] Verschiedene Vereinbarungen, wie z. B. der jährlich abzuliefernde Bericht über die Handelspolitik jedes Mitglieds dienen der Schaffung von Transparenz innerhalb der WTO. Vgl. Senti, R. (2000).

WTO, wie beispielsweise die Erhöhung des Wohlstands oder des Einkommens-niveaus, fördern.

Ebenfalls in allen drei multilateralen Abkommen enthalten ist das Ziel der ver-stärkten Integration von Entwicklungsländern in den internationalen Handel so-wie der Umweltschutz. Letzterer spielt allerdings beim Handel digitaler Güter eine sehr geringe Rolle.

3.1.2 Ein Vergleich von GATT und GATS im Hinblick auf die weiteren Fragestellungen

Das GATS ist im Gegensatz zum GATT ein noch eher unvollständiges Ver-tragswerk. Es beinhaltet weniger definitiv vereinbarte Regelungen und Ver-pflichtungen als das GATT, sondern bildet vielmehr einen „institutionellen Rahmen für weitere Verhandlungen".[37]

---

[37] S. Senti, R. (2000), S. 603.

	GATT	GATS
Meistbegünstigung	allgemeinverbindlich (länderspezifische Ausnahmen möglich)	allgemeinverbindlich (zeitlich begrenzte länderspezifische Ausnahmen möglich)
Inländergleichbehandlung	generelle Verpflichtung, keine Ausnahmen	nicht allgemeinverbindlich (jedes Mitgliedsland bestimmt Umfang und Inhalt seiner Liberalisierungsverpflichtungen selbst)
Transparenz	Erfordernis ist gegeben, besonders bei Zusatzabkommen	Erfordernis ist gegeben durch Art. III GATS
Zölle	erlaubt in Bereichen, in denen Zölle nicht vollständig verboten sind (wie z. B. bei allen IT-Produkten wie Software)	Keine explizite Regelung, theoretisch nur bei grenzüberschreitender Erbringung nach Modus 1 denkbar
Quoten	nur in bestimmte Notfällen erlaubt	Im Rahmen der Liberalisierungsverpflichtungen zu vereinbaren
Regulierungsdisziplin	im Bereich der technischen Standards	Nach Art. VI GATS noch zu regeln
Förderung von Entwicklungsländern	Sonderbestimmungen für Entwicklungsländer	Kein spezifischer Status, vielmehr ist das gesamte Abkommen durchgängig von entwicklungspolitischen Zielvorstellungen geprägt
Subventionsabkommen	Ja	Nein
Antidumpingregeln	Ja	Nein
Ausführungen zu Schutzmaßnahmen	Ja	Ja
Investitionsregeln	ausschließlich Investitionen, die sich auf den Handel mit Waren beziehen (im TRIMS-Abkommen)	Regelungen zum Auf- und Ausbau kommerzieller Präsenzen nach Modus 3
Abkommen über Ursprungsregeln	Ja	Nein

Tabelle 1: Vergleich zwischen GATT und GATS.

Das Prinzip der Meistbegünstigung ist sowohl im GATT als auch im GATS als völkerrechtlich bindender Grundsatz verankert. Demnach wird jedes Land ungeachtet seines Anteils am Welthandel oder seines Entwicklungsstandes gleich behandelt. Allerdings sind in den Zusatzvereinbarungen des GATT Ausnahmen zu finden, etwa im Bereich der Landwirtschaft oder gesundheitspolizeilicher und pflanzenschutzrechtlicher Maßnahmen, in denen maximal geringe Handelsverzerrungen durch Stützungen toleriert werden.[38] Weitere Ausnahmen sind hier historische Präferenzen, die bereits bei der Gründung des GATT galten, Präferenzen gegenüber Entwicklungsländern und bei der Bildung von Integrationsräumen wie Zollgemeinschaften oder -unionen. Im Rahmend des GATS hingegen waren Ausnahmen prinzipiell für die Dauer von fünf Jahren gewährleistet, nach erneuter Prüfung der Berechtigung nach dieser Frist ist jedoch nur eine Gesamtdauer für Ausnahmen von zehn Jahren gestattet.

Ein weiteres wichtiges Prinzip der WTO-Verträge, die Inländergleichbehandlung, erfährt im Rahmen des GATS eine stark von der im GATT abweichende Regelung. Im Gegensatz zum GATT ist dieses Prinzip im GATS nicht allgemeinverbindlich. Kein Unterzeichner des GATS ist also grundsätzlich zur Einhaltung des Prinzips der Inländergleichbehandlung verpflichtet. Vielmehr ist es jedem WTO-Mitgliedsland überlassen, den Umfang und Inhalt seiner Liberalisierungsverpflichtungen selbst zu bestimmen. Jedes Unterzeichnerland verpflichtet sich in sektorspezifischen Vereinbarungen, zu welchem Grad es zu einer Einhaltung dieses Prinzips bereit ist. Die Einhaltung des Inländerprinzips beschränkt sich auf die in den Länderlisten festgeschriebenen Sektorverpflichtungen. Bei Industrieländern ist diese Liste recht umfangreich, bei Nicht-Industrieländern hingegen weniger umfassend. Vollständige Inländerbehandlung kommt letztlich nur bei uneingeschränktem Marktzugang zum Tragen. Es ist jedoch Ziel des GATS, dass das Prinzip der Inländergleichbehandlung verbreitet akzeptiert und angewendet wird.[39]

Die Verpflichtung zu Transparenz besteht in beiden Abkommen gleichermaßen, allerdings kommt ihr im GATS eine größere Bedeutung zu als im GATT.[40] Beim Inkrafttreten des GATS waren alle Unterzeichner verpflichtet, das Abkommen betreffende Maßnahmen umgehend zu veröffentlichen. Des Weiteren

---

[38] Vgl. Senti, R. (2000), S. 164f.

[39] Zu diesem Zweck sind weitere Liberalisierungsverhandlungen geplant. Vgl. Senti, R. (2000), S. 186.

[40] Vgl. Senti, R. (2000), Kap. 4.

existieren eine jährliche Berichtspflicht zu Veränderungen nationaler Regelungen und die Pflicht zur Errichtung von Informationsstellen für andere Länder.

Hinsichtlich der Zölle besteht zwischen GATT und GATS ein auffälliger Unterschied: Das GATT enthält die unmissverständliche Aussage, dass "Zölle den Handel oft erheblich behindern" dass eine "wesentliche Herabsetzung des allgemeinen Niveaus der Zölle und sonstiger Eingangs- und Ausgangsabgaben" für die Vertiefung der internationalen Handelsbeziehungen großes Gewicht besitzen.[41] Bemerkenswerterweise sollen Zölle im GATT nur reduziert und nicht wie die nichttarifären Handelshemmnisse vollständig abgeschafft werden. Erst in jüngster Zeit, im Rahmen der laufenden Doha-Runde, wird die vollständige Abschaffung von Zöllen insbesondere aufgrund eines Verhandlungsvorschlags der USA diskutiert. Im GATS sind Zölle dagegen nicht relevant. Theoretisch ist ihre Erhebung nur bei einer der vier im GATS definierten Erbringungsarten denkbar. Doch auch bei der grenzüberschreitenden Erbringung von Dienstleistungen (Modus 1) ist die Erhebung von Zöllen technisch nur schwer zu realisieren.

Handelshemmnisse, die durch zahlreiche verschiedene nationale Regelungen entstehen, werden in bestimmten Bereichen dadurch abgebaut, dass Regulierungsdisziplinen die Verwendung von internationalen Standards empfehlen. Somit entstehen in den betroffenen Bereichen des Handels möglichst wenige überflüssige Handelshemmnisse durch viele verschiedene nationale Standards. Regulierungsdisziplinen existieren im GATT für technische Standards und gesundheitliche Maßnahmen, im GATS sind sie hingegen noch nicht besonders ausgeprägt. Ausdrücklich gesteht die Präambel des GATS-Abkommens der Vertragsparteien das Recht zu, Regulierungen zur Erreichung nationaler politischer Zielsetzungen vorzunehmen. Zugleich fordert allerdings Art. VI GATS die Vertragsparteien auf, im Bereich der innerstaatlichen Regulierung horizontale Grundsätze auszuarbeiten. Diese sollen sicherstellen, dass die WTO-Kriterien für eine gute Regulierung (Transparenz, Angemessenheit, Objektivität, Nicht-

---

[41] Art. XXVIIIbis: 1 GATT.

Diskriminierung) erfüllt werden, damit Qualifikationserfordernisse, technische Normen, Prüfverfahren und die Erteilung von Lizenzen die eingegangenen Verpflichtungen zu Marktzugang und Inländerbehandlung nicht schmälern oder zunichte machen.[42]

Im Hinblick auf die Förderung von Entwicklungsländern enthält das GATS – anders als das GATT – kein spezielles Kapitel über „Special and Differential Treatment" der Entwicklungsländer. Die Entwicklungsländer genießen damit im GATS keinen spezifischen Status. Vielmehr ist das gesamte Abkommen durchgängig von entwicklungspolitischen Zielvorstellungen geprägt.[43] Dazu gehören vor allem die zunehmende Beteiligung der Entwicklungsländer am Welthandel und die Stärkung der Kapazitäten ihrer einheimischen Dienstleistungswirtschaft. Zudem ermöglicht der Bottom-up-Ansatz des GATS den Entwicklungsländern, bei der Aushandlung ihrer eigenen Liberalisierungsverpflichtungen Entwicklungsziele zu verfolgen und weniger Verpflichtungen zu übernehmen als die entwickelten Länder.

Allgemein gilt zu beachten, dass das GATS im Vergleich mit dem GATT eher unvollständig ist. Dies beruht darauf, dass das GATT wesentlich älter ist als das GATS, und damit bereits mehrere Vervollständigungen und Verbesserungen erfahren hat. Das GATS stellt anfängliche Rahmenbedingungen für weitere, in regelmäßigen Abständen stattfindende Verhandlungen.

---

[42] Vgl. Senti, R. (2000), S. 582.
[43] Vgl. Barth, D. (2000), S. 282.

3.2 Klassifikation der digitalen Produkte im Rahmen der WTO

3.2.1 Problemstellung: Zuordnung der digitalen Produkte zu GATT oder GATS?

Die neuen Möglichkeiten digitaler Informationstechnologien verändern die Art und Weise des internationalen Handels. Insbesondere wird die Erfassung eines grenzüberschreitenden Handelsvorgangs und damit die Durchsetzung daran geknüpfter Verpflichtungen erschwert. Die WTO versteht unter elektronischem Handel, dass entweder Produktion, Distribution, Marketing, Verkauf oder Lieferung von Gütern sowie Dienstleistungen auf elektronischem Weg erfolgt. Bei der Zuordnung des elektronischen Handels zu den WTO-Abkommen steht die Frage im Vordergrund, ob es sich um ein Gut oder eine Dienstleistung handelt. Keinerlei Abgrenzungsprobleme gibt es beim elektronischen Handel mit materiellen Gütern und physischer Lieferung. Hier handelt es sich um traditionellen Güterhandel, da nur der Vertragsabschluss und eventuell die Zahlung auf elektronischem Weg stattfindet. Diese Form des elektronischen Handels ist folglich dem GATT zuzuordnen. Eventuelle Handelsbeschränkungen wie z. B. Zölle oder Quoten können wie bisher üblich angewendet werden. Ebenso unproblematisch ist die Zuordnung des elektronischen Handels mit Dienstleistungen und elektronischer Erbringung unter das GATS. Klärungsbedarf besteht hier lediglich darüber, welcher Erbringungsart die elektronisch gehandelte Dienstleistung zuzuordnen ist. Möglich wären sowohl die grenzüberschreitende Erbringung (Modus 1) als auch die Nutzung im Ausland (Modus 2), da das Herkunftsland nicht eindeutig feststellbar ist.

Der Handel mit digitalen Produkten kann hingegen sowohl dem GATT als auch dem GATS zugeordnet werden. Einige digitale Produkte haben überwiegend die

Eigenschaften der Güter, die im GATT behandelt werden. Hierbei handelt es sich um digitale Produkte, die anfänglich auf einem Träger vom Anbieter zum Konsumenten übertragen wurden. Diese auf einem Träger verkauften Produkte fallen normalerweise unter die Regelungen des GATT. Allerdings werden im GATS, in Abgrenzung zu den im GATT geregelten Gütern, Dienstleistungen u. a. als nicht anfassbar und nicht sichtbar charakterisiert.[44] Diese beiden Kriterien treffen auf die digitalen Produkte zu, auch wenn sie die gleichen Produkte bzw. Inhalte darstellen wie ihre auf Trägern übertragenen Pendants. Im Internet zum Download zur Verfügung gestellte Produkte könnten damit als neue Art von Dienstleistungen unter den Bereich des GATS fallen. Damit ist für digitale Produkte sowohl eine Zuordnung zum GATT als auch zum GATS denkbar. Eine partielle Zuordnung zum GATS und zum GATT ist zwar ebenso denkbar, würde allerdings zu erhöhter Intransparenz und eingeschränkter Rechtssicherheit führen.

Zur Klärung aller Fragen hinsichtlich des elektronischen Handels wurde im Jahre 1998 das E-Commerce-Arbeitsprogramm der WTO ins Leben gerufen. Von großem Gewicht ist dabei die Frage nach der Einordnung der digitalen Güter unter das GATT oder das GATS.[45] Hinsichtlich der Klassifikation digitaler Produkte hat innerhalb der WTO noch keine definitive Einigung stattgefunden. Zum Thema des grenzüberschreitenden Handels mit digitalen Produkten werden in nächster Zeit wohl noch einige Fragen innerhalb der WTO geklärt werden müssen, um diesen Bereich des Handels nicht mit überflüssigen Unklarheiten zu belasten.

---

[44] Vgl. Senti, R. (2000), vierter Teil.
[45] Die Frage stellt sich hier hinsichtlich der Güter, die im E-Commerce eine Rolle spielen. Differenziert wird im Rahmen dieser Diskussion jedoch selten zwischen digitalen Produkten und digitalen Dienstleistungen im Sinne der Definition aus Kapitel 2 dieser Arbeit. Vielmehr geht es lediglich um die Einordnung des elektronischen Handels und damit auch der digitalen Produkte. Im Folgenden soll jedoch nur die Einordnung der digitalen Produkte behandelt werden.

3.2.2 Argumente für eine Zuordnung des Handels mit digitalen Produkten zum GATT

Für eine Zuordnung des Handels mit digitalen Produkten zum GATT sprechen hauptsächlich zwei Argumentgruppen.[46] Erstens sind die unter dem GATT vereinbarten Liberalisierungen des Handels durchaus weitreichender als die diesbezüglich im GATS vereinbarten Regelungen, wie bereits weiter oben beschrieben wird. Ein zweites Argument bezieht sich auf die Technologieneutralität der Verträge. Im Folgenden sollen diese beiden Argumentgruppen detaillierter erläutert werden. Die Argumente für eine Zuordnung des elektronischen Handels und damit auch der digitalen Produkte zum GATT werden in der WTO vornehmlich von den USA vorgetragen.

3.2.2.1 Liberalisierungsgrad

Von Bedeutung ist die Klassifikation der digitalen Produkte deshalb, weil beide Verträge einen unterschiedlichen Liberalisierungsgrad vorschreiben. Das GATS ist im Vergleich zum GATT ein eher unvollständiges Vertragswerk, das nicht so zahlreiche definitiv festgelegte Regeln und Verpflichtungen aufweist. Bestimmte Liberalisierungsregeln des GATT sind im GATS vergleichsweise unvollständig oder weniger weitreichend, andere wiederum sind gar nicht erst im GATS vertreten. Bei Letzteren könnte eine Zuordnung des Handels mit digitalen Produkten zum GATS neue Probleme hervorbringen, deren Lösung erst noch bevorstehen würde.

Das Prinzip der Inländerbehandlung ist im GATS zwar vorhanden, doch die entsprechenden Verpflichtungen im GATT sind weitreichender. Während dieses

---

[46] Eine systematische Darstellung der verschiedenen Argumente wird bei Hauser, H. / Wunsch-Vincent, S. (2002) vorgenommen.

Prinzip zu den völkerrechtlich bindenden Grundsätzen des GATT gehört, ist es im GATS nicht allgemeinverbindlich. Die Anwendung des Prinzips der Inländergleichbehandlung ist hier lediglich im dem Maß verbindlich, als hierfür explizite Verpflichtungen zu den einzelnen Dienstleistungssektoren in der Länderliste eingegangen wurden. Zwar sind die diesbezüglichen Listen der Industrieländer recht umfangreich, Nicht-Industrieländer waren jedoch bei der Aufnahme von Liberalisierungsverpflichtungen in ihre Liste eher zurückhaltend.[47] Der Abbau von Handelshemmnissen erfolgt zudem im GATT weit dynamischer als im GATS. So werden Quoten im GATT strenger behandelt als im GATS: Das GATT lässt Quoten nur in Notfällen zu, während sie im Rahmen des GATS bis auf weitere Vereinbarungen möglich sind. Auch im Hinblick auf Zölle besitzt das GATT umfassende Regeln, während dieser Punkt vom GATS nicht erfasst wird. Da im Bereich der Dienstleistungen Zölle unbekannt sind, existieren im GATS zu deren Vermeidung oder Verbot auch keine Regeln. Theoretisch wären Zölle auf digitale Produkte aber durchaus denkbar.[48] Dagegen wären Zölle auf digitale Produkte bei einer Zuordnung zum GATT nur auf sehr niedrigem Niveau möglich oder meist gar nicht erlaubt. Im Jahre 1998 einigten sich nämlich die WTO-Länder auf ein befristetes Zollmoratorium für alle elektronischen Übertragungen, das bis zur nächsten Ministerkonferenz gelten sollte. Mittlerweile wurde es bei der Ministerkonferenz in Doha im Jahre 2001 bis Ende des Jahres 2003 verlängert. Dieses Zollmoratorium garantiert generelle Zollfreiheit und bezieht sich ausschließlich auf elektronisch ausgelieferte Produkte. Hingegen nicht betroffen von dieser Erklärung sind auf elektronischem Wege bestellte und physisch ausgelieferte Produkte.[49] Nach dieser Verlängerung des Moratoriums stellt sich die Frage, ob diese befristete Erklärung der Minister der WTO-Länder nicht durch ein unbefristetes Moratorium ersetzt werden sollte. Insbesondere die

---

[47] Vgl. Senti, R. (2000), Kap. 3.1.
[48] Vgl. Hauser, H. / Wunsch-Vincent, S. (2002), S. 74.
[49] Letztere fallen wie alle physisch ausgelieferten Produkte unter die Regelungen des GATT, die Form der Bestellung hat hier keinen Einfluss. Die in diesem Zusammenhang gewählte Eingrenzung der digitalen Produkte entspricht also der in dieser Arbeit verwendeten Definition digitaler Produkte.

USA, Japan und auch Interessengruppen wie etwa die deutsche Industrie fordern eine solche unbefristete Regelung der Zollfreiheit beim grenzüberschreitenden Handel mit digitalen Produkten.[50] Formal gesehen handelt es sich bei dem Moratorium nicht um ein formelles Abkommen mit garantierter Umsetzung oder Durchsetzung. Faktisch würde die Aufhebung des Zollmoratoriums und damit die Besteuerung des elektronischen Handels jedoch nur zu sehr geringen Steuereinnahmen führen, da der Anteil der digitalisierbaren Produkte am Handel recht niedrig ist.[51] Dies sollte jedoch nicht als Grund zur Abschaffung des Moratoriums gewertet werden, da es, zumindest teilweise, den elektronischen Handel vor Handelshemmnissen schützt. Das momentan gültige Zollmoratorium ist vorläufig noch einschließlich 2003 gültig. Die langfristige Klärung der Zollfrage ist Bestandteil des E-Commerce-Arbeitsprogramms der WTO[52], eine definitive Einigung innerhalb der WTO hat allerdings hier noch nicht stattgefunden.

Im Bereich der Zusatzabkommen ist das GATT ebenfalls vollständiger als das GATS. Hierzu zählen insbesondere das zum GATT gehörende Subventionsabkommen, Antidumpingregeln, Ursprungsregeln sowie die Frage der Schutzmaßnahmen. Regelungen zur Liberalisierung des Handels über diese Instrumente sind im Rahmen des GATS zwar teilweise geplant, die Verhandlungen dauern jedoch weiter an. Für den internationalen Handel mit digitalen Gütern wären solche Regelungen der Liberalisierung jedoch sicherlich von Vorteil.

Insgesamt zeigen diese Argumente, dass bis auf weitere Änderungen der Handel insgesamt und auch der digitaler Produkte bei Zuordnung zum GATT wahrscheinlich einen wesentlich höheren Liberalisierungsgrad erreichen würde. Das Ausmaß der unter dem GATS erreichbaren Liberalisierung ist in viel größerem Maße abhängig von den freiwilligen Zusagen der einzelnen Unterzeichnerländer. Während die Zuordnung zum GATT das derzeitige Liberalisierungsniveau

---

[50] Die Argumente der Staaten werden bei Hauser, H. / Wunsch-Vincent, S. (2002) genauer dargestellt. Die Position der deutschen Industrie bzgl. dieser Frage ist u. a. zu finden in BDI (2001).
[51] Vgl. Hauser, H. / Wunsch-Vincent, S. (2002), S. 69.
[52] Vgl. Hauser, H. / Wunsch-Vincent, S. (2002), Kap. 2.2.1.

sichert, birgt die Zuordnung zum GATS die Gefahr eines Rückgangs der bisher erreichten Liberalisierung.

3.2.2.2 Technologieneutralität

In Bezug auf die Technologieneutralität stellt sich die Frage, warum digitale Produkte eine andere Klassifikation und damit Behandlung erfahren sollen als ihre nicht-digitalisierten Pendants gleichen Inhalts. Seit einiger Zeit auch digital erhältliche Produkte, wie z. B. Filme, Musiktitel und Software, wurden bislang immer dem GATT zugeordnet. Sie unterliegen damit den vergleichsweise hohen Liberalisierungsanforderungen des GATT. Angesichts dieser bereits erfolgten Klassifikation der nicht-digitalen Pendants von bestimmten betroffenen Produkten ist es schwierig, sich eine andere Zuordnung der digitalen Produkte als die zum GATT vorzustellen. Würden die digitalen Produkte allerdings dem GATS und nicht dem GATT zugeordnet, so käme es zu einer problematischen Situation. Die gleiche Software würde, auf einem Träger angeboten, den Regeln des GATT unterliegen, während sie, digital angeboten, dem GATS unterläge. Die Software auf dem Träger wäre nicht von Zöllen und Handelshemmnissen belastet, während die andere hiervon durchaus in größerem Maße betroffen sein könnte. Im Internet heruntergeladene Produkte sollten jedoch nicht anders behandelt werden als ihre nicht-digitalen Pendants gleichen Inhalts. Auch die bisherige Behandlung von elektronischer Datenübermittlung und Gütern, in die ein Dienstleistungsbestandteil integriert ist, und ihre Zuordnung zum GATT zeigen, dass bereits ähnliche Güter dem GATT zugeordnet wurden.[53]

---

[53] Für eine genauere Beschreibung der betroffenen Güter vgl. Hauser, H. / Wunsch-Vincent, S. (2002), S. 76.

3.2.3 Argumente für eine Klassifikation des Handels mit digitalen Produkten unter dem GATS

Innerhalb der WTO wird auch die Position vertreten, eine Klassifikation des elektronischen Handels und damit auch der digitalen Produkte unter dem GATS sei sinnvoll. Die diesbezüglich angeführten Gründe sollen im folgenden Abschnitt dargelegt werden. Von besonderem Gewicht ist hier die Möglichkeit, auf lange Sicht unter dem GATS größere Liberalisierungen und neue, maßgeschneiderte Regelungen durchzusetzen als sie unter dem GATT möglich sind. Damit wäre der elektronische Handel mit digitalen Produkten möglicherweise langfristig gesehen von zahlreichen Handelshemmnissen befreit.

Das GATS zeichnet sich im Vergleich zum GATT auch dadurch aus, dass es neuer und damit weniger vollständig ist. Einige Elemente sind noch nicht abschließend formuliert und geregelt, weitere Verhandlungen finden statt.[54] Langfristig gesehen bietet das GATS daher mehr Möglichkeiten als das GATT, einen hohen Grad an Liberalisierung für die ihm zugeordneten Güter durchzusetzen. Dies ist jedoch davon abhängig, welche Zusagen die Länder in den Verhandlungen zu machen bereit sind und innerhalb welchen Zeitrahmens die Verhandlungen abgeschlossen werden können. In den Verpflichtungslisten des GATS machen Unterzeichnerländer auch freiwillige Liberalisierungszusagen, die im GATT unbehandelte Bereiche betreffen,[55] was bei einer Zuordnung der digitalen Produkte zum GATS von Vorteil sein könnte. Da auch digitale Dienstleistungen von der hier dargestellten Diskussion betroffen sind, würde eine einheitliche

---

[54] „Das GATS ist nicht der Abschluss von Handelsverhandlungen, sondern der Auftakt zur Vereinbarungen über eine weltweit gemeinsame Regelung des Dienstleistungshandels." S. Senti, R. (2000), S. 603.
[55] Hierzu gehören beispielsweise ausländische Direktinvestitionen und die Bewegungsfreiheit von Personen. Das GATT behandelt diese Bereiche hingegen nicht. Vgl. hierzu Hauser, H. / Wunsch-Vincent, S. (2002), S. 77.

Klassifikation aller elektronischen Transaktionen vermutlich einige Streitpunkte verhindern.

Eine Zuweisung digitaler Produkte zum GATS ist auch aufgrund der zunehmend verbreiteten Integration von Produkt und Dienstleistung sinnvoll. Digitale Produkte werden häufig im Zusammenhang mit Customizing und passender Betreuung angeboten. Diese Anpassung des Produkts an den jeweiligen Kunden und die beispielsweise technische Betreuung durch den Hersteller stellen eine Integration von Dienstleistung und Produkt dar. Oftmals ist es sehr schwer, die jeweiligen Wertanteile der beiden Komponenten festzustellen, eine genaue Abgrenzung zu den reinen Dienstleistungen ist nur schwer möglich.

Ein weiterer Grund für eine Einordnung der digitalen Produkte unter das GATS wäre ihre Eigenschaft als intangible good. Die nicht ganz eindeutige Definition und Abgrenzung von Gütern und Dienstleistungen in der WTO in dieser Hinsicht[56] würde eine Klassifikation der nicht anfassbaren digitalen Produkte unter dem GATS ermöglichen. Ein digitales Produkt könnte zwar durch Speicherung auf einen physischen Träger anfassbar und haltbar gemacht werden, eine solche Speicherung stellt jedoch nach Ansicht der WTO keine grenzüberschreitende Transaktion dar, unabhängig von der vorangehenden Übertragung des Produkts, und damit ist für die WTO der Prozess der Speicherung hier nicht relevant.[57]

Die hier dargelegten Argumente für eine Klassifikation der digitalen Produkte unter das GATS werden in der WTO insbesondere von der EU vorgetragen. Gerade für die EU bestehen allerdings zusätzliche EU-spezifische, politische Argumente für eine solche Zuordnung der digitalen Produkte. Diese sind bei der Befürwortung der Klassifikation der digitalen Produkte zum GATS sicherlich von großer Bedeutung. Beispielsweise werden digitale Produkte innerhalb der

---

[56] Das GATS bezeichnet alle Wertschöpfungen, die von Personen direkt konsumiert werden, die nicht physischer Natur, nicht anfassbar, nicht sichtbar und nicht haltbar sind, als Dienstleistungen. Zwölf Kategorien von bestimmten Dienstleistungen wie z. B. Kommunikation oder Transport wurden außerdem in der Uruguay-Runde festgelegt. Vgl. Senti, R. (2000).

[57] Vgl. Hauser, H. / Wunsch-Vincent, S. (2002), S. 80.

EU bereits als Dienstleistungen behandelt. Um eine Inkonsistenz in der Behandlung der digitalen Produkte und in der Regelung des Handels mit ihnen zwischen der EU und der WTO zu vermeiden, würde die EU eine Klassifikation im GATS vorziehen.[58]

3.2.4 Bewertung der Argumente und Ausblick

Dem Argument der EU für eine Klassifikation des elektronischen Handels unter das GATS aufgrund dessen erweiterter Möglichkeiten für zukünftige Liberalisierungen ist entgegenzusetzen, dass diese Liberalisierungen in einigen Bereichen von der EU nicht erwünscht sind und entsprechenden Widerstand von Seiten der EU ernten werden. Von Bedeutung ist hier insbesondere die europäische Filmindustrie, deren Protektionsinteressen im GATS am besten berücksichtigt werden. Gerade in diesem Bereich wünscht die EU also keinerlei über den Stand des GATT hinausgehenden Liberalisierungen des GATS.

Demgegenüber ist festzustellen, dass sich die Rechtfertigung für eine Klassifikation unter dem GATT, also die u. a von den USA vorgebrachte Argumentation, maßgeblich auf digitale Produkte wie Software oder Musiktitel bezieht. Die von der EU besonders geprägte Argumentation für eine Klassifikation unter dem GATS wiederum beruht eher auf der Sicht des Dienstleistungssektors im Rahmen des elektronischen Handels. Grund für diese auf beiden Seiten auf nur eine Gütergruppe konzentrierte Argumentation könnte eine entsprechende Struktur der Industrie im jeweiligen Wirtschaftsraum und damit der entsprechend große Einfluss bestimmter Lobbygruppen auf die Verhandlungsposition sein. Die Position der USA scheint dementsprechend stark geprägt zu sein von einer im internationalen Handel bedeutenden Software- und Musikindustrie.

---

[58] Die EU ordnet die digitalen Produkte den „Information Services" zu. Vgl. Hauser, H. / Wunsch-Vincent, S. (2002), S. 82.

Neben der Auseinandersetzung nach einer Zuordnung digitaler Produkte zum GATT oder zum GATS gibt es auch die Forderung nach einem neuen Vertragswerk. Dieses soll spezifisch auf die Fragestellungen beim Handel mit digitalen Produkten eingehen und Raum für künftige Anpassungen an weitere technologische Entwicklungen lassen. Beim Vertragswerk des GATS, welches ohnehin noch nicht abschließend formuliert ist, könnte entsprechend bei der Vervollständigung vor allem auf Besonderheiten der digitalen Dienstleistungen Rücksicht genommen werden.

Die Tatsache, dass die Verhandlungen zu diesem Thema noch weit vor einem Abschluss stehen, ist vor allem auf drei Ursachen zurückzuführen.

Erstens sind von einer Klassifikation des Handels mit digitalen Produkten sehr viele Bereiche des Handels betroffen, die jedoch üblicherweise einzeln in individuellen Verhandlungen mit unterschiedlichen Zeitrahmen behandelt werden. Dadurch fällt es allen Verhandlungspartnern schwer, ihre Interessen gebündelt vorzutragen und zu einer schnellen Einigung zu gelangen.

Zweitens ist die Klassifikation von digitalen Produkten eine politische Angelegenheit. Aus diesem Grund sind auch die vorgebrachten Argumente weitestgehend politisch geprägt.

Und drittens vermag die Frage der Klassifikation der digitalen Produkte das Interesse der recht zahlreichen Entwicklungsländer nicht zu wecken.

4 Digitale Produkte und geistiges Eigentum

Im vorangehenden Kapitel wurden die Fragestellungen beschrieben, die sich beim internationalen Handel mit digitalen Produkten und seiner Regulierung stellen und die notwendigerweise in der WTO diskutiert werden. In diesem Kapitel soll nun auf eine besondere Eigenschaft der digitalen Produkte und ihre marktbezogenen Konsequenzen eingegangen werden. Diese Eigenschaft besteht darin, dass es sich beim Kern des digitalen Produkts um geistiges Eigentum (Intellectual Property) des Herstellers handelt. Im folgenden Kapitel soll zunächst der Begriff des geistigen Eigentums abgegrenzt und seine verschiedenen Unterkategorien dargestellt werden. Geistiges Eigentum wird durch den Gesetzgeber geschützt, dieser sieht sich mit der Veränderung der Güter immer neuen Herausforderungen gegenüber. Auf die Entwicklung des Schutzes des geistigen Eigentums wird im Folgenden eingegangen, ebenso wie auf die grundlegenden Motive und Fragen des internationalen Schutzes von geistigem Eigentum. Es wird angesichts des bei digitalen Produkten leichter möglichen internationalen Handels darauf eingegangen, welcher internationaler Regelungen es bedarf, damit der Handel mit digitalen Produkten nicht durch Unklarheiten beim internationalen Schutz geistigen Eigentums behindert wird. Im Gegensatz zum vorigen Kapitel spielt hier weniger der grenzüberschreitende Handel mit digitalen Gütern eine Rolle, vielmehr geht es darum, die besonderen Eigenschaften des Marktes für geistiges Eigentum aufzuzeigen.

Gerade bei digitalen Produkten haben sich die Möglichkeiten des Verstoßes gegen die gesetzlichen Regeln zum Schutz geistigen Eigentums vervielfacht. Aus diesem Grund behandelt anschließend ein Abschnitt des Kapitels die Frage, welche Konsequenzen Piraterie auf die Wohlfahrt hat und auf welche Weise Anbieter digitaler Produkte ihr entgegentreten können. In Frage kommen hier insbesondere die Preisgestaltung und die Strategie des Versioning. Versioning bedeutet, dass von einem Produkt mehrere Versionen angeboten werden. Dabei kann es sich einerseits um simultan stattfindendes Versioning handeln. Gemeint ist damit das gleichzeitige Angebot von verschiedenen Versionen eines Produkts, wobei wiederum unterschieden werden kann zwischen:

- horizontalem Versioning. Die Versionen beim horizontalen Versioning unterscheiden sich nicht in der Funktion, sondern lediglich hinsichtlich eines Merkmals, das diese nicht beeinflusst. Ein Beispiel sind hier verschiedenfarbige Ausführungen eines Produkts oder unterschiedliche Sprachversionen einer selben Software.

- und vertikalem Versioning. Hier handelt es sich um unterschiedliche Versionen eines Produkts, die sich auch in bestimmten Funktionen unterscheiden. Dabei entsteht häufig eine Art Hierarchie, d. h. ein Produkt ist dem anderen überlegen und verfügt beispielsweise über bestimmte Sonderausstattungen. Beispiele hierfür ist ein Buch in der Hardcover- und Paperback-Ausführung, oder Software-Versionen für Laien und professionelle Nutzer.

Andererseits kann Versioning auch über die Zeit stattfinden. Die Versionen werden hier zeitlich versetzt angeboten, dennoch handelt es sich nicht um völlig verschiedene Produkte. Ein Beispiel sind die aufeinander aufbauenden Software-Versionen. In diesem Zusammenhang werden auch Upgrades angeboten. Upgrades sind Zusätze, die zu einer älteren Version die in der neuen Version enthaltenen Funktionen hinzufügt. Sie führen also zu einer signifikanten Produkterweiterung. Upgrades sind allerdings nicht zu verwechseln mit Updates, die lediglich kleinere Zusätze und Verbesserungen darstellen und häufig kostenlos angeboten werden.

4.1 Geistiges Eigentum und digitale Produkte in der Ökonomie

4.1.1 Geistiges Eigentum

Eigentumsrechte im Allgemeinen implizieren zwei unterschiedliche Arten von ökonomischem Nutzen, nämlich zwischen einerseits dem Nutzen statischer und andererseits dem dynamischer Art. [59] Der statische Vorteil besteht darin, dass der Eigentümer andere vom Konsum des Gutes ausschließen kann, ohne für diesen exklusiven Konsum einen Vertrag auszuhandeln. [60] Der dynamische Vorteil ist darin begründet, dass ein Eigentumsrecht einen Anreiz zu Investitionen in die Verbesserung eines bestehenden oder in die Schöpfung eines neuen Gutes beinhaltet.

Um geistiges Eigentum zu klassifizieren, bietet es sich an, zu überprüfen, welche Kategorien geistigen Eigentums auf internationaler Ebene im Rahmen des TRIPS-Abkommens der WTO unterschieden werden. Den in der untenstehenden Abbildung dargestellten Kategorien geistigen Eigentums bietet das TRIPS-Abkommen Schutz.

---

[59] Vgl. Landes, W. / Posner, R. (1987).
[60] „A property right is a legally enforceable power to exclude others from using a resource, without need to contract with them." S. Landes, W. / Posner, R. (1987), S. 266.

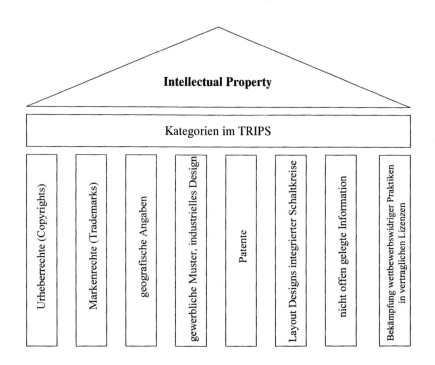

Abbildung 7: **Kategorien** **intellektuellen** **Eigentums** **im** **TRIPS-Abkommen. Quelle: http://www.wto.org (Zugriff: 4.3.2003).**

Die erste Kategorie des im TRIPS-Abkommen gesicherten geistigen Eigentums sind die Urheberrechte (Copyrights). Hierbei handelt es sich um Rechte des Urhebers an seinem Werk, beispielsweise eines Schriftstellers oder eines Komponisten. Unter diese Gruppe fallen u. a. auch Software und Datenbanken. Den Urhebern von Software, Musikaufnahmen und Filmen wird zusätzlich das Recht zugesprochen, den kommerziellen Verleih ihrer Werke an die Öffentlichkeit zu verbieten. Eine zweite Kategorie bilden die Markenrechte. Hier wird festgelegt, welche Arten von Markenzeichen unter dem Schutz der Markenrechte stehen. Hinsichtlich der geografischen Angaben bezieht sich das TRIPS-Abkommen auf Ortsbezeichnungen, die eine bestimmte Qualität, Reputation oder gewisse Eigenschaften eines Gutes anzeigen. Bei industriellen Designs ist Herstellung, Verkauf oder Import geschützt. In der Kategorie der Patente werden sowohl Produkte als auch Prozesse geschützt, es werden im TRIPS-Abkommen jedoch einige Ausnahmen präzisiert wie beispielsweise die Bereiche Diagnose, Therapie oder Pflanzen und Tiere. Patentinhaber sind u. a. berechtigt, ihr Patent anderen zu übertragen oder Lizenzen zu vergeben. Regierungen erhalten allerdings im Falle wettbewerbswidriger Lizenzvergabe von Patentrechten das Recht auf Intervention, etwa wenn der Technologietransfer erschwert oder der Wettbewerb eingeschränkt wird. Ferner werden auch Designs von Schaltkreisen als geistiges Eigentum geschützt, ebenso wie Handelsgeheimnisse oder nicht offen gelegte Informationen, wie sie etwa bei Entwicklungen neuer Produkte häufig auftreten.

Die Entstehung geistigen Eigentums geschieht vorwiegend in fünf unterschiedlichen Bereichen der Wirtschaft, die in der untenstehenden Abbildung mit den entsprechenden Kategorien geistigen Eigentums veranschaulicht werden. Die Quellen geistigen Eigentums werden in der untenstehenden Abbildung veranschaulicht.

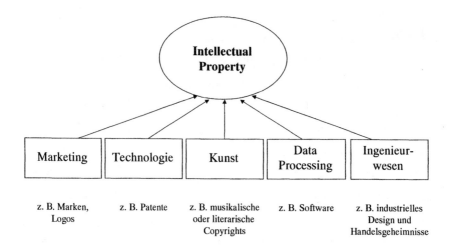

Abbildung 8: Quellen intellektuellen Eigentums. Quelle: Boos, M. (2003), S. 17.

Im Bereich des Marketings entstehen Marken und Logos, also Markenrechte, während geistiges Eigentum mit Bezug auf Technologie hauptsächlich als Patent geschützt wird. Aus dem Bereich der Kunst resultieren Formen des geistigen Eigentums, die den wesentlichen Anteil der Urheberrechte darstellen. Ebenso zu diesem Bereich gehört teilweise intellektuelles Eigentum, das in Zusammenhang mit Data Processing entsteht, wie beispielsweise Software. Ein anderer Teil aus dem Gebiet des Data Processing fällt beispielsweise unter die Kategorie der gesetzlich geschützten Designs integrierter Schaltkreise. Geistiges Eigentum, das unter der Kategorie des industriellen Designs und der nicht offen gelegten Information geschützt wird, entsteht meistens im Bereich des Ingenieurwesens.

Der Erwerb und Besitz von Eigentumsrechten und damit auch Rechte am geistigen Eigentum sind des Weiteren mit vier unterschiedlichen Arten von Kosten verbunden. Die erste bezieht sich auf die Kosten, die bei der Übertragung solcher Rechte entstehen. Sind diese Kosten zu hoch, kann ein Eigentumsrecht optimale Anpassungen an veränderte Bewertungen der Akteure verhindern. Verändern sich beispielsweise die relativen Zahlungsbereitschaften unterschiedlicher Akteure, ist eine Reallokation möglicherweise sinnvoll. Wird diese Reallokation hingegen durch hohe Übertragungskosten zu teuer, findet sie u. U. nicht statt.

Die zweite Art von Kosten entsteht beim Rent Seeking für ein Eigentumsrecht. Insbesondere bei geistigem Eigentum entstehen diesbezüglich recht hohe Kosten, da die Ressource kontinuierlich kreiert oder entdeckt wird.

Die dritte Art von Kosten von Eigentumsrechten sind die Kosten zum Schutz und Durchsetzung dieser Rechte, etwa die Kosten von Polizei und Gerichten. Auch diese Kosten sind bei intellektuellem Eigentum besonders hoch, da der Schutz der Rechte an diesen Gütern nicht unbedingt leicht ist, auch weil es sich schwieriger gestaltet, den „Eigentümer", also Urheber einer Idee ausfindig zu machen als den Eigentümer eines physischen Gutes. Ferner erleichtert der Public-Good-Charakter von intellektuellem Eigentum widerrechtliche Aneignungen oder Free Riding, wodurch diese Kosten wiederum ansteigen. Produkte aus dem Bereich des geistigen Eigentums unterscheiden sich wie digitale Produkte im Allgemeinen vom Eigentum an physischen Gütern häufig durch seine typischen Eigenschaften eines öffentlichen Gutes.[61] Erstens besteht keine oder eine nur sehr geringe Rivalität im Konsum von intellektuellem Eigentum. Zweitens entstehen im Zuge der Vervielfältigung von geistigem Eigentum in zahlreichen Fällen keine hohen Kosten. Allerdings weisen die hier behandelten Güter eine Besonderheit auf, die untypisch ist für öffentliche Güter, nämlich dass ein Ausschluss vom Konsum durchaus möglich ist. Daher werden diese Güter bei Drèze als „Public Goods with Exclusion" bezeichnet.[62] Dieser Ausschluss vom Kon-

---

[61] Auf die Public Good-Eigenschaften von Intellectual Property weisen beispielsweise Landes, W. / Posner, R. (1987) hin.
[62] S. Drèze, J. (1978), S. 6.

sum wird bei diesen Gütern erst absichtlich durch Rechte an geistigem Eigentum erzeugt.[63]

Die vierte Art der Kosten von Eigentumsrechten entsteht bei Gütern mit Public-Good-Charakter bei der notwendigen Einschränkung des Konsums. Im Gegensatz zu anderen Gütern entstehen bei geistigem Eigentum keine direkten zusätzlichen Kosten für die bisherigen Nutzer, wenn weitere Nutzer hinzukommen. Bei physischen Gütern erhält jeder beteiligte Nutzer einen kleineren Anteil, wenn Nutzer hinzukommen. Bei geistigem Eigentum ist dies nicht der Fall. Der Nutzen eines jeden Nutzers wird also nicht reduziert, wenn weitere Nutzer hinzukommen.[64]

Geistiges Eigentum ist entsprechend insgesamt eine besonders teure Art von Eigentum. Aus diesem Grund ist geistiges Eigentum in vielfacher Hinsicht beschränkt, beispielsweise kann etwas sehr offensichtliches in vielen Fällen nicht patentiert werden. Die Entdeckungskosten wären dabei sehr gering, während die erwartete Rente aus dem Patent vergleichsweise hoch wäre. Um exzessives Rent Seeking auszuschließen, wird derlei offensichtliches nicht zur Patentierung bzw. zum geistigen Eigentum zugelassen.[65]

Geistiges Eigentum hat üblicherweise einen „Autor" bzw. „Erfinder", der allerdings nicht immer zwangsläufig auch der Anbieter des Gutes ist. Der Autor hat eine Idee und kodiert diese, d. h. formuliert diese in einer Weise, die eine Übertragung an andere oder den Handel mit dieser Idee ermöglichen kann. Ab diesem Zeitpunkt kann der Autor Eigentumsrechte an der Idee und ihrer Erscheinungsform erhalten. Eine solche Übertragung oder sogar der Handel mit einer Idee muss jedoch nicht stattfinden, der Autor der Idee kann diese auch ausschließlich selbst nutzen, ist sich aber dem Schutz seines geistigen Eigentums gewiss, wenn er seine Idee patentiert hat.

---

[63] Auf die Motive der Schaffung von Eigentumsrechten an geistigen Werken wird in einem späteren Abschnitt eingegangen. Vgl. Kap. 4.1.2.
[64] Vgl. Landes, W. / Posner, R. (1987), S. 268.
[65] Vgl. Landes, W. / Posner, R. (1987).

Güter, die in den Bereich geistigen Eigentums fallen, werden von den Konsumenten häufig umso mehr geschätzt, je mehr Konsumenten das betrachtete Gut konsumieren bzw. verwenden. Bei der Verwendung von intellektuellem Eigentum entstehen also häufig positive Netzeffekte, wie etwa bei einer Textverarbeitungs-Software: einem alleinigen Nutzer einer bestimmten Software bringt diese bereits einen gewissen Nutzen, wird sie jedoch auch von anderen benutzt, ergeben sich u. a. aus der Kompatibilität von Dateien weitere Vorteile.[66]

4.1.2 Geschichte und Motive des Copyrights

4.1.2.1 Geschichte des Copyrights

Die politischen Motive für die Formulierung erster Copyrights waren wohl die durch sie erreichbare Kontrolle und möglicherweise sogar die Zensur neuer Informationen.[67] Geschützt wurden allerdings zunächst nur die Verleger, nicht die Autoren der jeweiligen Bücher. Der veröffentlichte Text war Eigentum des Verlegers, der damit eine Monopolstellung innehatte. Die Gesetze bezogen sich hier also zunächst auf die Rahmenbedingungen des Handels mit geistigem Eigentum, nicht jedoch auf die Rechte des Urhebers.

Zwei Faktoren haben jedoch die Entwicklung der Copyrights im weiteren Verlauf entscheidend geprägt: die technologischen und die marktbezogenen Veränderungen. Waren die ersten Urheberrechtsgesetze ausschließlich für gedruckte, häufig literarische Werke formuliert worden, mussten sie mit technologischen Neuerungen u. a. Musik (Tonträger), Software, neuerdings auch Datenbanken und natürlich das Internet mit einbeziehen. Ferner konnten bisher vernachlässig-

---

[66] Genauer wird auf diese Eigenschaft in Kap. 2 eingegangen.
[67] Vgl. Ramello, G. (2002). Eines dieser ersten Gesetze hinsichtlich des Schutzes geistigen Eigentums war die Royal Charter (1557). Vgl. hierzu Choi, S.-Y. / Stahl, D. / Whinston, A. (1997), Kap. 5.

te ökonomische Interessen von Beteiligten, z. B. Autoren, in die neueren Regelungen integriert werden.

4.1.2.2 Gründe für die Existenz von Intellectual Property Rights

Die heute geltenden Regelungen basieren grundsätzlich auf dem Ziel der Anreizbildung für Kreativität und Innovation. Diese Schaffung von Anreizen ist deshalb notwendig, weil Ideen und Wissen, also das, was in die Kategorie des geistigen Eigentums fällt, den Charakter eines öffentlichen Gutes haben. Aufgrund der Eigenschaften geistigen Eigentums können Ideen sehr leicht durch Trittbrettfahrer gestohlen, d. h. imitiert werden. Ohne weitere Restriktionen könnte auf diese Weise kein effizienter Markt für Ideen existieren. Das Prinzip geistigen Eigentums wiederum ermöglicht eine Umwandlung des an sich öffentlichen Gutes einer Idee in ein privates, durch Eigentumsrechte geschütztes Gut. Der Autor der Idee erhält auf diese Weise zumindest zeitweise die Gewinne, die aus der Verwendung der Idee, auch durch andere, entstehen.

Einer der wichtigsten Gründe für die Existenz von Rechten am geistigen Eigentum ist also der erwünschte Innovationsanreiz, zu dem implizit der unmittelbare Schutz des Autors vor Diebstahl gehört. Hinzu kommt auch der statische Vorteil von Eigentumsrechten, ohne den keine Investitionen in Forschung und Entwicklung getätigt würden. Auch eine Signalwirkung hinsichtlich der Allokation von Ressourcen wird durch den Schutz geistigen Eigentums gegeben: die Anerkennung geistigen Eigentums führt dazu, dass bestimmte Ressourcen in die Produktion geistigen Eigentums fließen, anstatt bei der Herstellung physischer Güter eingesetzt zu werden.[68]

---

[68] Vgl. DeLong, J. (2002).

Ausnahmen vom Schutz des geistigen Eigentums werden häufig entsprechend des Prinzips des „Fair Use" gemacht. Dieses Prinzip ermöglicht in ganz bestimmten Fällen kostenlosen Zugang zu geistigem Eigentum. Bei der Feststellung, ob die Nutzung eines Gutes dem Prinzip des „Fair Use" entspricht, sind vier Faktoren entscheidend:[69]

1) Art und Ziel der Nutzung, z. B. spielt hier eine Rolle, ob das Gut kommerziell oder für Bildungszwecke verwendet wird,

2) Art des Copyright-geschützten Gutes,

3) Ausmaß der Nutzung relativ zum Gesamtumfang des Gutes,

4) Der Effekt der Nutzung auf den potenziellen Markt oder den Wert des Gutes.

Bestimmte Nutzungszwecke wie beispielsweise Kritik, Kommentar, Lehre oder Forschung sind typische Beispiele für „Fair Use". Zu diesen Zwecken ermöglichen die meisten nationalen Gesetzgebungen freien Zugriff auf geistiges Eigentum.

Zu diesem Thema hat in Deutschland der Bundestag kürzlich einer Gesetzesnovelle zugestimmt.[70] Sie entspricht der Umsetzung der EU-Richtlinie zur Harmonisierung des Urheberrechts zwischen den EU-Staaten. Recht umstritten war bereits der Gesetzentwurf zu § 52a UrhG, der Bildungs- und Forschungseinrichtungen die Online-Nutzung geschützter Werke erlaubt. Bereits veröffentlichte Werke werden somit Schülern, Studenten und Wissenschaftlern zugänglich gemacht, ohne dass es hierzu einer Genehmigung durch den Rechteinhaber bedarf. Zunächst war eine vergütungsfreie Nutzung für den Unterrichtsgebrauch geplant. Aus diesem Grund lehnten Interessengruppen von Urhebern (insbesondere Wissenschaftlern) und von Verlegern (besonders Fachverlage) den Gesetzentwurf ab. Um diesen Interessen entgegenzukommen, bezieht sich § 52a UrhG nur auf die Weitergabe von Teilen veröffentlichter Werke, von Werken geringeren

---

[69] Vgl. Liebowitz, S. (2002a), S. 176-183.
[70] BMJ (2003).

Umfangs oder einzelner Artikel aus Fachzeitschriften in abgegrenzte, geschlossene Netzwerke. Ferner sieht § 52a UrhG in jedem Fall eine Vergütung vor.[71]

4.2 Der internationale Schutz von Rechten am geistigen Eigentum

4.2.1 Bereits bestehende Regeln im Rahmen des TRIPS-Abkommens

In den letzten Jahrzehnten hat sich gezeigt, dass es insbesondere internationaler Abkommen zum Schutz des geistigen Eigentums bedarf, da der Handel mit den betroffenen Gütern zunehmend grenzüberschreitend stattfindet. Diese Entwicklung ist u. a. auf technologische Entwicklungen im Bereich des Transports und der Übertragungsmedien zurückzuführen, die dazu geführt haben, dass illegale Vervielfältigungen in anderen Ländern zu befürchten sind. Auch um den internationalen Handel mit geistigem Eigentum nicht auf lange Sicht zu behindern, muss der Schutz geistigen Eigentums auch grenzüberschreitend durch zwischenstaatliche Abkommen garantiert werden.[72] Regelungen wie die durch die WIPO verwalteten Verträge der Berner Übereinkunft zum Schutz von Werken der Literatur und Kunst von 1886 und der Pariser Verbandsübereinkunft zum Schutz des gewerblichen Eigentums von 1883 oder die der WTO im Rahmen des TRIPS-Abkommen haben zum Ziel, ein international geltendes Rahmenwerk für den

---

[71] Die beschlossenen Änderungen im UrhG sind einsehbar auf der Homepage des Bundesministeriums für Justiz: www.bmj.bund.de (Zugriff: 14.3.2003).
[72] Einerseits ermöglicht erst der verstärkte Handel mit elektronischen Produkten den immer größeren Zugriff auf digitale Produkte. Sind diese verfügbaren digitalen Produkte ausreichend geschützt, steigt auch das Ausmaß des Handels mit ihnen. Vgl. Hauser, H. / Wunsch-Vincent, S. (2002).

Schutz geistigen Eigentums zu schaffen.[73] Der Kern des TRIPS-Abkommens basiert auf bestehenden Abkommen, die im Rahmen der WIPO vereinbart wurden. Die WIPO hat den weltweiten Schutz geistigen Eigentums zur Aufgabe. Sie erarbeitet auf diesem Gebiet immer neue internationale Abkommen für ihre Mitglieder, um einen angemessenen Schutz des geistigen Eigentums zu ermöglichen. Auch in Zukunft können besonders handelsbezogene Regelungen der WIPO von der WTO in die eigenen Vertragstexte übernommen werden.

Von besonderer Bedeutung bei der internationalen Regelung des Schutzes von geistigem Eigentum ist die WTO, deren dritte Säule neben GATT und GATS, das TRIPS-Abkommen, den Handel mit geistigem Eigentum regelt. Die Aufgabe des TRIPS-Abkommens ist laut seiner Präambel, Verzerrungen und Behinderungen des Handels auf internationaler Ebene zu beheben, die zurückzuführen sind auf den mangelhaften Schutz geistigen Eigentums. Ein adäquater und wirksamer Schutz der Rechte geistigen Eigentums soll durch das Abkommen gefördert werden. Ferner soll gewährleistet werden, dass Maßnahmen zur Durchsetzung dieser Rechte nicht selbst den Handel mit geistigem Eigentum behindern. Das Regelwerk des TRIPS-Abkommens bezieht sich auf die bereits in Kapitel 4.1.1 genannten Kategorien geistigen Eigentums.

Das TRIPS-Abkommen legt gewisse Mindeststandards fest, die von den Unterzeichnerländern eingehalten werden müssen, weitergehende Regulierungen sind möglich. Diese Mindeststandards betreffen die Bereiche des Schutzes von Rechten an geistigem Eigentum, die Art und Dauer des zu gewährenden Schutzes sowie entsprechende Ausnahmen. Ebenso werden administrative und strafrechtliche Verfahren im Rahmen des TRIPS-Abkommens vorgeschrieben. Außerdem müssen alle Maßnahmen und Regulierungen zum Schutz der Rechte an geisti-

---

[73] Vgl. Ramello, G. (2002) und Choi, S.-Y. / Stahl, D. / Whinston, A. (1997), Kap. 5. Die Berner Übereinkunft wurde zuletzt revidiert im Jahre 1967, die Pariser Übereinkunft im Jahre 1971. Beide Abkommen werden von der WIPO verwaltet und sind für das später unterzeichnete TRIPS von besonderer inhaltlicher Bedeutung.

gem Eigentum auch für geistige Eigentümer anderer TRIPS-Mitglieder gelten.[74]
Anders als die anderen beiden Abkommen der WTO, GATT und GATS, fordert das TRIPS-Abkommen keine Marktöffnung für den internationalen Handel mit geistigem Eigentum.

Wichtige, im TRIPS verankerte Elemente sind das Prinzip der Inländergleichbehandlung und die Meistbegünstigungsklausel sowie Vereinbarungen zur Sicherung der Durchsetzung der vereinbarten Regelungen, wie etwa der Zugang zum WTO-Streitschlichtungsverfahren.

Trotz der hier beschriebenen Regelungen zum Schutz geistigen Eigentums, die prinzipiell auch digitale Produkte betreffen, treten immer wieder neue Fragen hinsichtlich der Regelung des elektronischen Handels auf. Denn die bestehenden Regelungen gehen nicht oder nur kaum auf besondere Eigenheiten dieses Bereiches ein. Damit der internationale Handel mit digitalen Produkten ungehindert funktionieren kann, bedarf es also noch der Klärung einiger offener Fragen. Auf einige dieser offenen Fragen speziell im Bereich des geistigen Eigentums wird im nächsten Abschnitt dieses Kapitels eingegangen.

---

[74] Diese Regel basiert auf den Prinzipien der Inländergleichbehandlung und der Meistbegünstigungsklausel, die bereits im GATT- und im GATS-Abkommen verankert sind.

4.2.2 Neue Forderungen hinsichtlich des internationalen Schutzes von geistigem Eigentum

Güter mit neuartigen Eigenschaften, wie digitale Produkte, und neue Übertragungstechnologien werfen möglicherweise neue Fragestellungen bzgl. des Schutzes des intellektuellen Eigentums auf. Zum einen resultieren aus den Besonderheiten digitaler Produkte weitere Schwierigkeiten beim Schutz von geistigem Eigentum. Digitale Produkte sind besonders leicht und ohne hohe Kosten reproduzierbar und veränderbar. Deshalb wird das Weiterverwenden und Bearbeiten durch Konsumenten erleichtert. Problematisch für den Copyright-Schutz wird dies, wenn geistiges Eigentum zu einem kommerziellen Zweck, z. B. zum Erstellen eines ebenfalls Copyright-geschützten Produkts, verwendet wird. Ein neuer Faktor bei digitaler Vervielfältigung im Vergleich zu älteren, analogen Techniken ist auch, dass auch Kopien wiederum nahezu unendlich oft kopiert werden können, ohne dass ein Qualitätsverlust entsteht. Analoge Kopiertechniken waren in diesem Bereich immer mit einer gewissen Beeinträchtigung der Qualität bei jeder kopierten Kopie verbunden. Beispiele hierfür sind Fotokopien oder Kopien von Video- oder Musikkassetten.

Eine weitere Gefahr in den Augen der Copyright-Inhaber ist die Größe der Netzwerke der Übertragung digitaler Produkte. Immer mehr Konsumenten bekommen Zugang zum Internet, und auf diese Weise können binnen kürzester Zeit mehrere Tausend (illegale) Kopien eines Produkts verbreitet werden.

Aus diesem Grund scheinen die ursprünglich für nicht-digitale Produkte konzipierten nationalen Regelungen zum Schutz des geistigen Eigentums nicht unbedingt ausreichend oder gar geeignet, da sie die Möglichkeiten neuer, digitaler Technologien nicht berücksichtigen. Neue Regelungen, die diesbezüglich beschlossen wurden, wie etwa der Digital Millennium Copyright Act in den USA verschärfen allerdings nach Ansicht vieler die bereits vorher existierenden Regeln. Hauptsächlich wird in diesem Zusammenhang bemängelt, dass bereits der Versuch, eine technologische Schutzmaßnahme, die der Begrenzung des Zugriffs auf geschützte Produkte dient, zu umgehen, als kriminell eingestuft wird. Dieser Versuch der Umgehung des Schutzes muss dabei nicht unbedingt unmittelbar mit Piraterie verbunden sein, es reicht aus, wenn er die Voraussetzungen für zukünftige Piraterie schafft. Dadurch, so wird befürchtet, werden alle Produkte, die heute mit der Begründung des „Fair Use" frei zur Verfügung stehen, in Zukunft nur noch über Pay-Per-Use verfügbar sein.[75]

Andere Fragestellungen treten beim Schutz geistigen Eigentums auf internationaler Ebene auf. Insbesondere beim internationalen Handel mit geistigem Eigentum, wie er bei digitalen Produkten verstärkt auftritt, ist eine möglichst homogene Regelung des Schutzes von geistigem Eigentum besonders wichtig. Regulierungsheterogenität, d. h. unterschiedliche nationale Standards beim Schutz von geistigem Eigentum stellen aufgrund der aus ihnen resultierenden Rechtsunsicherheit ein Handelshemmnis dar.

Ein erster Grund für heterogene Regelungen ist der Mindeststandard-Charakter der im TRIPS-Abkommen verankerten Regeln. Jedem Unterzeichnerland bleibt es freigestellt, auch strengere Regeln zum Schutz von geistigem Eigentum anzuwenden. Insbesondere innerhalb der Unterzeichnerländer bestehende Regional Trade Areas (RTAs) haben sich auf eine schnellere Aufnahme der im TRIPS-Abkommen festgelegten Regeln in die nationalen Gesetze geeinigt, als das Abkommen dies erfordert. Ferner haben einige RTAs zusätzliche Vereinbarungen zum Schutz des geistigen Eigentums getroffen. So beziehen sich einige RTAs nur auf Regelungen des TRIPS-Abkommens zu bestimmten Fragen, während andere RTAs, wie die NAFTA oder die EU auf eine große Bandbreite an Fragestellungen hinsichtlich des Schutzes geistigen Eigentums eingehen. Insbesondere die EU ist hier hervorzuheben, da sie ihre Aufmerksamkeit auch auf eine

---

[75] Vgl. hierzu Boucher, R. (2002).

Harmonisierung der Eigentumsrechte an intellektuellem Eigentum und konvergierende Standards richtet.[76] Im Bezug auf Urheberrechte ist außerdem anzumerken, dass einige Unterzeichnerländer des TRIPS und RTAs ebenfalls Unterzeichner des WIPO Copyright Treaty und des WIPO Performances and Phonogram Treaty sind, die beide im Jahr 2002 in Kraft getreten sind.[77]

Ein zweiter Grund für bestehende und auch neue Heterogenitäten der nationalen Regulierungen sind technologische Neuerungen im Bereich des Handels mit geistigem Eigentum, die aus Sicht einiger Jurisdiktionen neuen Regulierungsbedarf implizieren und sie zu meist unkoordinierten Vorstößen bei der Regulierung neuer Fragen veranlassen. Die bestehenden Regeln des TRIPS-Abkommens etwa sind in ihrer Formulierung explizit technologieneutral. Aus diesem Grund spricht nichts gegen ihre vollständige Gültigkeit hinsichtlich des Handels digitaler Produkte, und damit sind der Heterogenität im Bereich des Schutzes von geistigem Eigentum auf internationaler Ebene doch Grenzen gesetzt. Dennoch verursacht die Entwicklung immer neuer Technologien offene Fragen und somit die Diskussion darüber, ob zum Schutz geistigen Eigentums lediglich Änderungen der bisherigen Regelungen ausreichen. Alternativ wird häufig vorgeschlagen, ein völlig neues Regelwerk auszuarbeiten, dass auch neuen Schwierigkeiten in der Durchsetzung der Rechte möglicherweise gerecht wird.[78]

Eine weitere Frage, die im Rahmen des TRIPS-Abkommens bislang noch unzureichend beantwortet wird, ist die nach der verantwortlichen Jurisdiktion bei Regelverletzungen.[79] Im Rahmen des TRIPS-Abkommens verpflichten sich die Unterzeichnerländer, ihre national geltenden Urheberrechte auch Urhebern anderer Nationalität einzuräumen und durchzusetzen. Allerdings stellt sich hier die

---

[76] Vgl. OECD (2002).

[77] Diese Verträge berücksichtigen u. a. auch die Entwicklung neuer Technologien, wie beispielsweise hinsichtlich des Internets und der digitalen Produkte. Unterzeichner dieser Verträge sind z. B. die EU-Staaten. Vgl. OECD (2002).

[78] Die ursprünglichen TRIPS-Normen etwa gehen von geistigem Eigentum aus, das immer in Verbindung mit einem Träger (z. B. CD) gehandelt wird. Daher ergibt sich ein gewisser Veränderungsbedarf, um die Zielerreichung des TRIPS-Abkommens auch beim Handel mit digitalen Gütern zu ermöglichen. Vgl. Hauser, H. / Wunsch-Vincent, S. (2002). Kap. 2.

[79] Vgl. Hauser, H. / Wunsch-Vincent, S. (2002), Kap. 2.3.

allgemein im elektronischen Handel noch teilweise unbeantwortete Frage, welche Jurisdiktion verantwortlich ist für die Ahndung einer Urheberrechtsverletzung, die auf einer Internetseite mit internationalem Zugriff stattfindet.

4.3 Piraterie und Versioning

4.3.1 Copying und Piraterie

Sofern die oben beschriebenen Regeln und Gesetze zum Schutz von intellektuellem Eigentum, von denen insbesondere Copyright-Regelungen für digitale Produkte von Bedeutung sind, nicht vollständig restriktiv formuliert sind, kommt es zu Copying, also zu legalem Kopieren.[80] Ist die Durchsetzung der bestehenden Gesetze jedoch nicht vollständig gewährleistet, ist auch Piraterie möglich, also illegales Copying. Insbesondere mit den Möglichkeiten des Internet und digitaler Produkte ist es nicht selten schwierig, die Copyrights durchzusetzen: So sind im Internet zahlreiche Copyright-geschützte digitale Produkte erhältlich, deren Copyright-Besitzer damit nicht explizit einverstanden sind. Auch wenn letztere schlussendlich über ein Gerichtsverfahren Recht bekommen, sind die Produkte weiterhin im Internet verfügbar.

Welches Ausmaß die Piraterie annimmt, ist aufgrund ihres illegalen Charakters nur schwer festzustellen. Insbesondere bei digitalen Produkten, die nicht physisch greifbar sind, können selten Raubkopien sichergestellt werden. Dennoch

---

[80] Der Begriff Copying steht, streng genommen, für das Kopieren bzw. Vervielfältigen eines Originals. In diesem Zusammenhang ist jedoch immer ein vom Konsumenten durchgeführtes Copying, nicht die Vervielfältigung durch den Autor oder Produzenten, der i. d. R. über das Original verfügt. Zu beachten ist jedoch, dass bei digitalen Produkten das Original häufig nicht von seinen Kopien zu unterscheiden ist. Häufig wird der Begriff des Copying in der Literatur auch auf illegales Copying, also Piraterie, bezogen. Im Folgenden soll jedoch unterschieden werden zwischen legalem Copying und illegalem Copying bzw. Piraterie.

existieren diesbezüglich Schätzungen, wie etwa von BSA, dem Verband der a-
merikanischen Softwarehersteller. Die unten dargestellten Ergebnisse der Studie
der BSA beziehen sich auf Business Software, die im Jahre 2001 installiert wurde.

Region	Piracy Rate 2001	Entgangener Umsatz im Jahr 2001 in Mio. $
Die fünf höchsten Piracy Rates:		
Vietnam	94%	32
China	92%	1 662
Indonesien	88%	79
Ukraine	87%	58
Russland	87%	120
Deutschland	34%	682
Großbritannien	25%	291
Griechenland	64%	61
Westeuropa Gesamt	37%	2 660
Osteuropa	67%	435
Nordamerika	26%	1 997
Lateinamerika	57%	865
Asien / Pazifik	54%	4 726
Mittlerer Osten	51%	137
Afrika	53%	147

Tabelle 2: Das weltweite Ausmaß der Piraterie und die entgangenen Umsätze. Quelle: BSA (2002).

Die Tabelle zeigt deutlich die großen Unterschiede in den Piracy Rates. Insbesondere Osteuropa weist eine große Verbreitung von illegaler Software auf, während der Anteil illegaler Software in Nordamerika weniger als halb so hoch ist. Allerdings sollten auch die absoluten Beträge der geschätzten entgangenen Umsätze berücksichtigt werden. Diese entgangenen Umsätze sind naturgemäß dort wesentlich höher, wo auch insgesamt mehr Software installiert wird. Spitzenreiter in dieser Beziehung ist dann Asien und der pazifische Raum mit knapp fünf Milliarden Dollar entgangener Umsätze im Bereich der Business Software.

Auf das Ausmaß von Piraterie haben u. a. auch das Einkommensniveau und die Durchsetzung des Copyrights einen deutlichen Einfluss. Das Ausmaß der Piraterie von Software-Produkten in Europa ist nach empirischen Untersuchungen abhängig vom Einkommen im jeweils untersuchten Land und Veränderungen beim Schutz der Software vor illegalem Kopieren. Rodríguez Andrés untersucht die Piraterie von Software in 24 Ländern im Zusammenhang mit Einkommen und Schutz der Software.[81] Der Schutz der Software in einem Land setzt sich dabei zusammen aus der Gesetzeslage zum Schutz vor Piraterie und der Intensität der Durchsetzung der Copyright-Gesetze. Rodríguez Andrés kommt zu dem Schluss, dass die Häufigkeit von Piraterie mit steigendem Einkommensniveau abnimmt. Diese Aussage wird auch recht deutlich mit einigen Ausnahmen anhand der oben stehenden Tabelle sichtbar. Der Zusammenhang zwischen dem Schutz von Software und der Häufigkeit von Software-Piraterie ist zwar etwas schwächer, aber durchaus festzustellen: mit steigendem Schutz der Software wird weniger illegal kopiert.[82]

Der Schutz vor Piraterie, also der Grad der Ausschließbarkeit im Konsum eines digitalen Produkts ist abhängig vom Gesetzgeber (der typischerweise mittels IPR oder Copyright-Gesetzen agiert) und von verfügbaren technischen Mitteln.[83] Vollständige Ausschließbarkeit ist von beiden Seiten nur sehr schwer zu errei-

---

[81] Vgl. Rodríguez Andrés, A. (2002).
[82] Vgl. Rodríguez Andrés, A. (2002).
[83] Vgl. Belleflamme, P. (2002), S. 2.

chen. Vorhandene Gesetze müssen nicht nur ausreichend strikt formuliert, sondern auch durchgesetzt werden, was bei digitalen Produkten angesichts der Anonymität und der vielfältigen Möglichkeiten des Internet besonders kompliziert und mühsam erscheint. Ebenso sind technische Schutzmaßnahmen gegen Piraterie häufig nur von kurzer Wirksamkeit, da sie von Hackern oft schnell „gecrackt" und somit wirkungslos werden.

Das Auftreten von Piraterie hat Einfluss auf mehrere Bereiche. Zum einen betrifft Piraterie immer den Autoren bzw. Anbieter des Produkts, dessen Umsatz durch Piraterie sinken kann. Zum zweiten kann Piraterie auch Konsequenzen für die Konsumenten haben, da sie sich möglicherweise einem durch Piraterie erhöhten Risiko und verursachten Anstieg des Preises für das Original gegenübersehen. Zum dritten beschäftigt Piraterie auch den Gesetzgeber, da durch das Auftreten von Piraterie politische Fragen und bei neuer Technologie Regelungsbedarf entstehen und u. U. die Steuereinnahmen reduziert werden können.

4.3.2 Piraterie aus Sicht des Anbieters und Versioning

4.3.2.1 Piraterie, Preise und Wohlfahrt

Allgemein wird zunächst immer davon ausgegangen, dass dem Anbieter durch Piraterie immer Schaden zugefügt wird. In verschiedenen Modellen werden die unterschiedlichen Aspekte von Copying und Piraterie untersucht. Hinsichtlich der Konsumenten wird oft angenommen, Piraterie geschehe zum Nachteil derer, die das Produkt legal erwerben und aufgrund der Piraterie höhere Preise bezahlen müssen.

Landes und Posner haben in diesem Zusammenhang den Trade-Off zwischen der Effizienzbeurteilung ex ante und ex post diskutiert.[84] Ex ante dienen die Rechte zum Schutz des geistigen Eigentums als Anreiz für Innovation. Aus der ex post-Sicht impliziert der Schutz von Rechten am geistigen Eigentum hingegen einige Ineffizienzen. Zum einen werden dem Autoren Monopolrechte gewährt, was zu einem Deadweight Loss führt, zum anderen wird die Weiterentwicklung bereits geschützter Ideen sehr teuer. Ex post wird die Wohlfahrt nach einer Erfindung oder einer Entdeckung insbesondere dann stark ansteigen, wenn das Werk oder die Idee kostenlos allen zur Verfügung steht und kopiert werden darf. Da auch weitere, neue Erfindungen oftmals auf früheren Ideen beruhen, ist die kostenlose Verteilung von geistigem Eigentum nicht nur förderlich für dessen unmittelbare Nutzung, sondern bildet auch einen Ausgangspunkt für neue Ideen. Aus dieser Sicht wirkt sich eine kostenlose Verteilung geistigen Eigentums in der Zukunft wohlfahrtssteigernd aus.

Wie die Existenz von Piraterie die Nachfrage nach legalen Gütern (die nicht kostenlos verfügbar sind) und das Pricing-Verhalten der Anbieter beeinflusst, untersucht Belleflamme.[85] Daneben werden auch die Wohlfahrtsimplikationen von Piraterie herausgestellt, die für die weitere Gestaltung der Copyright-Gesetze durch die Politik relevant sein können. Grundlegend bei der Analyse von Belleflamme ist die Annahme, dass (illegale) Kopien eine qualitativ unterlegene Alternative zum Original (legale und käuflich zu erwerbende Kopie, die durch den Hersteller produziert wurde) sind. Diese Annahme basiert auf dem Modell der vertikalen Differenzierung von Mussa und Rosen.[86]

In einem ersten Modell, das als Benchmark für weitere Untersuchungen gilt, wird dabei der Markt für ein einziges Informationsgut betrachtet. Dabei wird ein

---

[84] Vgl. Landes, W. / Posner, R. (1989).

[85] Vgl. Belleflamme, P. (2002).

[86] Mussa und Rosen gehen von qualitativ unterschiedlichen Varianten eines Produkts aus, dabei handelt es sich jedoch nicht um Original und Kopien, sondern um Varianten eines selben Herstellers. Vgl. Mussa, M. / Rosen, S. (1978).

Informationsgut betrachtet, das von einem einzigen Hersteller mit den Grenzkosten MC = 0 produziert wird. Es existiert ferner ein Kontinuum potenzieller Nutzer, die durch ihre Bewertung θ des Gutes charakterisiert werden.[87] Jedem Konsumenten, der das betrachtete Gut konsumieren möchte, stehen zwei Möglichkeiten offen: entweder er kauft das Gut auf legale Weise, also ein „Original" zu einem Preis p, oder er kopiert sich das Gut zu den Kosten c ≥ 0. Belleflamme findet Bedingungen abhängig von der relativen Attraktivität von Kopien, unter denen der Anbieter eines Gutes entweder die Existenz von Piraterie ohne Konsequenzen für sein Verhalten ignorieren kann, oder unter denen er sein Verhalten dahingehend ändern muss, dass er Piraterie zu verhindern versucht oder sich ihr zumindest anpasst. Um Piraterie zu verhindern, setzt der Anbieter den Preis für ein Original ausreichend niedrig. Passt er sich jedoch der Piraterie an, setzt er seinen Preis für ein Original höher. Für den Fall, in denen der Anbieter Piraterie nicht vollständig blockieren kann, zeigt Belleflamme, dass der entstehende Wettbewerb die Monopolmacht des Anbieters einschränkt und damit durchaus die soziale Wohlfahrt erhöhen kann. Dieser Anstieg der Wohlfahrt geschieht allerdings auch zu Lasten des Anbieters, dessen Gewinne sinken. Dabei ist es möglich, dass die Gewinne so weit sinken, dass der Anbieter die möglicherweise recht hohen fixen Kosten nicht mehr aufzubringen in der Lage ist.

Die weiteren Betrachtungen von Belleflamme gehen nunmehr von einem Modell mit mehreren perfekt differenzierten Informationsgütern aus. Es wird zudem unterschieden zwischen zwei verschiedenen Szenarien: das erste ist auf der Annahme begründet, dass beim Kopieren für den Konsumenten konstante Stückkosten, aber keine Fixkosten entstehen und das zweite darauf, dass beim Kopiervorgang positive Fixkosten, aber keine Grenzkosten entstehen. Im ersten Fall ergibt sich dasselbe Ergebnis wie im Benchmark-Modell. Die Piraterie übt laut Bellflamme allerdings langfristig gesehen einen wohlfahrtsmindernden Ein-

---

[87] θ ist dabei gleichverteilt im Intervall [0,1]. Auch dieser Parameter ist zurückzuführen auf das Modell von Mussa und Rosen, die damit die Vorliebe jedes Konsumenten für (hohe) Qualität und damit auch die Zahlungsbereitschaft hierfür ausdrücken. Vgl. Mussa, M. / Rosen, S. (1978).

fluss aus, wenn die Kopien im Vergleich zum Original relativ attraktiv sind.[88]
Im Gegensatz zu anderen Autoren wie beispielsweise Takeyama (1994) kommt
Belleflamme zu dem Schluss, dass die Situation des Anbieters auch in Gegen-
wart von Netzexternalitäten verschlechtert wird.[89]

Im Rahmen der dargestellten Bedingungen untersucht Belleflamme einen weiteren Sonderfall, die Peer-to-Peer-Technologie (P2P).[90] Dabei sinken die Stückkosten beim Kopieren mit der Anzahl an illegalen Nutzern im Umfang des „Peer
Effect". Je größer dieser Effekt ist, desto

- größer ist auch die Anzahl legaler Nutzer,
- größer ist die Anzahl illegaler Nutzer, allerdings nur, wenn die Kopierkosten niedrig genug sind. Ansonsten sinkt die Zahl illegaler Nutzer.
- größer ist auch die Gesamtzahl aller Nutzer, unter derselben Prämisse.
  Ansonsten sinkt die Gesamtzahl der Nutzer.

Im zweiten Fall begründen die Konsumenten ihre Entscheidung, eine Kopie zu
kaufen, auf den dabei entstehenden Fixkosten und auf den Preisen aller betrachteten Originale. Die Nachfragen für die verschiedenen Originale sind somit in-
terdependent.

Die grundlegende Annahme von Belleflamme, zurückzuführen auf Mussa und
Rosen, dass die Kopien ihrem Original qualitativ unterlegen sind, lässt sich nicht
ohne weiteres auf alle digitalen Produkte übertragen. Diese Annahme trifft zwar
bei einigen digitalen Produkten durchaus zu, wenn z. B. illegal kopierte Software nicht vollständig alle Anwendungen einer legal erworbenen Lizenz beinhaltet. Andere digitale Produkte wiederum können ohne qualitative Einbußen

---

[88] Nur wenn die relative Qualität der Kopien im Vergleich zum Original niedrig genug ist, kann durch
Piraterie die Wohlfahrt erhöht werden. Vgl. hierzu Belleflamme, P. (2002), S. 16.

[89] Takeyamas Ergebnisse zeigen, dass Piraterie die Gewinne des Anbieters erhöhen kann, wenn die
Netzeffekte nur ausreichend stark sind. Die unterschiedlichen Ergebnisse von Takeyama und Belleflamme beruhen auf unterschiedlichen Annahmen bzgl. der Konsumenten. Takeyama (1994) geht im
Gegensatz zu Belleflamme von nur zwei Konsumententypen aus. Vgl. Belleflamme, P. (2002), S. 19f
und Takeyama, L. (1994).

[90] Hierbei handelt es sich um eine Art Netzwerk, innerhalb dessen Konsumenten mit dem gleichen
Netzwerkprogramm miteinander in Verbindung stehen und direkt auf Dateien zugreifen können, die
auf einer Festplatte eines anderen Nutzers gespeichert sind. Die Musiktauschbörse Napster basierte auf
einer solchen Technologie. Vgl. Belleflamme, P. (2002), S. 21.

kopiert werden, wie beispielsweise Texte. Belleflamme verweist in diesem Zusammenhang allerdings darauf, dass die Käufer digitaler Produkte beim Kauf eines Originals weitere zusätzliche Vorteile erhalten, über die der Besitzer einer Kopie nicht kostenlos verfügt, sondern für die er einen positiven Preis entrichten muss. Dabei handelt es sich insbesondere um komplementäre Produkte und Dienstleistungen, wie z. B. bei Software kostenlose Handbücher, unterstützende Dienstleistungen und Discounts auf weitere Upgrades des Produkts.[91]

Im Gegensatz zu Belleflamme stellen neben Takeyama auch Conner und Rumelt fest, dass bei starken Netzeffekten Piraterie auch den Konsumenten Nutzen bringt, die das Produkt auf legale Weise käuflich erwerben.[92] Damit wird vorstellbar, dass Piraterie indirekt auch den Eigentümern des Copyrights am betrachteten Produkt Vorteile gewähren kann, weil der Anbieter des Produkts seinen Gewinn über Preiserhöhungen steigern kann.[93]

Liebowitz zeigt, dass auch ohne diese Netzeffekte illegales Copying für den Anbieter vorteilhaft sein kann. Voraussetzung dafür ist allerdings, dass der Anbieter weiß, von welchen legal erworbenen Produkten die Kopien i. d. R. gemacht werden. Von den in Frage kommenden Käufern kann der Anbieter nun höhere Preise verlangen und so einen Teil des Umsatzes, der ihm durch Piraterie verloren geht, abschöpfen.[94] Neben diesen indirekten Effekten der Piraterie identifiziert Liebowitz auch direkte Effekte. Einerseits existieren die allgemein anerkannten direkten negativen Auswirkungen auf die Situation des Anbieters. Andererseits existieren vielmehr auch solche, die für den Anbieter von Nutzen, zumindest nicht schädlich sind. Recht offensichtlich ist etwa folgender nicht-negativer Effekt für den Anbieter: einige der Konsumenten illegaler Kopien würden das Gut nicht kaufen, wenn sie es nicht mittels Piraterie erhalten könn-

---

[91] Vgl. Belleflamme, P. (2002), S. 7.
[92] Vgl. Conner, K. / Rumelt, R. (1991).
[93] Vgl. Conner, K. / Rumelt, R. (1991).
[94] Diesen Mechanismus nennt Liebowitz „direct Appropriability". Vgl. Liebowitz, S. (1985) und (2002), Kap. 7. In Liebowitz, S. (1985) werden die Auswirkungen der Fotokopie untersucht. Vgl. herzu auch Novos, I. / Waldman, M. (1984). Diese Ergebnisse werden in Liebowitz, S. (2002a) auf digitale Produkte und Kopiertechniken übertragen.

ten. Ein anderer Fall eines solchen positiven Effekts für den Anbieter digitaler Produkte tritt dann ein, wenn durch Piraterie so genannte „Exposure Effects" entstehen, also eine Form der Werbung, die zu erhöhten Verkäufen der legalen Version führt. Durch solche „Exposure Effects" lernen möglicherweise einige der zukünftigen Käufer das Produkt erst durch Piraterie kennen und erwerben es zu einem späteren Zeitpunkt käuflich.[95]

Es kann für einen Anbieter durchaus auch aus weiteren Gründen von Vorteil sein, sein Copyright nicht gänzlich durchzusetzen. Ben-Shahar und Jacob zeigen, dass ein nur selektives Durchsetzen des Copyrights durch den Anbieter und damit strategisches Provozieren von Piraterie aus Sicht des Anbieters gleichzusetzen ist mit dem Errichten von Markteintrittsschranken für potenzielle Wettbewerber.[96] Ausgegangen wird von zwei potenziellen Anbietern jeweils eines Gutes am Markt, nämlich einem Leader und einem Follower. Die beiden von ihnen hergestellten Produkte sind zwar unterschiedlich, werden aber dennoch als perfekte Substitute behandelt. Die Anbieter entscheiden über die produzierte Menge und darüber, ob sie ihre Copyrights durchsetzen oder nicht. In der Produktion sind die Grenzkosten beider Güter null. Auch bei beim illegalen Copying durch Konsumenten entstehen keine Kopierkosten. Ferner wird angenommen, dass zwei Sub-Märkte mit unterschiedlichen Nachfragen für die beiden Substitute existieren. Für beide Sub-Märkte können die Anbieter auch unterschiedliche Strategien wählen. Nachdem der Leader seine Preise in beiden Sub-Märkten gesetzt hat, entscheidet der Follower erst, ob er in den Markt eintritt oder nicht.[97] Es ergeben sich aus diesen Annahmen vier mögliche Marktsituationen:[98]

---

[95] Vgl. Liebowitz, S. (2002a), Kap. 7.

[96] Der Anbieter praktiziert mit einer solchen Strategie also indirekt Predatory Pricing. Vgl. hierzu Ben-Shahar, D. / Jacob, A. (2001).

[97] Tritt der Follower in den Markt ein, verhalten sich beide Anbieter entsprechend dem Stackelberg-Wettbewerb.

[98] Vgl. Ben-Shahar, D. / Jacob, A. (2001).

1) Monopolpreis und Durchsetzen des Copyrights auf beiden Sub-Märkten,

2) Monopolpreis und Durchsetzen des Copyrights auf Sub-Markt 1 und kein Durchsetzen des Copyrights (das Produkt wird damit auf diesem Sub-Markt kostenlos) auf Sub-Markt 2,

3) Stackelberg-Wettbewerbs-Preis und Durchsetzen des Copyrights auf beiden Sub-Märkten, und

4) Stackelberg-Wettbewerbs-Preis und Durchsetzen des Copyrights auf Sub-Markt 1 und kein Durchsetzen des Copyrights (das Produkt wird damit auf diesem Sub-Markt kostenlos) auf Sub-Markt 2.

Unter bestimmten Bedingungen zieht der Leader nun die Verletzung seines eigenen Copyrights auf einem der Sub-Märkte dessen Durchsetzung vor, weil es ihm damit ermöglicht wird, seine Gewinne unter potenziellem Wettbewerb zu maximieren. Diese Strategie entspricht dem Ergebnis aus der oben genannten Marktsituation 2, in dem der Leader auf einem Sub-Markt sein Produkt als Monopolist zu Monopolpreisen verkauft, und auf dem zweiten Sub-Markt auf die Durchsetzung seines Copyrights verzichtet. Damit wird das Produkt auf dem zweiten Sub-Markt kostenlos angeboten. Der potenzielle Konkurrent (Follower) tritt auch langfristig nicht in den Markt ein.[99] Die potenziellen Gewinne eines potenziellen Konkurrenten und damit der Anreiz, in den Markt einzutreten, sinken durch den Einsatz dieser Strategie erheblich. Kurzfristig entstehen dem Leader damit zwar Verluste, langfristig jedoch Vorteile durch verminderten Wettbewerb. Diese Strategie ist insbesondere auf solchen Märkten wirksam und unauffällig, auf denen Copyright-Verletzungen sehr verbreitet sind. Eine bewusste Beteiligung des Leaders an dieser Strategie ist nur sehr schwer zu beweisen, da er lediglich passiv auf die Durchsetzung seiner Rechte verzichtet.

Das Modell von Ben-Shahar und Jacob ist insbesondere auf dem Markt für geistiges Eigentum von hoher Aussagekraft, weil hier Kosten hauptsächlich bei Forschung und Entwicklung anfallen, während weitere Grenzkosten bei der Ver-

---

[99] Auch nach zahlreichen Wiederholungen des Spiels tritt keine Veränderung im Gleichgewicht ein. Vgl. Ben-Shahar, D. / Jacob, A. (2001), Proposition 2.

vielfältigung sehr gering sind. Die Autoren übertragen dieses Modell auf den Software-Markt, da hier beträchtliche Markteintrittskosten für Marktneulinge bestehen und weil die Kosten, die dem Konsumenten durch Piraterie entstehen, niedrig sind. Auch sind Copyright-Verletzungen auf dem Markt für Software recht verbreitet. Damit ist gewährleistet, dass die strategische Anwendung dieser Strategie nicht unmittelbar offensichtlich wird.[100]

4.3.2.2 Piraterie und Versioning

Der bereits erwähnte „Exposure Effect" wird bei Takeyama genauer untersucht. Auch hier wird analog zu Liebowitz festgestellt, dass illegale Kopien durch einen Informationsgehalt gekennzeichnet sind, der gegebenenfalls das Verhalten der Konsumenten und damit auch die allgemeine Wohlfahrt beeinflussen kann. Takeyama berücksichtigt die Möglichkeit, dass Kopien von geistigem Eigentum, die u. U. durch Piraterie entstehen, bei Erfahrungsgütern die Produktqualität dem Konsumenten erst offenbaren.[101] Somit wird untersucht, ob Piraterie eine Pareto-Verbesserung der Wohlfahrt implizieren kann und ob durch sie das Problem der adversen Selektion gelöst werden kann.

Ausgegangen wird von einem Produkt geistigen Eigentums, das von einem Monopolisten angeboten wird und entweder von hochwertiger oder minderwertiger Qualität ist. Betrachtet werden zwei Perioden. Nur der Anbieter weiß in der ersten Periode, ob es sich beim betrachteten Gut um ein hoch- oder minderwertiges Produkt handelt, die Konsumenten können dies lediglich durch den Konsum erfahren und diese Information erst in der zweiten Periode anwenden. Die Erstellung illegaler Kopien ist unter der Prämisse konstanter Grenzreproduktionskosten möglich. Allerdings sind die Kopien hier, ähnlich wie bei Belleflamme, im-

---

[100] Vgl. Ben-Shahar, D. / Jacob, A. (2001).
[101] Vgl. Takeyama, L. (2002).

perfekte Substitute für die Originale.[102] Ein gewisser Anteil der Konsumenten ist in diesem Modell unabhängig vom Preis des Originals dazu bereit, ein Original zu kaufen, das möglicherweise als Kopiervorlage für die anderen Konsumenten dienen kann. Konsumenten, die in der ersten Periode eine Kopie konsumieren, kaufen möglicherweise in der zweiten Periode ein Original, wenn sich herausgestellt hat, dass es von hoher Qualität ist. Aus dem Modell von Takeyama ergeben sich drei wichtige Schlussfolgerungen. Erstens kann bei asymmetrischer Information über die Produktqualität durch (illegales) Copying[103] die allgemeine Wohlfahrt erhöht werden im Vergleich zu der Situation ohne illegales Copying. In bestimmten Fällen kann dieses illegale Copying das Problem der adversen Selektion lösen und damit eine Pareto-Verbesserung der Wohlfahrt auslösen. Durch illegales Copying kann es zu Gleichgewichten kommen, in denen sowohl hohe als auch niedrige Qualität produziert wird, während in diesen Fällen ohne Copying keine Produktion stattfinden würde. Es können allerdings auch Gleichgewichte entstehen, in denen mit illegalem Copying ausschließlich hochwertige Produkte hergestellt werden. In diesem Fall wird durch das illegale Copying das minderwertigere Produkt aus dem Markt gedrängt, da die Konsumenten vor dem Kauf die Qualität der Güter mittels Piraterie erfahren können. Der dauerhafte oder zeitlich begrenzte Verzicht auf die Durchsetzung des Copyrights seitens eines Anbieters kann deshalb ein Zeichen hoher Qualität sein. Entsprechend dieser Erkenntnis stellen einige Software-Anbieter ihre Produkte kostenlos und unverändert für begrenzte Zeiträume oder eine eingeschränkte Anzahl von Anwendungen zur Verfügung.[104] Takeyama weist darauf hin, dass die möglichen

---

[102] Dies kann u. a. daraus resultieren, dass bestimmte komplementäre Leistungen oder Funktionen in den Kopien nicht enthalten sind, dass bestimmte Konsumenten einen Nutzenverlust aus illegalem Verhalten erfahren oder dass ein gewisses Risiko besteht, bei Verletzungen des Copyrights erwischt zu werden. Vgl. Takeyama, L. (2002), S. 7 und Belleflamme, P. (2002).

[103] Die Autorin spezifiziert hier nicht, ob es sich tatsächlich um illegales Kopieren handelt. Allerdings steht zu vermuten, dass das Kopieren zu recht niedrigen Grenzproduktionskosten, wie sie hier angenommen werden, illegal ist. Im weiteren Text wird sich hier entsprechend auf illegales Kopieren (Piraterie) bezogen.

[104] Ein Beispiel hierfür wäre Adobe, die ihre eigentlich kostenpflichtige Software zum Erstellen von PDF-Dateien für eine begrenzte Anzahl von Anwendungen pro Nutzer unter http://www.createpdf.adobe.com kostenlos anbietet.

Schäden, die durch illegales Copying entstehen können, häufig überschätzt werden. Ferner müsse auch in Betracht gezogen werden, welchen Einfluss illegales Copying auf die Zahl der angebotenen Produkte und deren Qualität haben kann. Auch wenn einem Anbieter durch die Existenz von Piraterie geschadet wird, kann es durchaus sein, dass er ohne die Möglichkeit des illegalen Copying nicht produzieren würde.[105]

Inwiefern ein monopolistischer Anbieter eines Gutes, das auch illegal kopiert wird, in der Lage ist, die Konsumenten durch den Preis seines Gutes, aber auch durch Qualitätsunterschiede vom Copying abzuhalten, zeigen ebenfalls Alvisi, Argentesi und Carbonara.[106] Die grundlegende Idee ist hier, dass ein Anbieter durch das Anbieten eines Produkts von geringerer Qualität einige der Konsumenten für einen Kauf dieses Gutes gewinnen kann, die ansonsten eine illegale Kopie konsumieren würden.[107] Ebenso wie Belleflamme gehen die Autoren vom Modell vertikaler Differenzierung von Mussa und Rosen aus, die Grundannahmen sind in diesen Modellen sehr ähnlich. Ebenso wie bei Mussa und Rosen sind die Konsumenten in ihrer Zahlungsbereitschaft für Qualität heterogen.[108] Des Weiteren lassen sich die Konsumenten anlässlich der Kosten unterscheiden, die für sie beim Erstellen illegaler Kopien entstehen. Dadurch entstehen zwei Konsumentengruppen, eine mit relativ hohen Kopierkosten und gleichzeitig hoher Zahlungsbereitschaft für Qualität, eine zweite mit niedrigen Kopierkosten und einer damit einhergehenden relativ niedrigen Zahlungsbereitschaft für Qualität.[109] Beim Anbieter handelt es sich um einen Monopolisten, für den es aller-

---

[105] Vgl. Takeyama, L. (2002).

[106] Vgl. Alvisi, M. / Argentesi, E. / Carbonara, E. (2002). Es wird in diesem Modell angenommen, eine (illegale) Kopie sei immer qualitativ gleichwertig mit dem jeweiligen Original.

[107] Die Autoren führen hier als Beispiel vertikaler Differenzierung auf dem Software-Markt die in ihren Funktionen reduzierten Versionen an, die im Internet als Shareware oder kostenlos angeboten werden. Vgl. Alvisi, M. / Argentesi, E. / Carbonara, E. (2002).

[108] Vgl. Alvisi, M. / Argentesi, E. / Carbonara, E. (2002) und Mussa, M. / Rosen, S. (1978).

[109] Der Zusammenhang beider Eigenschaften wird deutlich, wenn man das Einkommen der Konsumenten indirekt mit einbezieht: Konsumenten mit einem verhältnismäßig hohen Einkommen haben eine hohe Zahlungsbereitschaft für Qualität und ziehen i. d. R. das Original einer illegalen Kopie vor. Vgl. Alvisi, M. / Argentesi, E. / Carbonara, E. (2002), S. 7.

dings unmöglich ist, bei Produkten gleicher Qualität Preisdifferenzierung anzuwenden, da Arbitrage nicht ausgeschlossen wird. Außerdem gehen die Autoren davon aus, dass keine Netzeffekte zwischen den Nutzern eines Originals und einer illegalen Kopie bestehen. Des Weiteren muss nicht jede Kopie direkt von einem Original gemacht werden, sondern kann auch durch Kopieren bereits existierender Kopien entstehen.[110]

In einem Benchmark-Modell ohne Piraterie hat der Anbieter keinen Anreiz, seine Produkte zu differenzieren und bietet daher nur eine Qualität an. Findet Piraterie hingegen in einer Erweiterung des Benchmark-Modells statt, bietet der monopolistische Anbieter möglicherweise mehrere Qualitätsabstufungen (Versionen) seines Produkts an. Diese vertikale Produktdifferenzierung wird auch Versioning genannt. Mit Piraterie werden zwei verschiedene Fälle untersucht.

In einem ersten Fall ist der Anteil der Konsumenten mit hohen Kopierkosten und hoher Zahlungsbereitschaft für Qualität niedrig. Der Monopolist differenziert vertikal und setzt die Preise in der Art, dass Konsumenten mit hoher Zahlungsbereitschaft und hohen Kopierkosten das höherwertige Produkt erwerben. Die übrigen Konsumenten kaufen entweder das minderwertige Produkt oder konsumieren eine illegale Kopie. Sind in diesem Fall die Konsumenten in Bezug auf ihre Kopierkosten ausreichend heterogen, ist vertikale Differenzierung für den Anbieter mit höheren Gewinnen verbunden als das Angebot von nur einer Qualitätsstufe. Der Anbieter kann dann durch das Angebot einer minderwertigeren Version seines Produkts Nachfrage vom Markt für illegale Kopien abschöpfen. Ist also der Anteil der Konsumenten mit hohen Kopierkosten niedrig und ist vertikale Differenzierung für den Anbieter die optimale Strategie, dann ist das Qualitätsniveau des minderwertigeren Produkts so zu wählen, dass im Gleichgewicht Piraterie vollständig eliminiert ist. Sind die Konsumenten hinsichtlich

---

[110] Andere Autoren gehen davon aus, dass jede Kopie direkt von einem Original sein muss, oder dass Kopien von Kopien qualitativ minderwertiger sind, um zu gewährleisten, dass Piraterie auch für den Anbieter indirekt und in einem geringen Maße gewinnbringend ist. Bei Alvisi et al. hingegen sollen der indirekte Gewinneffekt daraus und durch die Existenz von Netzeffekten vernachlässigt werden, um die direkten Vorteile von Piraterie für den Anbieter hervorzuheben.

ihrer Kopierkosten eher homogen, ist eine Differenzierung des Angebots in mehrere Versionen für den Anbieter nicht von Vorteil. Vielmehr kann der Anbieter in diesem Fall dadurch gegen Piraterie vorgehen, indem er den Preis niedrig genug ansetzt, so dass möglichst alle Konsumenten das Original erwerben.

In einem zweiten Fall ist der Anteil der Konsumenten mit hohen Kopierkosten und hoher Zahlungsbereitschaft für Qualität hoch. In diesem Fall bietet der Anbieter zwei Versionen seines Produkts an und setzt die Preise so, dass Konsumenten mit hohen Kopierkosten beide Versionen kaufen. Hier ergibt sich gleichwohl ein Trade-Off für den Monopolisten bei der Bestimmung der beiden Qualitätsniveaus. Der Anbieter hat zwar den Anreiz, ein minderwertiges Produkt anzubieten, dessen Qualität dennoch ausreichend gut ist, um für die Konsumenten mit niedriger Zahlungsbereitschaft eine bessere Alternative zur illegalen Kopie darzustellen. Ist dieses Qualitätsniveau des vergleichsweise minderwertigeren Produkts jedoch hoch genug, kann es sein, dass Konsumenten des höherwertigen auf das minderwertigere Produkt umsteigen. Aus diesem Grund ist es laut Alvisi, Argentesi und Carbonara wahrscheinlich, dass der Anbieter nicht alle Konsumenten illegaler Kopien zum Kauf eines Originals bewegt und ein gewisses Maß an Piraterie toleriert.[111] Ist also der Anteil der Konsumenten mit hohen Kopierkosten hoch, existiert ein Gleichgewicht mit maximaler Differenzierung, in dem der Anbieter ein geringes Maß an Piraterie toleriert. Das liegt daran, dass der Anbieter seinen Gewinn dann maximiert, wenn die Konsumentengruppe mit hohen Kopierkosten beide Produkte erwirbt. Die Nachfrage nach dem höherwertigen Gut ist dabei jedoch abhängig vom Preis für das minderwertigere Gut. Je näher die beiden Qualitätsniveaus beieinander liegen, desto niedriger müssen die beiden Preise gesetzt werden und desto niedriger sind insbesondere die Gewinne aus dem Segment mit den hohen Kopierkosten.

Alvisi, Argentesi und Carbonara zeigen mit ihrem Modell, dass es einem monopolistischen Anbieter, der mit Piraterie konfrontiert ist, durchaus möglich sein

---

[111] Vgl. Alvisi, M. / Argentesi, E. / Carbonara, E. (2002).

kann, diese durch den Einsatz von Versioning u. U. ganz bzw. teilweise zu eliminieren.

Diese Ergebnisse werden teilweise unterstützt durch die von Gayer und Shy.[112] Diese Autoren untersuchen, ob der monopolistische Anbieter eines Produkts A, das normalerweise nicht-digital zum Konsumenten übertragen wird, also auf konventionelle Weise in Geschäften verkauft wird, ihren Gewinn dadurch erhöhen können, dass sie eine Version B dieses Produkts kostenlos im Internet zum Download anbieten. Dabei sind A und B (nicht-perfekte) Substitute und die Zahlungsbereitschaft der Konsumenten für B ist kleiner oder gleich der für A. Das bedeutet, dass A qualitativ mindestens so gut sein muss wie B. B kann jedoch beispielsweise auch eine minderwertige Demo-Version von A sein. Da B kostenlos angeboten wird, erzielt der Anbieter durch das Angebot von B keinerlei Gewinne. Ferner existieren Netzeffekte zwischen den Nutzern von A und den Nutzern von B. Für diese Gegebenheiten stellen die Autoren fest, dass wenn der Markt nur teilweise bedient wird, das kostenlose Angebot von B die Verkäufe und Gewinne von A erhöht.[113] Bei einem bereits vollständig bedienten Markt erhöht das kostenlose Angebot von B den Gewinn aus A, wenn die Größe des Netzes von B-Nutzern ausreichend groß dafür ist, dass A-Nutzer davon profitieren. Je nachdem, wie sich die Qualität der beiden Versionen unterscheidet und ob der Markt vollständig bedient wird oder nicht, kann das kostenlose Angebot einer Version B von Gut A die Verkaufszahlen und Gewinne von A durchaus erhöhen. Wenn eine Version des ursprünglich angebotenen Produkts mit diesem direkt konkurriert, ist es also nach Gayer und Shy von Vorteil, nur eine Version mit reduzierten Funktionen, z. B. eine Demo-Version kostenlos anzubieten. Soll in diesem Fall das höherwertige Produkt ebenfalls digital über Downloads zum

---

[112] Vgl. Gayer, A. / Shy, O. (2002).

[113] Der Markt für das Gut ist nicht vollständig bedient, wenn Konsumenten existieren, die weder A noch B konsumieren. Diese Restriktion des nur teilweise bedienten Marktes stellt sicher, dass Gut B nicht in direkter Konkurrenz zu A steht. Vgl. Gayer, A. / Shy, O. (2002).

Konsumenten übertragen werden, müssen die Copyrights an diesem Produkt im Internet durchsetzbar sein.

4.3.3 Digital Rights Management

Mit den immer verbesserten Möglichkeiten für Nutzer des Internet, sich digitale Produkte in immer besserer Qualität und höherer Geschwindigkeit auf den eigenen Computer herunterzuladen, werden Copying aber auch Piraterie erleichtert. Anbieter digitaler Produkte haben daher zunehmend den Wunsch, ihre Produkte vor illegaler Vervielfältigung zu schützen. Aus diesem Grund spielt das Digital Rights Management (DRM) eine immer wichtigere Rolle für Anbieter digitaler Produkte. Für DRM existieren zahlreiche, sich leicht voneinander unterscheidende Definitionen, was teilweise auch darauf zurückzuführen ist, dass DRM noch im Begriff des Entstehens ist. Große Unternehmen wie Intel, Microsoft oder IBM sind nur wenige unter den vielen Unternehmen, die darum miteinander im Wettbewerb stehen, Standards und Formate für ein effektives DRM zu entwickeln.[114] Unter DRM versteht man Maßnahmen zum Schutz des Copyrights, die Anbieter von Inhalten anwenden, um ihre Produkte vor illegaler Vervielfältigung zu schützen.[115] Ziel ist dabei eine durch den Anbieter kontrollierte Distribution digitaler Produkte. Der Eigentümer der Rechte an einem digitalen Produkt kann genau spezifizieren, auf welche Weise und unter welchen Bedingungen auf das Produkt zugegriffen werden kann, und das DRM-System regelt den Zugriff nach genau diesen Kriterien. DRM dient dabei nicht nur dem Schutz vor Copying, sondern ermöglicht erst bestimmte Formen des Handels mit digitalen Produkten, wie beispielsweise Pay-Per-View bzw. Pay-Per-Use und be-

---

[114] Vgl. Foroughi, A. / Albin, M. / Gillard, S. (2002), S. 390f.
[115] Vgl. Liebowitz, S. (2002b).

stimmte Formen von Abonnements.[116] Daher besagt eine weitere Definition, dass DRM „a series of interfaced technologies, from the content producer to the customer, that protects intellectual property rights, provides secure payment and promotes varied distribution models" ist.[117]

DRM besteht üblicherweise aus verschiedenen Bestandteilen, die größtenteils vom Anbieter ausgewählt werden.[118] Erstens ist eine Verschlüsselung des digitalen Produkts notwendig, um unerlaubten Zugriff zu unterbinden. Zweitens werden Schlüssel benötigt, um das digitale Produkt zu entschlüsseln und nutzen zu können. Hier werden beispielsweise Passwörter eingesetzt oder E-Payment-Systeme. Auch werden drittens oft Clearinghouses benötigt, um u. a. die Bezahlung der digitalen Produkte abzuwickeln. Diese drei Bestandteile werden durch den Anbieter gewählt und genau definiert. Ein viertes Element beim DRM steht in Bezug zum Konsumenten, der ohne lästige Hindernisse auf die von ihm gewünschten Produkte zugreifen möchte. In diesem Zusammenhang wird immer wieder das Recht der Konsumenten auf „Fair Use" angeführt, das durch DRM gefährdet werden könnte. Inwieweit DRM das Prinzip des „Fair Use" jedoch wirklich gefährdet, und welche Konsequenzen das Eliminieren dieses Prinzips für die Gesellschaft haben könnte, ist weiterhin umstritten.

DRM muss also immer eine sinnvolle Balance finden zwischen den beiden Positionen von Copyright-Inhaber und Konsumenten, also dem Schutz von geistigem Eigentum, der Sicherheit beim Handel mit digitalen Produkten und den Bedürfnissen der Kunden nach ungehindertem Nutzen der erstandenen Produkte. Neben diesen vier Elementen erfüllen DRM-Systeme häufig auch weitere Funktionen, wie z. B.:[119]

- Plug-Ins, die von Konsumenten herunterladen müssen, um Zugang zu den Produkten zu bekommen,

---

[116] Vgl. Peinado, M. (2002), S. 159.
[117] Vgl. Foroughi, A. / Albin, M. / Gillard, S. (2002), S. 390f.
[118] Die im Folgenden dargestellten Elemente des DRM sind in dieser Form zu finden bei Foroughi, A. / Albin, M. / Gillard, S. (2002).
[119] Vgl. Foroughi, A. / Albin, M. / Gillard, S. (2002).

- Zugriffserlaubnis zu den Produkten nur gegen persönliche Informationen des Endnutzers,
- Wasserzeichen (Watermarking), z. B. bei Videoprodukten,
- Kostenlose Previews,
- Restriktionen bzgl. Copying und Druck,
- Verifikation der Zugriffserlaubnis,
- Zeitliche Begrenzung des Zugriffs.

Einerseits wird die Wirksamkeit von DRM teilweise bezweifelt, während andererseits befürchtet wird, die Restriktionen für die Konsumenten könnten zu ausgeprägt sein. Besondere Schwierigkeiten bei der Wirksamkeit der DRM-Systeme entstehen dadurch, dass sämtliche Informationen, die für den Zugriff auf digitale Produkte notwendig sind, nur bis zu einem bestimmten Grad geschützt werden können.

Des Weiteren muss auch beim Einsatz von DRM zum Schutz von Copyrights gewährleistet werden, dass die Rechte der Konsumenten dabei nicht beschnitten werden. Es sollte eine faire Balance zwischen Kompensation für Anbieter von geistigem Eigentum und digitalen Produkten und den Rechten der Endnutzer auf den Zugriff auf Information gefunden werden.[120]

---

[120] Vgl. Foroughi, A. / Albin, M / Gillard, S. (2002).

5 Die Nachfrage-Seite und das Konsumentenverhalten

Zu Beginn des zweiten Teiles dieser Arbeit, der sich mit dem Markt für digitale Produkte beschäftigt, soll die Seite der Nachfrage behandelt werden. Im folgenden Kapitel 6 werden einige Modelle erläutert, die verschiedene Preis- und Produktstrategien abbilden. Hierfür werden bestimmte Annahmen hinsichtlich der Seite der Nachfrage getroffen und entsprechende Darstellungsarten der Nachfrage gewählt, die in diesem Kapitel bereits eingeführt werden. Allerdings wird an diesen Annahmen und den darauf basierenden Darstellungsarten der Nachfrage auch häufig Kritik geübt, da sie oftmals sehr restriktiv sind. Alternative Annahmen bzgl. des Konsumentenverhaltens werden daher im Anschluss vorgestellt, ebenso wie die hieraus resultierenden Strategieempfehlungen für Anbieter. Diese teilweise neueren Erkenntnisse aus der Wirtschaftspsychologie können jedoch kaum in die Modelle für Preis- und Produktstrategien aufgenommen werden, da sie bislang nicht formalisiert sind und die Komplexität der Modelle in starkem Maße steigern würden.

5.1 Die Annahmen bei der Darstellung der Nachfrage-Seite

Die Darstellung der Nachfrage im Rahmen der Modelle für Preis- und Produktstrategien wird auf mehrere Arten vorgenommen. Dabei werden sehr unterschiedliche Annahmen getroffen, was das Verhalten des Konsumenten betrifft. In der Mehrzahl der betrachteten Fälle werden die Konsumenten anhand einer Verteilung von Reservationspreisen dargestellt. Diese Reservationspreise verdeutlichen die Zahlungsbereitschaft jedes Konsumenten für ein bestimmtes Gut oder eine bestimmte Gütergruppierung. Ein Konsument ist hier also durch seine Reservationspreismenge, die für jedes angebotene Gut einen Reservationspreis enthält, charakterisiert.

Eine Darstellung der Nachfrage über die Reservationspreise birgt viele Möglichkeiten zur Bildung von Varianten. Beispielsweise werden immer wieder andere Verteilungen der Reservationspreise zugrunde gelegt, was teilweise die Konsequenzen aus der Wahl einer bestimmten Preisstrategie deutlich verändern kann. Grundprinzip dieser Darstellung ist es, dass ein Konsument ein Gut nur dann erwirbt, wenn der tatsächlich vom Anbieter verlangte Preis höchstens dem Reservationspreis des Konsumenten entspricht. Der Konsument nimmt also, bevor er eine Konsumentscheidung trifft, den Vergleich zwischen Marktpreis und Reservationspreis vor.

Eine weitere Art der Darstellung der Nachfrage-Seite besteht darin, Nutzenfunktionen bzw. allgemeine Funktionen der sozialen Wohlfahrt zu erstellen. Hierbei wird der Nutzen der betrachteten Güter für die Konsumenten neben dem Nutzen „aller anderen Güter" zu einer Art Gesamtnutzen addiert, der dann vom Konsumenten maximiert wird.[121]

Unabhängig von der Darstellungsart wird immer wieder unterschieden zwischen komplementären Gütern und Substituten. Bei Reservationspreisen geht es darum, ob diese für verschiedene Güter voneinander unabhängig sind oder nicht. Sind sie voneinander unabhängig, so handelt es sich weder um Substitute noch um komplementäre Güter. Bei Substituten oder Komplementen sind die Reservationspreise eines Konsumenten für verschiedene Güter voneinander abhängig. Das bedeutet, dass der Konsum eines Gutes die Reservationspreise anderer Güter beeinflusst. In anderen Fällen (z. B. bei der Funktion der sozialen Wohlfahrt)

---

[121] Vgl. beispielsweise Martin, S. (1999), Dixit, A, (1979), Spence, M. (1976), Salinger, M. (1995).

werden Parameter eingeführt, die diese Abhängigkeit in der Bewertung mehrerer Güter darstellen.

Weiterhin wird in vielen Fällen Unteilbarkeit unterstellt, das bedeutet, dass nur eine oder keine Einheit der betrachteten Güter von jedem Konsumenten konsumiert wird. Eine derartige Annahme vereinfacht lediglich die (häufig formalen) Untersuchungen, ohne jedoch einen Verlust an Allgemeingültigkeit zu generieren.

Im allgemeinen sind die Modelle der Nachfrage allerdings nicht besonders komplexer Natur, da bereits die Angebotsseite recht kompliziert modelliert werden muss, um alle möglichen Strategien und Restriktionen zu berücksichtigen. Um folglich ein Gesamtmodell zu erhalten, das nachvollziehbare Ergebnisse generiert, die sich nicht nur auf einen sehr spezifischen Fall beziehen, wurden einige Vereinfachungen vorgenommen. Sehr komplexe Modelle der Konsumentenentscheidungen sind überdies nicht unbedingt realitätsnäher als solche, die im Folgenden Anwendung finden.

Allerdings hat sich gezeigt, dass sich Konsumenten nicht immer entsprechend des Leitbildes des Homo Oeconomicus verhalten. Vielmehr bilden sie ihre Präferenzen und treffen ihre Entscheidungen dementsprechend häufig auf andere Weise als in der klassischen Ökonomie postuliert. In der klassischen Ökonomie zeichnet sich der einzelne Konsument durch Präferenzen und damit durch eine Nutzenfunktion aus, die unabhängig von den verfügbaren Möglichkeiten bereits bestehen. Ferner werden in der klassischen Ökonomie lediglich die Endzustände, die für den Konsumenten aus dem Konsum einer bestimmten Alternative entstehen, betrachtet. Diesen Endzuständen des Konsumenten wird ein Nutzenniveau entsprechend der Nutzenfunktion des Konsumenten zugeschrieben. Da der Konsument in der klassischen Ökonomie streng nutzenmaximierend handelt, wählt er immer die Option, die für ihn mit dem höchsten Nutzenniveau im Endzustand verbunden ist. Wie der Konsument jedoch genau bei der Bewertung der ihm zur Verfügung stehenden Optionen vorgeht, und wie diese Bewertungen durch veränderte Gegebenheiten beeinflusst werden können, bleibt in der klassischen Ökonomie außer Acht. Die Bewertungsverfahren und Konsumentscheidungen der Konsumenten werden als Black Box behandelt und nicht weiter untersucht.

Die Wirtschaftspsychologie betrachtet diese Black Box näher und nimmt eine psychologische Fundierung der Bewertungsverfahren und Konsumentscheidungen von Konsumenten vor. Sie zeigt in unterschiedlichen Bereichen, dass sich die Konsumenten eben nicht so verhalten, wie es die klassische Ökonomie annimmt. Vielmehr erweist sich das Verhalten der Konsumenten in vielen Fällen als begrenzt oder nicht streng rational im Sinne der Ökonomie. Der Begriff der Rationalität erfährt im Bereich der Psychologie eine eher prozessbezogene Anwendung: rational ist hier ein Verhalten, das auf Überlegungen basiert. In der Ökonomie hingegen erfolgt die Anwendung des Rationalitätsbegriffs ergebnisorientiert.[122]

Im Folgenden werden zunächst die für die Modelle der Bundling-Strategien relevanten Annahmen der klassischen Ökonomie behandelt. Die im Anschluss daran dargestellten Erkenntnisse der Wirtschaftspsychologie, die für die Betrachtung von Bundling von Bedeutung sind, stellen einen anderen Aspekt der Nachfrage-Seite dar. Diesen gilt es bei der Strategiewahl des Anbieters durchaus nicht zu vernachlässigen. In den ohnehin recht komplexen Modellen der Ökonomie hinsichtlich der Bundling-Strategien kann er allerdings kaum berücksichtigt werden.

---

[122] Simon unterscheidet diese beiden Rationalitätsbegriffe: „Substantive Rationality" steht für die ökonomische, ergebnisbezogene Rationalität und „Procedural Rationality" für die in der Psychologie relevante Bedeutung des Begriffs der Rationalität. Ein Verhalten ist „substantively rational", wenn es der Erlangung von gegebenen Zielen des Akteurs dient. Die „Substantive Rationality" orientiert sich lediglich an dem angestrebten Ziel. „Procedural Rationality" hingegen bezieht sich auf den Prozess, der das betrachtete Verhalten ausgelöst hat. In der Psychologie wird Verhalten, das aus Überlegungen resultiert und nicht impulsiv entsteht, als rational bezeichnet. Vgl. hierzu Simon, H. (1979).

5.2 Darstellung mit Hilfe von Reservationspreisen

Wird die Nachfrage anhand von Reservationspreisen beschrieben, so wird meistens der Einfachheit halber zunächst davon ausgegangen, dass die Reservationspreise eines Konsumenten für mehrere Güter voneinander unabhängig sind. Das bedeutet, dass sich die Zahlungsbereitschaft eines Konsumenten für ein Gut nicht dadurch ändern kann, dass es einzeln oder gemeinsam mit weiteren Gütern gekauft wird. Der Reservationspreis eines Konsumenten für ein Güterbündel beispielsweise entspricht in diesem Fall genau der Summe der Reservationspreise der Bündelkomponenten. Eine derartige Unabhängigkeit der Reservationspreise findet man beispielsweise bei Adams und Yellen.[123] Unabhängigkeit zwischen den Reservationspreisen der Güter bedeutet lediglich, dass die Bewertung eines Gutes durch den Konsumenten nicht davon abhängt, ob er ein anderes Gut konsumiert oder nicht.

Es kann hingegen durchaus sein, dass die Reservationspreise jedes Konsumenten untereinander unabhängig sind, dennoch werden in den folgenden Modellen häufig Annahmen hinsichtlich ihrer Heterogenität getroffen.[124] Betrachtet man zwei Güter innerhalb eines Bündels, so kann es sein, dass die entsprechenden Reservationspreise für die beiden Güter beispielsweise sehr unterschiedlich sind. Ein solcher Zusammenhang ist allerdings nicht abhängig davon, ob das jeweils andere Gut konsumiert wird oder nicht, sondern zeigt einfach, dass der Konsument für eines der beiden Güter eine hohe und für das andere eine sehr niedrige Zahlungsbereitschaft hat. Dies kann anhand eines Beispiels verdeutlicht werden. Betrachtet man z. B. folgende Güter: einen Apfel und ein Auto. Der Reservationspreis für den Apfel ist üblicherweise unabhängig davon, ob gleichzeitig das Auto gekauft wird oder nicht. Dieser Zusammenhang mag bei anderen Gütern,

---

[123] Vgl. Adams, W. / Yellen, J. (1976).

[124] In der Literatur wird diesbezüglich häufig der Begriff der Korrelation verwendet. Dieser Begriff soll hier jedoch nicht verwendet werden, um Missverständnisse in Zusammenhang mit der Unabhängigkeit der Reservationspreise eines Konsumenten untereinander zu vermeiden.

wie etwa komplementären Gütern, anders ausfallen. Außerdem ist der Reservationspreis für das Auto i. d. R. höher als der für den Apfel, was auf eine hohe Heterogenität der Reservationspreise dieser beiden Güter hinweist. Hohe Heterogenität der Reservationspreise liegt dann vor, wenn ein Gut im Vergleich zu einem anderen Gut sehr hoch oder sehr niedrig bewertet wird. Derartige Zusammenhänge wie Heterogenität oder Homogenität der Reservationspreise für mehrere Güter werden häufig in die Betrachtungen miteinbezogen. In diesem Zusammenhang wird auch argumentiert, Bundling sei nur dann von Vorteil, wenn die Reservationspreise jedes Konsumenten für die betrachteten Güter sehr heterogen sind.[125] Andere Autoren weisen jedoch darauf hin, dass der Einsatz von Bundling-Strategien zwar dann von besonderem Vorteil ist, jedoch auch unter anderen Bedingungen wie Homogenität der Reservationspreise jedes Konsumenten zu Gewinnerhöhungen für den Anbieter führen kann.

Wenn die Verteilung der Reservationspreise die Basis der Nachfrage ist, kann Letztere naturgemäß auch dadurch variiert werden, dass der zugrunde liegende Verteilungstyp gewechselt wird. Häufig wird in den im Folgenden dargestellten Modellen eine Normalverteilung zugrunde gelegt, alternativ hierzu werden allerdings auch andere Verteilungstypen untersucht.

---

[125] S. hierzu Adams, W. / Yellen, J. (1976). Bei heterogenen Reservationspreisen ist in der Literatur die Rede von „negativer Korrelation", bei eher homogenen Reservationspreisen von „positiver Korrelation".

5.3 Andere Arten der Darstellung der Nachfrage bei Aggregationsstrategien

Andere Darstellungsformen der Nachfrage beziehen sich auf Nutzenfunktionen. Hierbei wird auf eine jeweils leicht unterschiedliche Weise der jeweilige Nutzen aus dem Konsum der betrachteten Güter addiert. Diesen Gesamtnutzen des Konsumenten maximiert dieser und trifft dementsprechend seine Konsumentscheidungen.

In einigen Fällen setzt sich der Gesamtnutzen der Konsumenten lediglich aus den Einzelnutzen der betrachteten Güter zusammen.[126] Dies kann einfach geschehen, ohne dass eine bestimmte Funktion für die Nutzenentstehung genannt wird. Andererseits kann diese jedoch auch spezifiziert werden. Salinger z. B. verwendet für die betrachteten Güter eine Zufallsvariable, welche die Bewertung des jeweiligen Konsumenten ausdrückt. Diese Zufallsvariablen werden multipliziert mit einer Dummy-Variablen, die anzeigt, ob das Gut konsumiert wird oder nicht, sie nimmt also den Wert null oder eins an. Die Nachfragefunktion wird entsprechend abgeleitet. Mit diesen noch recht allgemein gehaltenen Annahmen ist es jedoch schwierig, genaue Resultate zu erzielen.

Eine umfassendere, quadratische Gesamtwohlfahrtsfunktion setzt beispielsweise Martin ein.[127] Sie beinhaltet auch den Nutzen aus dem Konsum der nicht weiter beachteten Güter, und vor allem eine Variable, deren Wert anzeigt, ob es sich bei den betrachteten Gütern um unabhängige, komplementäre oder substitutive Güter handelt. Damit kann zwischen diesen Fällen unterschieden werden.

---

[126] Dies ist beispielsweise bei Dixit, A. (1979) und Salinger, M. (1995) der Fall.
[127] S. hierzu Martin, S. (1999), dessen Modell des Konsumentenverhalten wiederum basiert auf Spence, A. (1976) und Dixit, A. (1979).

5.4 Einfluss der Preisstrategie des Anbieters auf die Entscheidung der Konsumenten

5.4.1 Kritik der üblichen Annahmen der Ökonomie

Neben den Konsequenzen für Preis- und Kostenstruktur hat der Einsatz von Aggregationsstrategien auch Auswirkungen auf die Kauf- und Konsumentscheidungen der Konsumenten. Das ist darauf zurückzuführen, dass die Wahrnehmung und Beurteilung von Gütern und ihren Preisen auch von psychologischen Faktoren beeinflusst werden. Allein eine andere Darstellung desselben Sachverhaltes kann u. U. große Modifikationen des Konsumentenverhaltens auslösen. Kahneman und Tversky verwenden für die Wahrnehmung des Ergebnisses von Entscheidungen durch den Entscheider (Konsument) den Begriff „Decision Frame"[128]. Dieser Frame kann teilweise durch den Anbieter über die Formulierung des Entscheidungsproblems verändert werden.[129] Die Bildung oder Beeinflussung eines solchen Frames nennen die Autoren „Framing". Bei Aggregationsformen handelt es sich um eine veränderte Darstellungsweise des eigentlichen Entscheidungsproblems: Güter, die normalerweise ungebündelt angeboten und durch die Konsumenten auch einzeln bewertet werden, sind nunmehr Bestandteil einer Gütergruppe, die wiederum bewertet werden muss. Durch die bloße Modifikation des Rahmens der Darstellung („Reframing"), also der Lenkung der Aufmerksamkeit auf unterschiedliche Faktoren, kann es beispielsweise dazu kommen, dass zwei rational gesehen identische Alternativen ungleich bewertet werden. So kann gewissermaßen die Präsentation mehrerer Einzelgüter als Bündel die Wahrnehmung und Entscheidung von Konsumenten beeinflussen. Diese Veränderungen des Konsumentenverhaltens beziehen sich zunächst

---

[128] S. Tversky, A. / Kahneman, D. (1981), S 453.
[129] Außerdem ist er auch abhängig von Normen, Gewohnheiten und Charakter des Entscheiders. Vgl. hierzu Tversky, A. / Kahneman, D. (1981).

nur auf die Aggregationsstrategie Bundling an sich, können jedoch auch rein theoretisch auf die Aggregation über die Zeit, also Abonnements, übertragen werden. Im Folgenden wird aber immer auf die Strategie des Bundling Bezug genommen, da dies auch in der Literatur der Wirtschaftspsychologie so geschieht. Die Tatsache, dass bei Bundling die gebündelten Güter als Paket und die Preise als ein einziger Gesamtpreis dargestellt werden, beeinflusst die Wahrnehmung des Gutes durch den potenziellen Konsumenten und dessen Bewertung des Angebots und damit die Konsumentscheidung. Durch den Einsatz von Bundling kann ein Anbieter über die veränderte Darstellung des Produkts das Verhalten der Konsumenten beeinflussen.

Ergebnisse aus mehreren Untersuchungen legen nahe, dass das Verhalten der Konsumenten nicht immer das eines homo oeconomicus ist. Dass eine lediglich veränderte Darstellung des Produkts und seines Preises das Konsumverhalten modifizieren kann, entspricht wohl kaum der gängigen Vorstellung von rational handelnden Konsumenten. Vielmehr zeigen sich Inkonsistenzen mit den Grundsätzen der Nutzentheorie. Bei unterstelltem vollständig rational geprägtem Handeln würde beispielsweise kein Konsument seine Bewertung von weiterhin gleichen, aber anders dargestellten Produkten ändern, wie es bei Anwendung von Bundling-Strategien beobachtet werden kann. Auch auf weitere Abweichungen vom vollständig rationalen Verhalten der Konsumenten bei Konsumentscheidungen wird in der Literatur hingewiesen.

Neben der Tatsache, dass Entscheidungen der Konsumenten nicht immer unter vollständiger Information getroffen werden können, unterliegen insbesondere die Grundprinzipien der Entscheidungsfindung an sich deutlicher Kritik. So wird insbesondere die in der Ökonomie übliche Nutzenfunktion, die sich auf Endzustände in der Ausstattung des Konsumenten bezieht, häufig kritisiert. Diese Endzustände ergeben sich bei Entscheidungen unter Unsicherheit typischerweise aus der Ausgangssituation des Konsumenten und dem Erwartungswert möglicher Ergebnisse. Das Ausmaß der entstehenden Gewinne oder Verluste relativ zur Ausgangssituation beispielsweise wird nicht betrachtet, spielt jedoch für den Konsumenten eine entscheidende Rolle, wie im Folgenden noch dargelegt wird. In diesem Zusammenhang haben Kahneman und Tversky anhand von Studien gezeigt, dass drei bedeutende Effekte das Verhalten der Konsumenten auszeichnen:[130]

1) der Certainty Effect, der besagt, dass Konsumenten als sicher geltende Ergebnisse überbewerten im Vergleich zu weniger wahrscheinlichen Alternativen. Die Individuen beziehen sich hier also nicht auf die objektive Eintrittswahrscheinlichkeit, wie es die Expected Utility Theory postuliert.

2) der Reflection Effect, der zeigt, dass Entscheidungen bei erwarteten Verlusten genau spiegelbildlich zu Entscheidungen bei erwarteten Gewinnen ausfallen. Sicherheit lässt Gewinne attraktiver und Verluste unattraktiver erscheinen. Bei erwarteten Gewinnen verhalten sich Konsumenten risikoavers, bei erwarteten Verlusten hingegen risikofreudig.

3) der Isolation Effect, der beim Vergleich ähnlicher Alternativen auftritt. Er bezeichnet eine Vereinfachung der Wahl zwischen mehreren Optionen durch die Isolierung (Vernachlässigung) identischer Eigenschaften. In die Bewertung fließt lediglich der Vergleich der nicht-identischen Eigenschaften ein.

Diese Effekte zeigen, dass das Konsumentenverhalten häufig nicht damit übereinstimmt, was die Expected Utility Theory besagt. Basis der im Folgenden dargestellten Untersuchungen des Konsumverhaltens bei Aggregationsstrategien sind also nicht nur die Grundsätze der Nutzentheorie und die Unterstellung rationalen Verhaltens seitens der Konsumenten, sondern auch Erfahrungen der kognitiven Psychologie. Letztere ermöglichen zusammen mit Erkenntnissen der Mikroökonomie und Ergebnissen zahlreicher Studien die Ableitung von Grundzügen des Konsumentenverhaltens beim Einsatz von Aggregationsstrategien.

---

[130] Vgl. Kahneman, D. / Tversky, A. (1979). Die hier genannten Ergebnisse beziehen sich auf Entscheidungen zwischen mehreren Optionen unter Risiko, werden im Folgenden jedoch auch auf risikofreie Entscheidungen angewendet.

Die Mehrheit der Erkenntnisse über das veränderte Konsumverhalten bei Aggregationsstrategien basiert auf der Prospect Theory von Kahneman und Tversky und auf der Idee des Mental Accounting von Thaler.[131] Die Prospect Theory ist zwar zunächst zur Untersuchung von Entscheidungen unter Risiko entwickelt worden, eignet sich aber auch zur Betrachtung von Entscheidungen ohne Risiko. Thaler hat die Erkenntnisse der Prospect Theory auf Entscheidungen unter Gewissheit übertragen und dabei den Begriff des Mental Accounting geprägt. Mental Accounting steht für eine Art „mentaler Buchhaltung", die allerdings nicht mit den ökonomischen Prinzipien übereinstimmt.

5.4.2 Die Prospect Theory

Der Kern der Prospect Theory ist die Tatsache, dass Veränderungen in Wohlstand oder Wohlfahrt der Konsumenten betrachtet werden, und nicht Endzustände. Es sind also nicht die Endausstattungen, die den Konsumenten Nutzen stiften, sondern die Veränderungen in der Ausstattung. Diese Annahme basiert auf den Grundprinzipien der Wahrnehmung und der Beurteilung durch den Menschen, der Situationen häufig danach beurteilt, inwiefern sie sich von einer gewohnten oder Referenzsituation unterscheiden.[132]

Im Zentrum der Prospect Theory von Kahneman und Tversky steht die "Value Function", die von den Autoren als geeigneter als die Nutzenfunktion zur Beschreibung des Konsumentenverhaltens gedacht ist. Die Value Function ist gekennzeichnet von drei Hauptcharakteristika: erstens der Abhängigkeit von einer Referenzsituation, zweitens der abnehmenden Grenzwerte von Gewinnen und Verlusten und drittens der ausgeprägten Aversion gegenüber Verlusten (Loss

---

[131] Vgl. Kahneman, D. / Tversky, A. (1979) und Thaler, R. (1980) und (1985).
[132] Vgl. Kahneman, D. Tversky, A. (1979), S. 277.

Aversion).[133] Abhängigkeit der Bewertung einer Konsummöglichkeit von einem Referenzpunkt bedeutet, dass Gewinne und Verluste aus einer Transaktion mit einer Referenz- oder Ausgangssituation verglichen und in Relation mit dieser bewertet werden. Dies beruht auf der Beobachtung, dass Konsumenten mehr auf wahrgenommene relative Veränderungen als auf absolute Werte reagieren. Die Beurteilung eines Wertzuwachses hinzukommend zu einer Grundausstattung ist dabei abhängig von der Höhe eben dieser Grundausstattung, da sie mit ihr in Relation gesetzt wird. Die Differenz zwischen € 10 und € 20 erscheint beispielsweise größer als die zwischen € 110 und € 120. Dasselbe Prinzip macht sich ebenfalls bei Verlusten für den Konsumenten bemerkbar.

Aufgrund der abnehmenden Grenzwerte von Gewinnen und Verlusten aus Sicht des Konsumenten wird davon ausgegangen, dass die Wertfunktion für Veränderungen des Wohlstands normalerweise oberhalb des Referenzpunktes konkav und unterhalb konvex ist. Ferner ist aufgrund des Reflection Effect die Kurve im Bereich der Verluste steiler als in dem der Gewinne. Das bedeutet, dass der Zuwachs in der Bewertung von sowohl Gewinnen als auch Verlusten mit deren steigendem Betrag sinkt.[134] Konsumenten stufen also mehrere kleine Gewinne höher ein als einen einzelnen Gewinn desselben Gesamtbetrags. Analog werden kleine Verluste als unangenehmer empfunden als ein einmaliger Verlust der gleichen Höhe. Nach einer solchen Wertfunktion ziehen es Individuen vor, einen sicheren Gewinn von z. B. € 100 zu erhalten, wenn die Alternative darin besteht, mit einer Wahrscheinlichkeit von 0,5 € 200 oder nichts zu erhalten. Umgekehrt vermeiden sie eher einen sicheren Verlust von € 100, falls die Alternative eines Verlusts von € 200 zu 50%iger Wahrscheinlichkeit existiert. Die anhand der Va-

---

[133] Die Value Function ist in der untenstehenden Abbildung dargestellt. Horizontal abgetragen werden Gewinne und Verluste in einer objektiv messbaren Einheit wie Geldeinheiten, vertikal abgetragen werden wiederum die subjektiven Bewertungen des Konsumenten.

[134] Kahneman und Tversky berufen sich diesbezüglich u. a. auf Argumente von Galanter und Pliner. Vgl. Kahneman, D. / Tversky, A. (1979) und Galanter, E. / Pliner, P. (1974). Auch Thaler, R. (1985) unterstützt diese Argumentation.

lue Function dargestellten Individuen verhalten sich tendenziell risikoavers, wenn es um Gewinne geht, und eher risikofreudig bei Verlusten.

Die ausgeprägte Aversion gegen Verluste tritt folgendermaßen in Erscheinung: Konsumenten reagieren stärker auf Verluste als auf Gewinne desselben Betrags. Der Konsument bewertet einen Verlust stärker als einen Gewinn in der gleichen Höhe. Die Value Function ist daher typischerweise im Bereich der Verluste steiler als im Bereich der Gewinne. In diesem Zusammenhang werden Opportunitätskosten als bereits erhaltene Gewinne und noch zu zahlende Kosten als Verluste eingestuft.[135] Dies spielt insbesondere bei Kauf und Wiederverkauf eine entscheidende Rolle. Ein Individuum verlangt beim Verkauf eines Gegenstands aus seinem Besitz deshalb i. d. R. mehr als seinen eigenen Reservationspreis für diesen Gegenstand.[136]

---

[135] Thaler unterscheidet zwischen Opportunitätskosten und „Out-Of-Pocket Costs". S. Thaler, R. (1980), S. 43f. „Out-Of-Pocket Costs" sind hier Kosten, die der Konsument wirklich bezahlen muss, die also als Verlust deutlicher spürbar sind als Opportunitätskosten.
[136] Dieser Effekt wird bei Thaler, der Abweichungen des Konsumentenverhaltens von den Annahmen der wirtschaftswissenschaftlichen Theorie untersucht, „Endowment Effect" genannt. Vgl. hierzu Thaler, R. (1980) und Thaler (1985), S. 201.

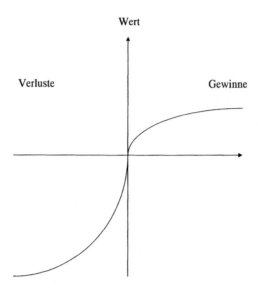

Wert

Verluste   Gewinne

Abbildung 9:   **Typische Value Function. Quelle: Kahneman, D. /**
Tversky, A. (1979).

An der üblicherweise verwendeten Nutzenfunktion wird nicht nur bemängelt, sie orientiere sich ausschließlich an so genannten Endzuständen, was zur Entwicklung der Prospect Theory führte, sondern auch, sie vernachlässige den Kontext der Konsumentscheidung. Es zeigt sich jedoch immer wieder, dass die Präferenzen von Konsumenten und ihre Reihenfolge durchaus mit dem Kontext der Bewertung von Alternativen variieren können.[137] Insbesondere Kahneman und Tversky zeigen anhand empirischer Untersuchungen, dass Konsumenten auch andere Faktoren bei der Bewertung einer Alternative berücksichtigen. So zeigen die beiden Autoren anhand eines Beispiels, dass das Handeln von Konsumenten häufig die Transitivitätsannahme verletzt.[138] Durch das Hinzufügen einer irrele-

---

[137] Vgl. beispielsweise Payne, J. / Bettman, J. / Johnson, E. (1992) und Tversky, A. / Kahneman, D. (1981).
[138] Tversky, A. / Kahneman, D. (1981) stellen derartige Inkonsistenzen der Präferenzen bei veränderter Darstellung der Wahlmöglichkeiten fest, die eine Verletzung der Transitivitätsannahme darstellen.

vanten Alternative[139] wird die Konsumwahrscheinlichkeit speziell jener Alternative gesenkt, die der neu hinzugefügten Alternative am ähnlichsten ist.

Außerdem zeigt sich in Untersuchungen, dass die Präferenzen der Konsumenten und damit seine Entscheidungen auch auf andere Weise durch den Kontext der Entscheidung beeinflusst werden können: Simonson und Tversky sprechen vom „Tradeoff Contrast" und von der „Extremeness Aversion"[140]. So wird ein Gut unterschiedlich bewertet, je nachdem, ob es neben vergleichsweise attraktiven oder unattraktiven Alternativen präsentiert wird („Tradeoff Contrast"). Dies geschieht analog zur Wahrnehmung der Eigenschaften bestimmter Dinge. So wirkt ein Kreis derselben Größe aus Sicht des Betrachters kleiner, wenn er von größeren Kreisen umgeben ist, als inmitten kleiner Kreise. Diese Veränderungen der Wahrnehmung einzelner Eigenschaften, hervorgerufen durch den Kontrast zwischen verschiedenen Ausprägungen, übertragen die Autoren auf den Vergleich von Eigenschaften, also auf den Trade-Off zwischen bestimmten Alternativen.[141] Der Konsument vergleicht also die Trade-Offs zwischen verschiedenen Alternativen miteinander, um zu einer Reihenfolge seiner Präferenzen zu gelangen. Dabei werden auch in der aktuellen Situation nicht verfügbare Optionen miteinbezogen, die der Konsument u. U. aus der Vergangenheit kennt.

Zudem weisen Konsumenten eher eine Tendenz zur „moderaten" Alternative auf, da Extreme mit Risiko in Verbindung gebracht werden („Extremeness A-

---

Transitivität von Präferenzen wird folgendermaßen definiert: Wenn ein Konsument ein Gut x mindestens so gut bewertet wie ein Gut y, und y wiederum mindestens so gut wie z, dann folgt bei Transitivität, dass er x mindestens so gut wie z bewertet.

[139] Gemeint ist hier eine dem Konsumenten bekannte Alternative, die allerdings in der betrachteten Situation nicht zur Verfügung steht. Dabei kann es sich beispielsweise um in der Vergangenheit relevante Optionen handeln, die der Konsument mit den aktuell zur Verfügung stehenden Konsummöglichkeiten vergleichen, aber nicht auswählen kann.

[140] Vgl. Simonson, I. / Tversky, A. (1992).

[141] Als Beispiel führen die Autoren hier die Wahl zwischen zwei Computern an. Computer x verfügt über einen Speicher von 960K und kostet 1200, während y über 640K verfügt und 1000 kostet. Die Entscheidung ist nun davon abhängig, ob der Konsument bereit ist, für zusätzlichen Speicherplatz von 320K 200 zu bezahlen. Die Hypothese der Autoren besagt nun, dass der Konsument eher x wählt, wenn ihm weitere Alternativen bekannt sind, bei denen die Kosten für zusätzlichen Speicherplatz höher ausfallen. Trade-Offs zwischen zwei Gütern und die Präferenz des Konsumenten können also durch den Vergleich mit Trade-Offs zwischen anderen Alternativen deutlich geprägt sein. S. hierzu Simonson, I. / Tversky, A. (1992).

version"). Extrem billige oder extrem teure Produkte werden demnach eher nicht gewählt. Ausgehend von der Loss Aversion, die in der Value Function von Kahneman und Tversky bereits verankert ist, stellen Simonson und Tversky diesen Effekt der Meidung von extremen Entscheidungen fest. Sie betrachten hierfür nicht nur Verluste gegenüber einem fixen Referenzpunkt[142], sondern auch Verluste, die auf Vor- und Nachteilen im Vergleich zu anderen Alternativen beruhen. Der Konsument bewertet mehrere Alternativen, indem er ihre jeweiligen Vor- und Nachteile zueinander in Beziehung setzt.[143] Die Annahme, dass Nachteile (Verluste gegenüber anderen Optionen) nun schwerer ins Gewicht fallen als Vorteile, führt also dazu, dass der Konsument sich für eine eher mittlere Alternative entscheidet, die nach Möglichkeit im Vergleich zu anderen über keine extremen Ausprägungen bestimmter Kriterien verfügt.[144]

Aus diesen Beobachtungen lässt sich allgemein ableiten, dass die traditionell verwendete Nutzenfunktion nicht immer alle Aspekte der Konsumentscheidung zu erfassen in der Lage ist. Bei der Wahl zwischen Konsumoptionen sind vielmehr immer auch die verfügbaren Alternativen bei der Bewertung einzelner Konsummöglichkeiten entscheidend. Ebenfalls wird deutlich, dass Reservationspreise für bestimmte Alternativen häufig nicht unabhängig von der Kenntnis der Auswahl an zusätzlichen Alternativen festgelegt werden.

---

[142] In der Prospect Theory und der Value Function sind ausschließlich Verluste relevant, die im Vergleich zu einem fixen Referenzpunkt entstehen, s. o..

[143] Hat der Konsument z. B. die Wahl zwischen drei Alternativen x (mit höchster Qualität und höchstem Preis), z (mit niedrigster Qualität und niedrigstem Preis) und y (bei beiden Kriterien jeweils mittlere Ausprägung), so vergleicht er die Vor- und Nachteile der Alternativen miteinander. Die Wahl von x würde den vergleichsweise höchsten Verlust beim Preis bedeuten, während die Wahl von z den relativ größten Verlust bei der Qualität implizieren würde. Aus diesem Grund wählt der Konsument tendenziell eine moderate Alternative, in diesem Beispiel die Variante y. Vgl. hierzu Simonson, I. / Tversky, A. (1992).

[144] Bestätigt sehen Simonson und Tversky die Hypothesen bzgl. Tradeoff Contrast und Extremeness Aversion in ihren Untersuchungen. Allerdings stellen sie außerdem fest, dass sich die Extremeness Aversion häufig nur im Zusammenhang mit einer einzigen Eigenschaft der Optionen zeigt. Beide Effekte können jedoch von geringer Bedeutung sein, wenn Konsumenten den Kontext ihrer Entscheidung nicht beachten und gefestigte Präferenzen haben, wie z. B. bei Markentreue. Vgl. Simonson, I. / Tversky, A. (1992), S. 292.

5.4.3 Die Transaction Utility Theory und Mental Accounting

Bisher wurden im Rahmen der Prospect Theory nur einfache, eindimensionale Ereignisse betrachtet. Thaler erweitert dies und untersucht die Wirkung zusammengesetzter Ereignisse in Zusammenhang mit der Value Function.[145] Dabei geht Thaler von zwei Ereignissen aus, die gleichzeitig bewertet werden. Einerseits können beide Gegebenheiten gleichzeitig als Summe bewertet werden, dann handelt es sich um „integrierte" Ereignisse. Andererseits können zwei Ereignisse getrennt bewertet werden, die Gesamtbewertung entsteht dann aus der Summe beider Einzelbewertungen. In diesem Fall handelt es sich um „segregierte" Ereignisse. Hinsichtlich der beiden betrachteten Ereignisse bestehen nun vier verschiedene Möglichkeiten: es kann sich um zwei Gewinne handeln („Multiple Gains"), um zwei Verluste („Multiple Losses"), um einen Gewinn und einem Verlust, wobei der Gewinn betragsmäßig größer ist (Nettogewinn, „Mixed Gain"), oder um einen Gewinn und einen betragsmäßig größeren Verlust (Nettoverlust, „Mixed Loss").[146]

Bedingt durch den konkaven Verlauf der Value Function stellt Thaler fest, dass im Fall von Multiple Gains die Summe der getrennten Bewertungen größer ist als die gemeinsame Bewertung beider Ereignisse. Dies ist auch in der unten stehenden Abbildung erkennbar, die integrierte Bewertung der Ereignisse x und y, hier v(x + y) bezeichnet, liegt unter der Summe der Einzelbewertungen, hier v(x) + v(y). Bei Multiple Gains erzielt man also eine höhere Bewertung bei Segregation. Gewinne für den Konsumenten werden also besser einzeln präsentiert.

Im Fall von Multiple Losses verhält es sich genau umgekehrt: Integration führt zu höherer Bewertung im Vergleich zu Segregation. Bei Mixed Gain-Gegebenheiten ist die Bewertung der Summe beider Ereignisse immer positiv, während die getrennte Bewertung auch zu einer negativen Gesamtbewertung

---

[145] Vgl. Thaler, R. (1985).
[146] Vgl. Thaler, R. (1985), S. 201f.

führen kann. Es ist also eine höhere Bewertung durch Integration zu erzielen. Bei Mixed Loss-Gegebenheiten kann aufgrund des Verlaufs der Value Function ohne weitere Angaben nicht spezifiziert werden, ob die Segregation oder die Integration beider Ereignisse zu einer höheren Bewertung führt.[147]

---

[147] Thaler zeigt dies anhand zweier Abbildungen. Vgl. hierzu Thaler, R. (1985), S. 203.

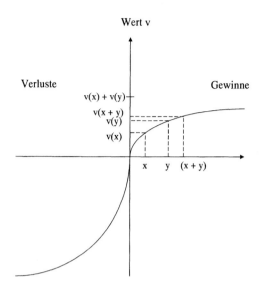

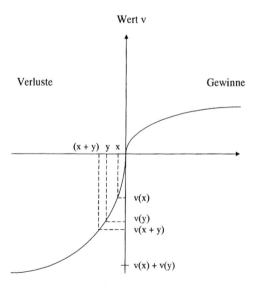

Abbildung 10: **Multiple Gains und Multiple Losses im Mental Accounting.**

Während die Prospect Theory mit ihrer Value Function das Kodieren und Kombinieren von Gewinnen und Verlusten ermöglicht, untersucht die Transaction Utility Theory von Thaler die Evaluation von Käufen durch den Konsumenten genauer. Das Entscheidungsverhalten der Konsumenten modelliert Thaler aufbauend auf den Ergebnissen von Kahneman und Tversky anhand der Transaction Utility Theory. Hier geht er von einem zweistufigen Prozess der Konsumentscheidung aus: Auf der ersten Stufe bewerten die Individuen den Prozess und auf der zweiten Stufe sind sie entsprechend mit der potenziellen Transaktion einverstanden oder nicht.

Bei der Bewertung der potenziellen Transaktion müssen zwei Arten von Nutzen beachtet werden: der Akquisitions-Nutzen und der Transaktions-Nutzen („acquisition utility" und „transaction utility").[148] Dabei werden von den Konsumenten drei Preise mit in die Bewertung einbezogen. Das sind der tatsächliche Preis für ein Gut, der Reservationspreis des Individuums, und zusätzlich ein Referenzpreis, der als „fairer Preis" angesehen wird. Der Akquisitions-Nutzen zeigt nun an, welcher Netto-Nutzen bei der Transaktion für den Konsumenten entsteht, wenn der Konsument den tatsächlichen, vom Anbieter verlangten Preis für ein Gut zahlt, das der Konsument mit dem Reservationspreis bewertet. Der Akquisitions-Nutzen gibt also an, welchen Netto-Nutzen der Konsument aus dem Konsum des Gutes erhält, wenn er das Gut zu einem gegebenen Preis kauft. Der Transaktions-Nutzen hingegen ist abhängig vom tatsächlichen Preis, den der Anbieter verlangt, verglichen mit dem Referenzpreis.

Der Akquisitions-Nutzen entsteht also aus der Bewertung des Tausches von einem bestimmten Preis gegen einen erhaltenen Nutzen aus dem Konsum des gekauften Gutes, wobei sowohl Preis- als auch Nicht-Preis-Informationen von Bedeutung sind. Der Transaktions-Nutzen bezieht sich hingegen auf die Beurteilung der gemachten Transaktion an sich. Der Konsument vergleicht hier also die

---

[148] Für die folgende Argumentation s. Thaler, R. (1980) und (1985).

gemachte Transaktion mit einer als „fair" angesehenen Transaktion.[149] Die Summe beider Nutzenarten ergibt dann den Gesamtnutzen aus dem Kauf und Konsum des betrachteten Gutes. Dieser Wert zeigt den Nutzen an, den der Konsument erfährt, wenn er das Gut zu einem gegebenen Preis kauft, und in seine Bewertungen einen Referenzpreis mit einbezieht.

Thaler weist unter dem Begriff des Mental Accounting außerdem darauf hin, dass die Entscheidungen von Konsumenten oft von mehreren Faktoren ihrer Budgetierung abhängen. Erstens spielen für jeden Konsumenten lokale, temporale Budgetrestriktionen eine Rolle. So ist weniger der gesamte Wohlstand, den ein Konsument über sein ganzes Leben erfährt, für Konsumentscheidungen relevant, sondern das aktuelle Einkommen. Und zweitens werden Ausgaben häufig in bestimmte Kategorien wie z. B. Nahrungsmittel oder Freizeit unterteilt. Damit werden bei Konsumentscheidungen häufig eher kleinere Unter-Budgets in die Entscheidung miteinbezogen, was zu nicht-optimalen Ergebnissen führen kann.[150]

Sowohl Thaler als auch Soman und Gourville beziehen in diese Betrachtungen auch die Sunk Costs mit ein und stellen den Sunk Costs-Effect auf das Verhalten der Konsumenten fest, das in diesem Falle nicht den ökonomischen Prinzipien entspricht. Bei einer ungebündelt angebotenen Transaktion entspricht ein Bezahlungsvorgang einer Konsumeinheit. Die Konsumenten nehmen eine starke Assoziation von Kosten und Gewinn vor (Coupling) und die Sunk Costs werden bei einer der Bezahlung nachgelagerten Konsumentscheidung stark berücksichtigt. Bei mehreren gebündelten Transaktionen jedoch entspricht ein Bezahlungsvorgang mehreren Konsumeinheiten. Es findet eine psychologische Dissoziation der Kosten und der einzelnen Gewinne statt (Decoupling). Daher spielen die Sunk Costs eine geringere Rolle bei den anschließenden Konsumentscheidungen. Aus diesem Grund wiederum ist die Bereitschaft zum Verzicht auf einzel-

---

[149] Beispielsweise könnte der Konsument hier den Bündelkauf mit dem Kauf der Einzelkomponenten zu einem „fairen Preis" vergleichen.
[150] Vgl. Thaler, R. (1985).

ne, bereits bezahlte Konsumeinheiten bei gebündelten Transaktionen höher als bei ungebündelten Transaktionen.[151] Preisbundling und Abonnements führen also zu Decoupling von Sunk Costs und Gewinnen, dabei wird zudem die Bereitschaft zum späteren Konsum reduziert.[152] Basierend auf diesem Sunk Cost Effect zeigen neuere Untersuchungen, dass Käufer eines Bündels, das zu einem einzigen Bündelpreis angeboten wird, weniger aus diesem Bündel konsumieren als Konsumenten, denen einzelne Komponenten angeboten werden.[153]

Beim Bewertungsvorgang von Bündeln aus mehreren Gütern im Gegensatz zu einzelnen Komponenten treten seitens der Konsumenten weitere Besonderheiten auf. Hierfür sind die bisher dargestellten Erkenntnisse der Wirtschaftspsychologie ebenfalls von Bedeutung. Gaeth et al. nehmen diesbezüglich an, dass Konsumenten den Bündelwert als Durchschnitt der einzelnen Bewertungen der Bündelkomponenten festlegen.[154] Wie diese Bildung eines Durchschnitts jedoch genau stattfindet, bleibt hingegen unklar. Auch andere Untersuchungen im Bereich der Preisstrategien für Bündel weisen darauf hin, dass eine genauere Beschreibung der Bündelbewertung vonnöten ist.[155] Im Zusammenhang mit den bisher dargestellten Theorien zum Konsumentenverhalten hat Yadav untersucht, auf welche Weise Konsumenten ihren Reservationspreis für ein Bündel generieren.[156] Dabei unterscheidet Yadav zwischen drei Faktoren, die Einfluss auf die Bewertung eines Bündels haben können. Diese sind in der untenstehenden Abbildung dargestellt.

---

[151] Vgl. Thaler, R. (1985) und Soman, D. / Gourville, J. (2001).

[152] Das Einbeziehen der Sunk Costs kann zusätzlich durch bestimmte physische Eigenschaften der Transaktion, wie z.B. das Verhältnis der Zeitpunkte von Bezahlung und Konsum beeinflusst werden. Vgl. hierzu Gourville, J. / Soman, D. (1998).

[153] Vgl. hierzu Soman, D. / Gourville, J. (2001).

[154] Vgl. Gaeth, G. / Levin, I. / Chakraborty, G. / Levin, A. (1990). Die Autoren zeigen für Bündel aus jeweils einer hochwertigen Hauptkomponenten und anderen, billigeren Komponenten, dass die Bewertungen der jeweiligen Komponente durch den Konsumenten gewichtet werden und daraus ein „Gesamteindruck" bzw. eine Gesamtbewertung des Bündels resultiert.

[155] Vgl. z. B. Hanson, W. / Martin, R. (1990), Venkatesh, R. / Mahajan, V.(1993) und Yadav, M. / Monroe, K. (1993).

[156] Vgl. Yadav, M. (1994) und Yadav, M. (1995).

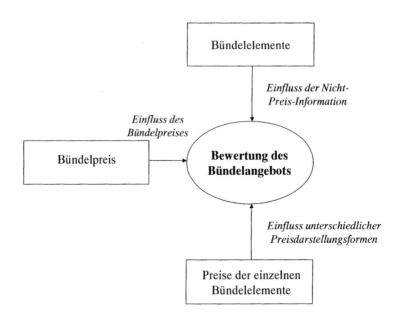

Abbildung 11: **Bewertung eines Bündels durch den Konsumenten.** Quelle: Priemer, V. (2000), S. 161.

Bei der Untersuchung des Akquisitions-Nutzens nach Thaler[157] bezieht sich Yadav hauptsächlich auf die Rolle der Nicht-Preis-Informationen bei der Bündelbewertung. Nach Yadav wird ein Güterbündel entsprechend eines gewichteten Mittelwerts aus den Bewertungen der Komponenten beurteilt. Dafür wenden die Konsumenten ein heuristisches „Anchoring"- und „Adjustment"-Verfahren an.[158] Das bedeutet, dass Konsumenten die Bündelkomponenten nach sinkender subjektiver Wichtigkeit betrachten. Die für den jeweiligen Konsumenten wichtigste Komponente wird vor allen anderen bewertet und geht als so genannter Anker mit besonders großer Gewichtung in den Bündelwert ein (Anchoring). Um die Gesamtbewertung des Bündels zu erhalten, vollzieht der Konsument

---

[157] S. o. und vgl. Thaler, R. (1980) und Thaler, R. (1985).
[158] Vgl. Yadav, M. (1994).

nun Berichtigungen (Adjustments) entsprechend der übrigen Bündelbestandteile. Wird beispielsweise die Anker-Komponente besonders gut bewertet, während die restlichen Bündelkomponenten eher moderat bewertet werden, so entsteht die Gesamtbewertung des Bündels durch „Herunterkorrigieren" des Ankerwertes. In diesem Fall ist die Tendenz zum Adjustment stärker ausgeprägt als im umgekehrten Fall, nämlich bei einem sehr schlecht bewerteten Anker und moderat bewerteten anderen Komponenten. Die Tendenz der Konsumenten zum „Herunterkorrigieren" ist also höher als die zum „Hochkorrigieren". Das Ausmaß des Adjustment-Effekts ist dabei bei moderaten Komponenten höher bei einer sehr gut bewerteten Anker-Komponente als bei einer schlecht bewerteten.[159]

5.4.4 Resultierende Empfehlungen für Anbieter

Kombiniert mit den Ergebnissen von Kahneman und Tversky bzgl. der Gestalt der Value Function ergibt sich als Konsequenz aus diesen Aussagen die Empfehlung an Anbieter, zusätzliche Nutzengewinne für den Konsumenten jeweils getrennt darzustellen, und Kosten, die für den Konsumenten entstehen, zu integrieren, d. h. bereits verrechnet darzustellen, wenn sie mit einem größeren Nutzengewinn verbunden sind. Jeder Nutzengewinn für den Konsumenten aus dem Konsum eines Gutes oder Güterbündels sollte explizit und separat erwähnt bzw. sichtbar sein.

Dieses Prinzip findet dann Anwendung, wenn zu einem bestimmten Gut, das u. U. bereits über zahlreiche mögliche Funktionen verfügt, aus Sicht des Konsumenten weitere „Bonus"-Produkte bei gleich bleibendem Preis hinzugefügt werden. Eine solche Strategie ist also insbesondere beim Einsatz von Bundling bzw.

---

[159] Vgl. Yadav, M. (1994).

Aggregation im Allgemeinen sehr leicht zu realisieren, da die Güterbündel ohnehin bereits aus mehreren Komponenten bestehen, die lediglich einzeln aufgelistet werden sollten. Dem Konsumenten wird damit der Eindruck vermittelt, er erhalte einen besonders hohen Gegenwert und damit Nutzengewinn für den Preis, den er bezahlt. Diese Preise mehrerer zusammen angebotener Güter hingegen sollte nicht „gestückelt", sondern integriert dargestellt werden. Da der Charakter des Angebots selbst durch den Einsatz von Aggregationsstrategien leicht verändert wird, z. B. durch integrierte Preisabschläge, werden die Effekte auf die Wahrnehmung der Konsumenten und die daraus resultierenden Verhaltensänderungen dadurch nur noch unterstützt.

Aus dieser Sicht kann dann allgemein gefolgert werden, dass es optimal für Anbieter ist,

1) die gesamte Preisinformation in einen einzigen Bündelpreis zu integrieren, anstatt die jeweiligen Einzelpreise der Bündelkomponenten getrennt aufzulisten (zu „segregieren") und

2) die Gewinne, die beim Bündelkauf im Vergleich zum Kauf der Einzelkomponenten entstehen, separat anzugeben (zu „segregieren"), anstatt sie in einem einzigen Betrag darzustellen (zu „integrieren").[160]

Im Bezug auf die Gewinne, die für den Konsumenten beim Bündelkauf im Gegensatz zum Kauf von Einzelkomponenten entstehen, muss allerdings unterschieden werden zwischen Nutzengewinn aus einerseits qualitativer Steigerung des Bündels (z. B. durch zusätzliche „Bonus"-Produkte) und andererseits aus Einsparungen wie z. B. Preisabschlägen auf das Bündel im Vergleich zur Summe der Einzelprodukte. Werden nämlich Preisabschläge separat dargestellt, wie hier gefordert, so ist eine implizite Preisdiskriminierung durch den Einsatz von Bundling-Strategien nur mehr bedingt möglich, da sie voraussetzt, dass die impliziten Preise der Bündelkomponenten für den Konsumenten nicht offensicht-

---

[160] Vgl. Thaler, R. (1985), S. 208ff, Stremersch, S. / Tellis, G. (2002), S. 69 und Johnson, M. / Herrmann, A. / Bauer, H. (1999). Die Untersuchungen von Johnson et al. weisen zudem darauf hin, dass die Anwendung dieser beiden Grundsätze nicht nur die Zufriedenheit der Konsumenten mit dem Angebot, sondern auch die Bereitschaft zum erneuten Wiederkauf beim selben Anbieter erhöhen kann.

lich werden. Der Konsument könnte bei getrennter Nennung der Preisabschläge für jedes Gut mitverfolgen, welches der implizite Preis jeder einzelnen Bündelkomponente ist, und ob sein jeweiliger Reservationspreis über oder unter diesem impliziten Preis liegt. Damit würde implizite Preisdifferenzierung durch Bundling verhindert.

Ferner zeigen weitere Untersuchungen, dass die Konfrontation von Konsumenten mit einem einzigen Bündelpreis im Allgemeinen die Preissensitivität senkt und gleichzeitig die Bereitschaft zum Kauf der Güter erhöht.[161] Harlam et al. stellen außerdem fest, dass Konsumenten tendenziell eher sensitiv auf eine Erhöhung als auf eine Senkung des Bündelpreises derselben Höhe reagieren. Bei dem Konsumenten bereits vertrauten Produkte ist diese Sensitivität zudem stärker ausgeprägt als bei weniger bekannten Produkten.[162]

Aus den Erkenntnissen der Prospect Theory und der Theorie des Mental Accounting lassen sich zusätzlich folgende Rückschlüsse für die Angebotgestaltung ziehen:[163]

1) Die Kaufbereitschaft für ein Gut 1 kann erhöht werden, indem es zusammen mit einem Gut 2, das der Konsument ohnehin erwerben möchte, in einem Bündel angeboten wird.

2) Werden mehrere Güter im Bündel angeboten, so kann die Kaufbereitschaft erhöht werden, wenn man auf den Nutzengewinn durch den Konsum beider Güter getrennt hinweist. Die Güter sollten vom Konsumenten als einzelne Güter und nicht als Güterbündel wahrgenommen werden.

3) Werden bei einem Bündel aus zwei Gütern die jeweiligen Preise der Komponenten angegeben, so wird die Kaufbereitschaft umso höher, je größer die Differenz zwischen diesen Komponentenpreisen (bei gleichem Gesamtpreis) ist.

---

[161] Vgl. Hierzu Yadav, M. / Monroe, K. (1993); Gaeth et al. (1990) und Harlam, B. / Krishna, A. / Lehmann, D. / Mela, C. (1995).

[162] Vgl. Harlam, B. / Krishna, A. / Lehmann, D. / Mela, C. (1995).

[163] In Anlehnung an Priemer, V. (2000), S. 217-223.

4) Existiert bei einem Bündel ein Preisabschlag gegenüber den Einzelkomponenten, so sollte, um die Kaufbereitschaft zu steigern, der ursprüngliche Preis und der Preisabschlag getrennt angegeben werden. Damit ist die Kaufbereitschaft wahrscheinlich höher als bei Angabe des neuen Gesamtpreises.

Die Ergebnisse der Wirtschaftspsychologie ergänzen die Ergebnisse der klassischen Ökonomie hinsichtlich der Bewertung von Gütern und der Konsumentscheidungen durch Konsumenten um entscheidende Details. Eine derart umfassende Darstellung des Konsumentenverhaltens und der entsprechenden Motive im Zusammenhang mit den ebenfalls sehr komplexen Modellen der Aggregationsstrategien ist hingegen nicht möglich. Vielmehr werden in der Literatur, um überhaupt Ergebnisse zu erhalten, stark vereinfachte Darstellungen der Nachfrage-Seite aus der klassischen Ökonomie gewählt. Die Ergebnisse der Wirtschaftspsychologie bzgl. der optimalen Darstellung der Angebote können vielmehr komplementär zu den Ergebnissen der reinen klassischen Ökonomie angewandt werden.

6 Die Angebots-Seite: Preis- und Produktstrategien zur Preisdifferenzierung

Nachdem im vorangehenden Kapitel erläutert wird, wie die Präferenzen von Konsumenten dargestellt werden können und auf welche Weise Aggregationsstrategien das Verhalten von Konsumenten beeinflussen können, soll im Folgenden untersucht werden, welche Möglichkeiten sich dem Anbieter in diesem Bereich bieten. Außerdem sollen die möglichen Strategien auf ihre relative Vorteilhaftigkeit für den Anbieter hin verglichen werden. Dafür werden unterschiedliche Modelle der Aggregationsstrategien und ihre Konsequenzen für die optimale Strategiewahl des Anbieters aufgezeigt. Außerdem ermöglichen die im Folgenden dargestellten Modelle auch häufig Aussagen über die Konsequenzen der gewählten Strategie des Anbieters auf die Gesamtwohlfahrt. Diese Aussagen entstehen oftmals durch einen Vergleich mit Strategien wie der Nicht-Aggregation oder der perfekten Preisdiskriminierung.

Bei den verschiedenen Arten von Aggregationsstrategien handelt es sich um die Aggregation von Konsumenten (Site Licensing), die Aggregation über die Zeit (Abonnements) und die Aggregation von Gütern (Bundling). Diese drei Aggregationsarten bilden die Grundlage für das folgende Kapitel. Die Bundling-Strategien werden in der Literatur wesentlich häufiger in den Zusammenhang mit digitalen Gütern gebracht als die beiden anderen Aggregationsarten Sharing und Abonnements. Die Ergebnisse aus den Modellierungen von Bundling sind aber auf die beiden anderen Aggregationsarten übertragbar, ohne dass große Veränderungen an den Modellen vorgenommen werden müssen. Dargestellt werden diese Modelle hier allerdings bei den Bundling-Modellen, Rückschlüsse auf die beiden anderen, zuerst beschriebenen Aggregationsarten Site Licensing und Abonnement, erfolgen am Ende des Kapitels.

6.1 Aggregation von Konsumenten: Site Licensing und Sharing

6.1.1 Die Funktionsweise von Site Licensing und Sharing

Insbesondere bei Gütern mit geringer Abnutzung durch den Konsum und bei einmaligem Gebrauch durch den Konsumenten entstehen Anreize, das Gut zu diesem Zwecke nicht zu kaufen, sondern sich das Gut zum Zwecke des einmaligen Konsums lediglich auszuleihen.[164] Diese Anreize basieren darauf, dass im Fall des Ausleihens die Anschaffungskosten für das Gut nicht vollständig durch den einen Konsumenten übernommen werden müssen. Vielmehr können die Anschaffungskosten wie auch die Nutzung des Gutes selbst mit anderen Nutzern geteilt werden. Dieser Vorgang des Teilens der Nutzung eines Gutes innerhalb einer Gruppe mehrerer Konsumenten wird Sharing genannt.[165] Handelt es sich um nicht-digitale Produkte, wie beispielsweise bei einer Bibliothek, verkauft der Anbieter der Nutzergruppe ein oder mehrere Exemplare des betrachteten Gutes (z. B. ein bestimmtes Buch). Handelt es sich hingegen um digitale Güter, kann der Anbieter der Nutzergruppe eine Mehrfach-Lizenz für mehrere Anwender anbieten („Site Licensing"), wie dies z. B. häufig bei Software der Fall ist. Der Kauf einer solchen Gruppenlizenz berechtigt eine ganze Nutzergruppe, das Gut zu verwenden. Dazu ist aber aus Sicht des Anbieters nur eine einzige Transakti-

---

[164] Bei Gütern mit hoher Abnutzung, oder die der Konsument mehrfach nutzen möchte, besteht selten der Wunsch, das Gut nur leihweise zu verwenden und nicht käuflich zu erwerben.

[165] Der Begriff Sharing bezeichnet allgemein das gemeinsame Nutzen eines Gutes durch mehrere Konsumenten. Dabei kann es sich sowohl um legales als auch illegales Sharing handeln. Wird ein Gut beispielsweise dadurch „geteilt", dass von einem Original, das sich im Besitz eines Konsumenten befindet, verbotenerweise Kopien angefertigt werden, die dann von anderen Konsumenten genutzt werden, handelt es sich um illegales Sharing durch Piraterie. Vgl. hierzu Kap. 4. In diesem Kapitel wird allerdings nur auf legales Sharing von digitalen Produkten Bezug genommen, welches i. d. R. seitens des Anbieters durch die Vergabe von Mehrfach-Lizenzen bewusst initiiert wird. Die Existenz von Second-Hand-Märkten weist auf die Existenz einer Form des sequentiellen Sharing hin. Konsumenten teilen sich die Nutzung des Gutes dabei nacheinander über die Nutzungsdauer des Gutes, vgl. Varian, H. (2000).

on vonnöten, es kommt also zu einer Aggregation von Nutzern, die alle unter den gleichen Bedingungen das Gut konsumieren können. Im Beispiel des Software-Kaufs kann die erworbene Software mit nur einer Lizenznummer auf mehreren Rechnern installiert werden.

Bei Site Licensing handelt es sich also um die durch den Anbieter vorgenommene Initiierung des Sharings durch die Konsumenten. Der Anbieter schafft die legale Möglichkeit für Konsumenten, ein Produkt simultan im Rahmen von Sharing zu nutzen und gestaltet seine Preise entsprechend. Eine Voraussetzung für das Sharing ist, das sich entsprechende Nutzergruppen bilden können, dies wiederum geschieht ohne direkte Einflussnahme durch den Anbieter. Eignet sich ein Gut also zum Sharing, so können Clubs mit dem Ziel des Sharings dieser Güter gegründet werden. Jedes Mitglied eines solchen Clubs hat einen finanziellen Beitrag einer bestimmten Höhe zu leisten. Mit der Summe aller Mitgliedsbeiträge werden dann die gewünschten Güter durch den Club erworben. Anschließend können alle Mitglieder dieses Clubs das Gut entsprechend dem Prinzip des Sharing und den Nutzungsbedingungen, die mit dem Anbieter festgelegt wurden, nutzen. Während insbesondere bei nicht-digitalen Gütern diese Nutzung nicht zeitgleich erfolgen kann, ist bei digitalen Produkten eine gleichzeitige Nutzung durch mehrere Konsumenten i. d. R. jedoch gewährleistet. Site Licensing stellt somit eine Aggregationsform dar, bei der die Zahlungsbereitschaften mehrerer Konsumenten für ein Gut zu einer Gruppe zusammengefasst werden.

Ein weiterer wesentlicher Unterschied des Site Licensing zu den anderen Aggregationsformen ist die Notwendigkeit eines Agenten, der bevollmächtigt ist, das gewünschte Gut für die Endnutzergruppe mit deren Mitgliedsbeiträgen zu kaufen.[166] Ein solcher Agent birgt laut Varian allerdings auch Nachteile: Er verfügt normalerweise nicht über vollständige Information hinsichtlich der Präferenzen der Endnutzer. Des Weiteren kann es sein, dass die Anreize des Agenten nicht vollständig den Anreizen und Präferenzen der Endnutzer entsprechen. Die

---

[166] Vgl. Bakos, Y. / Brynjolfsson, E. (2000b), S. 131.

Vertretung der Interessen der Nutzergemeinschaft kann dadurch beeinträchtigt werden.[167]

Der Anbieter verlangt üblicherweise beim Site Licensing einen Gesamtpreis für die Lizenz, den er dem Agenten der Nutzergruppe nennt. Innerhalb der Gruppe wiederum muss dieser Gesamtpreis in einen Beitrag der Mitglieder umgerechnet werden. Um die Beiträge zu bestimmen, die der einzelne Nutzer zu zahlen hat, sind Annahmen zur gesamten Zahlungsbereitschaft einer Nutzergruppe zu treffen. Einerseits kann unterstellt werden, dass sich der Reservationspreis der Gruppe aus der niedrigsten Zahlungsbereitschaft innerhalb der Gruppe multipliziert mit der Anzahl der Mitglieder ergibt. In diesem Fall geht man von gleichen Mitgliedsbeiträgen für alle Nutzer aus. Andererseits kann angenommen werden, dass sich die Zahlungsbereitschaft einer Gruppe aus der Summe der Zahlungsbereitschaften aller Mitglieder zusammensetzt. Hier ist innerhalb der Gruppe Preisdiskriminierung möglich.

Wie alle Aggregationsformen erleichtert auch das Site Licensing das Einschätzen der Konsumentenpräferenzen durch den Anbieter. Aufgrund des Gesetzes der Großen Zahlen kann die Heterogenität der Konsumenten aus Sicht des Anbieters stark reduziert werden, wie dies auch bei anderen Aggregationsformen der Fall ist. Durch die Wahl einer solchen Strategie kann das Preissetzen für den Anbieter eindeutig vereinfacht werden. Neben der Möglichkeit der Senkung von Administrations- und Transaktionskosten schmälert die Vergabe von Lizenzen an Nutzergruppen die Notwendigkeit, bestimmte Konsumentensegmente auf eventuelle Piraterie zu kontrollieren. Außerdem begünstigt Licensing die mögliche Zusammenarbeit innerhalb der Nutzergruppen durch Kompatibilität und positive Netzwerkeffekte dadurch, dass immer gleich mehrere Nutzer als Nutzergruppe über das Gut verfügen.[168]

[167] Vgl. Varian, H. (2000).
[168] Vgl. Bakos, Y. / Brynjolfsson, E. (2000b), S. 129.

6.1.2 Grundannahmen der Modelle zum Site Licensing

Alle im Folgenden dargestellten Modelle basieren auf einer recht ausgeprägten Vereinfachung, die anhand von einer bestimmten Anzahl von Grundannahmen entsteht. Viele dieser Annahmen werden modellübergreifend eingesetzt, teilweise unterscheidet sich auch die Ausprägung bestimmter Annahmen von Modell zu Modell. Diese Unterschiede in den Annahmen der Modelle generieren möglicherweise auch eventuelle Unterschiede in den Ergebnissen oder hinsichtlich der Relevanz für bestimmte Produkte oder Märkte.

Im Folgenden sollen die Modelle für Site Licensing, Bundling im Monopol und Bundling im Wettbewerb und ihre Grundannahmen in einer Übersicht dargestellt werden, um einen späteren Vergleich der Ergebnisse zu ermöglichen.

	Varian (2000)	Bakos/Brynjolfsson/Lichtman (1998)
Größe der Nutzergruppe	- einheitlich	- einheitlich - unterschiedlich
Transaktionskosten beim Sharing	- hoch - Null (Sonderfall digitale Produkte)	- Null: keine Kosten durch Sharing - positiv (zusätzliche Berücksichtigung)
Präferenzen innerhalb einer Nutzergruppe	- unabhängig, heterogen	- unabhängig, heterogen - Zusammenhang zwischen den Reservationspreisen
Reservationspreis einer Nutzergruppe	- niedrigste Zahlungsbereitschaft der Gruppe relevant	- Summe der Zahlungsbereitschaften relevant

Tabelle 3: Übersicht der Modelle für Site Licensing

Wie aus der Tabelle ersichtlich spielen bei den Modellen für Site Licensing insbesondere vier Grundannahmen eine entscheidende Rolle. Dabei handelt es sich erstens um die Größe der Nutzergruppe, die entweder bei allen Gruppen identisch sein kann oder von Gruppe zu Gruppe variieren kann. Bei der Gruppengröße spielt außerdem eine wichtige Rolle, ob kleine Gruppen von nur zwei Nutzern betrachtet werden, oder ob das Modell auch die Untersuchung großer Nutzergruppen zulässt. Zweitens ist bei diesen Modellen auch die Höhe der Transaktionskosten, die durch das gemeinsame Nutzen entstehen, von Bedeutung. Des Weiteren ist drittens die Modellierung der Präferenzen innerhalb der jeweiligen Nutzergruppen zu beachten. Hierbei weisen die einzelnen Konsumenten in den beiden betrachteten Modellen unterschiedliche Präferenzen auf, die einerseits unabhängig voneinander verteilt oder andererseits in einem bestimmten Zusammenhang stehen können. Letzteres ist beispielsweise dann der Fall, wenn sich in einer Gruppe nur Konsumenten befinden mit sehr hohen und sehr niedrigen Reservationspreisen. Es kann aber auch sein, dass sich in einer Gruppe nur Konsumenten mit einer mittleren Präferenz für das betrachtete Gut befinden, auch dann kann von einem Zusammenhang gesprochen werden.

Viertens spielt bei der Kaufentscheidung einer Nutzergruppe mit heterogenen Reservationspreisen eine Rolle, welcher Reservationspreis der Gruppenmitglieder als Gruppenreservationspreis ausschlaggebend ist. Der Reservationspreis einer Nutzergruppe wird in den zwei dargestellten Modellen zum Site Licensing auf zwei unterschiedliche Weisen ermittelt. Zum einen resultiert er aus dem Produkt aus dem niedrigsten Reservationspreis innerhalb der Nutzergruppe und der Anzahl der Gruppenmitglieder. Hier wird implizit davon ausgegangen, dass alle Gruppenmitglieder denselben Anteil des Anschaffungspreises übernehmen. Somit ist der niedrigste Reservationspreis innerhalb der Gruppe relevant. Zum anderen wird der Reservationspreis einer Nutzergruppe in einem anderen Modell mit der Summe aller Zahlungsbereitschaften innerhalb der Nutzergruppe gleichgesetzt. In diesem Fall zahlen nicht unbedingt alle Nutzer denselben Preis für die Nutzung. Für den Anbieter ist so ein höherer Preis durchsetzbar als im ersteren Fall. Allerdings stellt sich die Frage, inwiefern es innerhalb einer Nutzergruppe durchsetzbar ist, dass je nach Zahlungsbereitschaft jeder Nutzer einen anderen Preis für die Nutzung desselben Produkts bezahlt.

6.1.3 Wie vorteilhaft ist Site Licensing für den Anbieter?

Einen Vergleich der Strategie des Site Licensing mit dem nicht-aggregierten Angebot („Disaggregation") im Monopol unternimmt Varian.[169] Für den Fall der Disaggregation hat der Anbieter das typische Gewinnmaximierungsproblem eines Monopolisten zu lösen. Beim Sharing hingegen fallen für die Konsumenten bestimmte Transaktionskosten an, z. B. Wartezeiten, falls keine zeitgleiche Nutzung gewährleistet ist. In diesem Modell wird davon ausgegangen, dass dem Anbieter sowohl einzelne Nachfrager als auch Nutzergruppen entgegenstehen. Die Nutzergruppen sind alle durch dieselbe exogen vorgegebene Gruppengröße von k Mitgliedern gekennzeichnet. Des Weiteren wird angenommen, dass die Struktur der Nutzergruppen effizient ist, so dass es für kein Mitglied eines Clubs, der das betrachtete Gut kauft, vorteilhaft ist, mit einem Mitglied eines anderen Clubs zu tauschen, der das Gut nicht kauft. Ferner wird angenommen, dass innerhalb einer Nutzergruppe alle denselben Beitrag bezahlen, welcher der niedrigsten Zahlungsbereitschaft entspricht. Preisdiskriminierung zwischen Einzelnutzern und Nutzergruppen wird zunächst ausgeschlossen. Das bedeutet, dass der Anbieter sein Produkt zu einem einzigen Preis anbietet, egal, ob es sich beim Abnehmer um einen Einzelnutzer oder eine Nutzergruppe handelt. Für diese Gegebenheiten zeigt Varian, dass der Gewinn des Anbieters unter genau einer Bedingung für den Verleih (Site Licensing) größer sein kann als der für Verkauf an einzelne Konsumenten. Diese Bedingung lautet:

$t + \dfrac{c}{k} < c$ bzw. $t < c\left(\dfrac{k-1}{k}\right)$ wobei t die Transaktionskosten beim Sharing, c die Grenzkosten der Produktion und k die Zahl der Mitglieder pro Club sind.[170] Die-

---

[169] Vgl. Varian, H. (2000).

[170] Vgl. Varian, H. (2000), S. 4. Der hier betrachtete Monopolist strebt möglichst niedrige Gesamtkosten pro Nutzung des Gutes an, um seinen Gewinn zu maximieren. Die Grenzkosten für die Herstellung einer Nutzung bei Verkauf entsprechen c. Bei Verleih entsprechen sie c/k + t. Daher ist der Verleih

se Bedingung resultiert aus der Gewinnmaximierung des Anbieters. Sie zeigt, dass Sharing dann vorteilhaft wird, wenn die Kosten beim Sharing für den Nutzer $t + \frac{c}{k}$ kleiner sind als die Grenzkosten. Die Konsumenten entscheiden sich unter der genannten Bedingung für Sharing, da es einen Kostenvorteil im Vergleich zum Einzelkonsum darstellt, der mit einem Preis von mindestens den Grenzkosten verbunden ist. Der Autor nennt hier das Beispiel des Automobilmarktes: es ist billiger, sich für kurze Zeit ein Auto zu mieten, als ein neues Auto herzustellen.[171]

Ist die obige Bedingung erfüllt, wird die Anzahl der Konsumenten höher sein, die Konsumenten bezahlen pro Kopf einen geringeren Preis und der Gewinn des Anbieters fällt größer aus als bei Disaggregation. Demnach ist unter dieser Bedingung Sharing für alle Akteure vorteilhafter als der Einzelverkauf des Gutes. Dieses Modell gewährleistet, dass durch eine neue Technologie, die die Transaktionskosten beim Sharing senkt, die Preise der Produkte steigen. Dies war beispielsweise bei der Einführung der Fotokopie der Fall, zu diesem Zeitpunkt sind die Preise von Zeitschriften gestiegen.[172]

Die Bedingungen ändern sich jedoch, sobald man digitale Produkte betrachtet. Hierfür sind zusätzlich zwei Sonderfälle von Bedeutung:

1. t = 0. Bei digitalen Produkten sind die Transaktionskosten des Sharing sehr gering, da das Gut i. d. R. ohne Aufwand von mehreren Nutzern gleichzeitig genutzt werden kann. Aufgrund der digitalen Übertragbarkeit entstehen auch eher geringe Kosten für den Weg zum Gut (wie z. B. zu

---

bzw. das Zurverfügungstellen des Gutes zum Konsum durch mehrere Nutzer für den Anbieter dann vorteilhaft, wenn die o. g. Bedingungen gelten.

[171] Aus diesem Grund, so Varian, sei es höchstwahrscheinlich der Fall, dass die Präsenz von Autoverleihern den Gewinn von Automobilherstellern steigert. Vgl. Varian, H. (2000), S. 15.

[172] Vgl. Varian, H. (2000), S. 5 und Liebowitz, S. (1985). Liebowitz verweist hier zur Begründung dieses Preisanstiegs auf Indirect Appropriability, die dadurch entsteht, dass Copyright-Inhaber indirekt von den Kopien profitieren können, wenn sie für das Original, das Grundlage der Kopien ist, einen erhöhten Preis verlangen. Vgl. hierzu Kap. 4.

einer Bibliothek bei nicht-digitalen Produkten). In diesem Sonderfall ist Sharing immer vorteilhafter als Disaggregation.

2. $t = c = 0$. Hier sind zusätzlich die Grenzkosten der Produktion nullwertig. Dies trägt den Eigenschaften digitaler Produkte entsprechend noch besser Rechnung. In diesem Sonderfall sind die Gewinne des Anbieters und die Konsumentenrente bei Sharing und Disaggregation gleich.

Der Anbieter kann seine Preise so wählen, dass die Konsumenten entweder eher einen Anreiz haben, das Produkt als Einzelnutzer, oder es gemeinsam mit anderen innerhalb einer Nutzergruppe zu konsumieren. Die Konsumenten berücksichtigen dabei aber auch die Höhe der Transaktionskosten, die beim Sharing entstehen. In diesem Zusammenhang ist insbesondere festzustellen, dass im Einzelnutzer-Markt die Anbietergewinne mit steigenden Sharing-Transaktionskosten ansteigen, da die Möglichkeit, auf Sharing auszuweichen, verhältnismäßig teuer ist. Umgekehrt sinken die Gewinne auf dem Nutzergruppen-Markt mit steigenden Sharing-Transaktionskosten. Bei großen Nutzergruppen ist es für den Anbieter profitabel, die Preise so zu gestalten, dass die Konsumenten Einzelnutzer sind, wenn der Nutzen aus dem Einzelkonsum mehr als doppelt so hoch ist wie der Nettonutzen aus dem Konsum innerhalb einer Gruppe. Der Nettonutzen ist hier der Nutzen abzüglich der Sharing-Transaktionskosten. Andernfalls ist es vorteilhafter für den Anbieter, den Preis als Anreiz zum Sharing zu setzen.[173] Die Nutzergruppe mit dem Konsumenten mit der niedrigsten Zahlungsbereitschaft ist für den Anbieter beim Setzen seines Preises von Bedeutung.[174]

---

[173] Vgl. Varian, H. (2000), S. 8. Varian bezieht sich in diesem Modell auf die Alternativen für den Konsumenten Kaufen und Ausleihen. Diese beiden Alternativen können jedoch auch Einzelkonsum und Gruppenkonsum genannt werden. Einzelkonsum bedeutet, dass der Konsument die vollständigen Anschaffungskosten trägt, dafür aber das Gut alleine nutzen kann. Gruppenkonsum bedeutet, dass der Konsument sich das Gut gemeinsam mit anderen Nutzern kauft und nutzt.
[174] Da alle Clubmitglieder den gleichen Beitrag leisten müssen, gestaltet der Anbieter seinen Gruppenpreis so, dass auch diese Nutzergruppe möglichst das Produkt erwirbt. Ausschlaggebend ist hier also die niedrigste Zahlungsbereitschaft eines Konsumenten innerhalb einer Nutzergruppe. Vgl. Varian, H. (2000), S. 3f.

Diese Ergebnisse zeigen, wie die Preisgestaltung davon abhängt, wie oft das betrachtete Produkt genutzt wird. Produkte, die vom Konsumenten typischerweise nur einmalig genutzt werden, sind dementsprechend eher Kandidaten für Sharing als solche, die häufig genutzt werden. Varian bezieht sich hier zwar hauptsächlich auf die Sharing-Variante des Verleihs und auf nicht-digitale Produkte, diese Ergebnisse gelten jedoch ebenso für digitale Produkte, die auf eine andere Weise „geteilt" werden, etwa über Site Licenses.

Insbesondere bei Software stellt sich in diesem Modell die Frage, welcher Anreiz überhaupt zur Einzelnutzung besteht. Es besteht bei digitalen Produkten im Allgemeinen und damit auch bei Software im Besonderen kein Unterschied zwischen dem Original und der Kopie, die beim Sharing benutzt wird. Des Weiteren entstehen i. d. R. keine Transaktionskosten durch Sharing, da das Produkt häufig allen Nutzern gleichzeitig und ohne Abnutzung zur Verfügung steht. Privatnutzer bilden selten Nutzergruppen, die z. B. eine Lizenz für ein bestimmtes Software-Produkt erwerben. Möglicherweise entsteht der Anreiz zur Einzelnutzung durch die recht strikte Eingrenzung der Art von Gruppen, die eine Gruppen-Lizenz erwerben können und zu denen der Zugang für Privatnutzer nicht immer sehr leicht ist. Gemeint sind hierbei z. B. Gruppen-Lizenzen für Universitäten oder Unternehmen. Des Weiteren kann der Anreiz zum Einzelkonsum für bestimmte Zielgruppen auch durch den Anbieter bewusst gesetzt werden. Vielmehr kann der Anbieter durch die Gestaltung seiner Preisstrategie bestimmen, ab welcher Nutzerzahl es sich lohnt, eine Mehrfach-Lizenz anstelle mehrerer Einzel-Lizenzen zu erwerben. Ferner findet gerade im Bereich der Software-Nutzung Sharing bei Privatnutzern sehr häufig auf illegale Weise statt. Ein Konsument erwirbt in diesem Fall eine Einzel-Lizenz des Produkts und ermöglicht anderen Konsumenten die Nutzung durch die Herstellung von Kopien.

Existieren zusätzlich zu den bisherigen Gegebenheiten auch sehr heterogene Präferenzen der Konsumenten, kann der Anbieter zwischen den Konsumenten folgendermaßen preisdiskriminierend auftreten. Konsumenten mit hoher Zahlungsbereitschaft werden Einzelnutzer, während solche mit niedrigem Reservationspreis Gruppennutzer werden. Auf diese Weise kann der Anbieter ein Marktsegment bedienen, das er ohne Gruppen-Licensing nicht bedienen könnte.

Zentrale Annahme ist in diesem Modell jedoch, dass die Zahlungsbereitschaft eines Clubs der Zahlungsbereitschaft des Grenzmitglieds multipliziert mit der Anzahl der Mitglieder des Clubs entspricht. Das Grenzmitglied ist das Mitglied mit der niedrigsten Zahlungsbereitschaft für das Gut. Es sind diesbezüglich aber auch andere Annahmen denkbar: Bakos, Brynjolfsson und Lichtman z. B. gehen davon aus, dass der Reservationspreis eines Clubs mit der Summe der Zahlungsbereitschaften seiner Mitglieder übereinstimmt.[175]

Ausgehend von einem einfachen Modell untersuchen die Autoren die Effekte von Sharing auf den Gewinn des Anbieters. Dabei wird vorausgesetzt, dass ein Monopolist ein Gut anbietet, von dem die Konsumenten entweder keine oder eine Einheit konsumieren können. Innerhalb von Konsumentengruppen kann zudem Sharing stattfinden. Außerdem gehen die Autoren noch von weiteren Annahmen aus. Da es sich bei dem betrachteten Gut um ein digitales Produkt handelt, existieren keine positiven Grenzkosten in der Produktion. Die Reservationspreise der Konsumenten sind zunächst unabhängig voneinander und gleichverteilt in [0, 1]. Es wird also von einer linearen Nachfrage ausgegangen. Kopien des betrachteten Gutes, die in einem Club konsumiert werden, sind perfekte Substitute von den Originalen, die nicht „geteilt" werden, also nur von einem Konsumenten konsumiert werden. Es entstehen beim Sharing zunächst keine Transaktionskosten für die Konsumenten. Und alle Sharing-Gruppen bestehen im Basismodell aus identisch vielen Konsumenten.[176]

Für genau diese Annahmen ergibt das Modell, dass Sharing in Gruppen mit mehr als einem Mitglied nahezu immer den Gewinn des Anbieters erhöht. Dies

---

[175] Vgl. Bakos, Y. / Brynjolfsson, E. / Lichtman, D. (1999).
[176] Vgl. Bakos, Y. / Brynjolfsson, E. / Lichtman, D. (1999), S. 128. Die Autoren weisen auch darauf hin, dass die Ergebnisse neben den beschriebenen Annahmen hinsichtlich der Nachfrage auch für eine breitere Gruppe von Nachfragefunktionen nicht an Gültigkeit verlieren.

geschieht dadurch, dass die Heterogenität der Konsumenten durch Sharing verringert wird und damit dem Anbieter einen höheren Gewinn ermöglicht. Die Autoren nennen diesen Effekt „Aggregation Effect".[177] Dieser Effekt ist allgemein bei konstanten Gruppengrößen von Bedeutung und wirkt in diesen Fällen gewinnsteigernd.

Da die bisherige Annahme, dass alle Sharing-Gruppen dieselbe Größe haben, nicht sehr realistisch ist, wird in einem zweiten Schritt Sharing unter realistischeren Bedingungen untersucht. Es werden Gruppen von unterschiedlicher Größe zugelassen, allerdings wird hier nur unterschieden zwischen Gruppen von einem und von zwei Nutzern. Die Untersuchung bezieht sich also nur auf sehr kleine Nutzergruppen. Sind nun mehrere Gruppengrößen möglich, entsteht ein weiterer Effekt, der dem „Aggregation Effect" entgegenwirkt: durch die unterschiedlichen Gruppengrößen wird die allgemeine Heterogenität der Kunden aus Sicht des Anbieters wieder erhöht. Dieser Vorgang heißt hier „Team Diversity Effect"[178] und verringert den Gewinn des Anbieters. Für kleine, aber verschieden große Nutzergruppen ergeben sich folgende Konsequenzen für den Anbieter:

Sharing reduziert den Gewinn des Anbieters tendenziell, wenn die Heterogenität bei der Gruppengröße ausgeprägter ist als die Heterogenität der individuellen Konsumentenpräferenzen. Im Gegensatz dazu wird der Gewinn des Anbieters tendenziell steigen, wenn die Heterogenität bei der Gruppengröße geringer ist als die der Konsumentenpräferenzen.

Auch wird untersucht, wie sich der Gewinn des Anbieters entwickelt, wenn die Konsumenten Gruppen bilden, deren Gruppengrößen um ein Mittel von drei Mitgliedern normalverteilt sind. Hier spielt zum einen die Verteilung der Reser-

---

[177] S. Bakos, Y. / Brynjolfsson, E: / Lichtman, D. (1999), S. 133. Dieser Effekt bezieht sich ebenfalls auf alle anderen Aggregationsformen.

[178] S. Bakos, Y. / Brynjolfsson, E: / Lichtman, D. (1999), S. 133. Die Autoren weisen darauf hin, dass im Allgemeinen einer dieser beiden Effekte dominiert. Wenn allerdings die Diverstität der Gruppengrößen ungefähr der Diversität der individuellen Bewertungen der Konsumenten entspricht, heben sich diese Effekte gegenseitig auf.

vationspreise in der ursprünglichen Nachfrage eine Rolle. Diese ursprüngliche Nachfrage steht im Gegensatz zu der Nachfrage, die sich aufgrund der Preisstrategie aus Sicht des Anbieters ergibt. Erlaubt der Anbieter das Sharing, so verwandelt er aus seiner Sicht die ursprüngliche Nachfrage in eine Gleichverteilung, verhindert er Sharing, so verändert sich die Nachfrage aus seiner Sicht nicht. Sind aber in der ursprünglichen Nachfrage die Präferenzen eher homogen, also relativ gut voraussehbar, so verändert der Einsatz von Aggregation bzw. Sharing nicht viel am Gewinn des Anbieters. Ist die ursprüngliche Nachfrage hingegen durch sehr stark variierende Präferenzen gekennzeichnet, so kann Sharing den Anbietergewinn erhöhen, auch wenn die Gruppengröße stark variiert. Die Autoren leiten dennoch für große Gruppen mit unterschiedlicher Größe her, dass der Gewinn des Anbieters größtenteils bestimmt wird durch die Verteilung der Gruppengrößen, und weniger durch die Verteilung der Reservationspreise der Konsumenten.[179] Bei einer eher konzentrierten Verteilung der Gruppengrößen ist Sharing meistens vorteilhaft, und umgekehrt. Bei Ergebnissen einer Untersuchung der Gewinne bei Sharing für verschiedene Verteilungstypen sowohl der Reservationspreise als auch der Gruppengrößen fällt den Autoren auf, dass Sharing unabhängig von der Verteilung der Gruppengrößen insbesondere bei einer exponentiellen Verteilung der Reservationspreise zu einer Gewinnerhöhung führt.

Die Autoren kommen zusätzlich zu dem Schluss, dass der Anbietergewinn durch weitere Faktoren steigen kann.

Zum einen handelt es sich dabei um Abhängigkeiten der individuellen Bewertungen innerhalb einer Nutzergruppe. Bis hier wurde in diesem Modell angenommen, die Reservationspreise innerhalb einer Nutzergruppe seien unabhängig voneinander verteilt.[180] Darüber hinaus sind allerdings auch Zusammenhänge

---

[179] Vgl. Bakos, Y. / Brynjolfsson, E. / Lichtman, D. (1999), S. 137.

[180] Allerdings ist dem häufig nicht so, z. B. können sich Gruppen aus Freunden mit ähnlichem Geschmack und damit einer hohen Korrelation der Reservationspreise bilden. Ebenso stellen aber Haus-

zwischen den Reservationspreisen innerhalb einer Nutzergruppe denkbar. Insbesondere ein „negativer Zusammenhang" der Reservationspreise innerhalb einer Nutzergruppe führt zu einer Gewinnerhöhung seitens des Anbieters. „Negativer Zusammenhang" bedeutet hier, dass sich in einer Gruppe nur Konsumenten mit extremen Reservationspreisen befinden. Mit dieser Art des Zusammenhangs wird impliziert, dass Konsumenten mit hoher Zahlungsbereitschaft sich die Nutzung des Gutes eher mit Konsumenten mit niedriger Zahlungsbereitschaft teilen. Die Nutzergruppen weisen dann sehr unterschiedliche Präferenzen auf. Wie es für den Fall des Bundling bei ausgeprägter Heterogenität der Zahlungsbereitschaft eines Konsumenten für verschiedene Güter im Folgenden noch gezeigt wird, ist hier gleichermaßen die Strategie des Sharing bei negativer Interdependenz der Reservationspreise innerhalb einer Gruppe für den Anbieter besonders vorteilhaft. Eine weitere Art des Zusammenhangs besteht dann, wenn sich in einer Nutzergruppe etwa nur Nutzer mit relativ identischen Reservationspreisen befinden. Auch bei Homogenität der Reservationspreise innerhalb einer Nutzergruppe ist eine – jedoch geringere - Gewinnsteigerung durch den Einsatz von Sharing möglich.[181]

Zum anderen handelt es sich um negative Abhängigkeiten zwischen der Gruppengröße und den Mitgliederbewertungen. Hier sind größere Gruppen aus Konsumenten mit niedriger Zahlungsbereitschaft und wiederum kleine Gruppen aus Konsumenten mit hoher Zahlungsbereitschaft gemeint.

Außerdem ist es durchaus denkbar, dass Konsumenten mit hoher Zahlungsbereitschaft eine geringere Bereitschaft zum Sharing aufweisen als solche mit niedriger Zahlungsbereitschaft. Konsumenten mit hoher Zahlungsbereitschaft sind entsprechend auch bereit, einen effektiv höheren Preis dafür zu bezahlen, dass sie das Gut nur mit sehr wenigen anderen Konsumenten oder niemandem teilen.

---

halte mit Konsumenten unterschiedlichen Alters sehr heterogene Gruppen bzgl. der Zahlungsbereitschaft für bestimmte Güter dar.
[181] Vgl. Bakos, Y. / Brynjolfsson, E. / Lichtman, D. (1999), S. 141.

Neben einer unvermeidbaren, nicht beabsichtigten Wertminderung bei Sharing, z. B. bei Fotokopien, kann der Anbieter das Produkt auch absichtlich so gestalten, dass Kopien oder Zweitnutzungen für den Konsumenten von geringerem Wert sind als das Original. Ob derartige Transaktionskosten nun unbeabsichtigt vorhanden sind oder durch den Anbieter herbeigeführt werden, kann in einigen Fällen, etwa für bestimmte Verteilungstypen der Reservationspreise, aus einer solchen Strategie eine Gewinnerhöhung resultieren.[182]

Alle Resultate aus diesem Modell sind allerdings nur dann gültig, wenn bestimmte Rahmenbedingungen wie Copyrightschutz und Marktmacht des Anbieters gegeben sind. Außerdem gelten die vorliegenden Ergebnisse nur unter einer sehr spezifischen Preis-Absatz-Funktion, die als Grundlage der Untersuchungen angenommen wird. Des Weiteren sollten keine Rivalitäten im Konsum vorliegen, und die Sharing-Entscheidungen sollten nicht das Ergebnis eines effizienten Marktes für Second-Hand-Güter sein.[183]

Allgemein lässt sich feststellen, dass die Ergebnisse aus den im Folgenden dargestellten Modellierungen der Bundling-Strategien auch auf den Fall des Licensing in Verbindung mit Sharing anwendbar sind. Die Modelle sind leicht und ohne bedeutende Veränderung übertragbar auf die Aggregation von Konsumenten (bei Site Licensing) und ebenso auf die zeitliche Aggregation (bei Abonnements).

---

[182] Vgl. Bakos, Y. / Brynjolfsson, E. / Lichtman, D. (1999), S. 145f.
[183] Vgl. Bakos, Y. / Brynjolfsson, E. / Lichtman, D. (1999), S. 146f. Diese Gegebenheiten sind laut Bakos, Brynjolfsson und Lichtman beispielsweise auf dem Markt für Software oder Kabelfernsehen erfüllt.

6.2 Aggregation über die Zeit: Abonnements

Subscriptions oder Abonnements sind gleichbedeutend mit einer preislichen Aggregation mehrerer Nutzungen über die Zeit. Bei mehrfacher Nutzung beispielsweise einer digitalen Zeitschrift oder eines Zugangs zu bestimmten (auch aktuellen) Daten verändert sich die Zahlungsbereitschaft eines Konsumenten möglicherweise im Laufe der Zeit. Diese Veränderungen müssen nicht abhängig sein von den Eigenschaften des Gutes selbst, z. B. der Qualität, sondern können von Fall zu Fall von der gewünschten Verwendung des Produkts oder dem möglichen Zugang zu Alternativen abhängen. In Fällen, in denen die Nutzung des Produkts für den Konsumenten besonders wichtig ist, fällt auch seine Zahlungsbereitschaft höher aus als zu anderen Zeitpunkten. Um genau diese Heterogenität der Reservationspreise eines einzelnen Konsumenten zu verringern, kann der Anbieter die Strategie des Abonnements wählen. Damit kann er den Konsumenten auch dann bedienen, wenn dessen Zahlungsbereitschaft vorübergehend relativ niedrig ist. Würde der Anbieter nur disaggregiert anbieten, d. h. jede Nutzung nur einzeln anbieten und bepreisen, würde ihm diese Möglichkeit entgehen. Auch hier wird über das Gesetz der großen Zahlen die Heterogenität der Reservationspreise durch das Zusammenfassen möglichst vieler Nutzungen gesenkt.

Des Weiteren birgt die Strategie des Abonnements einen weiteren Vorteil für den Anbieter, der bei den anderen Aggregationsstrategien nicht gegeben ist: Durch ein Abonnement geht der Konsument eine langfristige Verpflichtung gegenüber dem Anbieter ein. Es ist ihm somit unmöglich, kurzfristig zu einem Konkurrenten zu wechseln.

Die Ergebnisse der Bundling-Modelle können auch auf diese Art der Aggregation übertragen werden, ohne dass hierbei größere Veränderungen vonnöten sind.

6.3 Aggregation von Gütern: Bundling

6.3.1 Der Begriff Bundling in der Literatur

Hinter Begriffen wie "Bündel", "Paket", "System", "Sonderausstattung" oder als mehrteilig gekennzeichneten Angeboten verbirgt sich häufig der Einsatz von Bundling. Bundling bedeutet, dass zwei oder mehr separate Güter gemeinsam in einem Bündel bzw. als Paket zu einem Bündelpreis angeboten werden. Bundling ist also die Aggregation von Gütern zu einem Bündel, im Gegensatz zu Aggregation von Konsumenten (Site Licensing) und Aggregation über die Zeit (Abonnements). Anders als beim Site Licensing werden beim Bundling nicht die simultan vorliegenden Zahlungsbereitschaften mehrerer Konsumenten für ein Gut aggregiert. Auch werden nicht, wie beim Abonnement, die Zahlungsbereitschaften eines Konsumenten über einen bestimmten Zeitabschnitt aggregiert. Vielmehr werden beim Einsatz von Bundling-Strategien die unterschiedlichen Zahlungsbereitschaften eines Konsumenten für mehrere Güter aggregiert. Von besonderer Bedeutung ist beim Bundling die Tatsache, dass es sich um separate Produkte handelt, für die getrennte Märkte bestehen.[184] Zumindest einige Konsumenten fragen also die jeweiligen Produkte des Bündels einzeln nach.[185]

Die meisten Produkte bestehen allerdings aus mehreren Bestandteilen, weshalb die Abgrenzung zwischen Bündeln und Einzelprodukten nicht immer leicht ist. Ebenso ist eine Kopplung von Produkten und Dienstleitungen nicht selten, beispielsweise wird oft gekoppelt an ein Produkt eine entsprechende Beratungsleistung angeboten. Auch hier stellt sich die Frage, ob es sich hiermit um implizite Bestandteile eines einzelnen Gutes oder um ein Bündel handelt. Priemer formu-

---

[184] Diesbezüglich relevant ist hier jedoch nur die Perspektive des Endverbrauchers. Aus Sicht des Herstellers von Endprodukten mögen für bestimmte Bauteile getrennte Märkte existieren, die jedoch für den Endkonsumenten nicht bestehen. Nur wenn für den Endnutzer getrennte Märkte für mehrere Güter existieren, ist hier die Rede von Bundlingmöglichkeiten. Vgl. hierzu Stremersch, S. / Tellis, G. (2002).
[185] Vgl. Stremersch, S. / Tellis, G. (2002), S. 56.

liert in diesem Zusammenhang einige Merkmale "identifizierbarer Einzelgüter", die ein Bündel bilden.[186] Die Komponenten eines Bündels sind demnach:

- prinzipiell einzeln verkäuflich,
- ausdrücklich im Angebot aufgeführt,
- besitzen einen impliziten oder explizit ausgewiesenen Preis, der jeweils im Verhältnis zum Gesamtpreis nicht vernachlässigbar ist,
- wichtige Kriterien bei der Kaufentscheidung.

Anhand dieser Kriterien lässt sich feststellen, ob es sich bei einem Angebot um ein Einzelgut aus mehreren Bestandteilen oder um ein Güterbündel handelt. Stigler hat das Phänomen des Bundling beschrieben und sich auf den Markt des Filmverleihs bezogen.[187] Er beweist so als erster, dass Bundling den Gewinn des Anbieters erhöhen kann, wenn die Bewertungen jedes Konsumenten für zwei Güter sehr heterogen sind. Adams und Yellen prägten dann den Begriff "Bundling".[188]

Zunächst wurde in der Literatur Bundling lediglich als Bündelung zweier Güter betrachtet. So weist Stigler am Beispiel des Filmverleihs nach, dass Bundling unter bestimmten Annahmen für den Anbieter gewinnsteigernd wirken kann, falls die beiden Güter sehr unterschiedlich bewertet werden.[189] Adams und Yellen wiederum vergleichen verschiedene Bundling-Strategien mit ungebündeltem Verkauf und stellen ebenfalls eine mögliche Gewinnsteigerung durch Bundling fest.[190] Ihr Modell ist dann Grundlage für zahlreiche Erweiterungen und Modifikationen zur Untersuchung der Bundling-Strategien. Es werden in der Bundling-Literatur Bedingungen für die Vorteilhaftigkeit der unterschiedlichen Strategien hergeleitet und die Strategien untereinander verglichen. Viele Autoren überprüfen die Dominanz von Bundling-Strategien gegenüber ungebündeltem Verkauf

---

[186] Nach Priemer ist ein Bündel ein "Paket indentifizierbarer Einzelgüter (...), das als vorgefertigtes Standardpaket einem größeren Kundenkreis angeboten wird". S. hierzu Priemer, V. (2000), S. 38-42.
[187] Vgl. Stigler, G. (1963).
[188] "We shall refer to the practice of package selling as commodity bundling", s. Adams, W. / Yellen, J. (1976), S. 475.
[189] Vgl. Stigler, G. (1963).
[190] Vgl. Adams, W. / Yellen, J. (1976).

für maximal zwei Güter im Falle eines monopolistischen Anbieters. Bundling mit mehr als zwei Gütern wird wesentlich seltener untersucht. Eine genaue Betrachtung großer Informationsgüterbündel findet sich u. a. bei Bakos und Brynjolfsson.[191] Des Weiteren wird auch Bundling im Wettbewerb untersucht. Hier sind neben Liao und Tauman[192] insbesondere Bakos und Brynjolfsson[193] und Stremersch und Tellis[194] zu nennen.

Zunächst soll hier jedoch ein Überblick über mögliche Bundling-Formen und Motive für Bundling gegeben werden, bevor die einzelnen Modelle für Bundling im Monopol und im Wettbewerb zusammengefasst werden. Im Anschluss daran werden Sonderformen des Bundling zusätzlich vorgestellt, wie Bundling von komplementären Gütern und Premium-Bundling.

6.3.2 Klassifikation der Bundling-Strategien: "Fokus" und "Form"

6.3.2.1 Fokus: Preisbundling und Produktbundling

Um die möglichen Bundling-Strategien zu klassifizieren, führen Stremersch und Tellis zwei verschiedene grundlegende Dimensionen ein[195]. Die erste Dimension zur Klassifikation der Bundling-Strategien ist der Fokus. Der Fokus beschreibt, welcher Bestandteil des Angebots integriert oder zusammengefasst wird, der Preis oder die Produkte an sich. Dementsprechend kann der Fokus zwei verschiedene Ausprägungen annehmen: Produkt- und Preis-Bundling.

---

[191] Vgl. Bakos, Y. / Brynjolfsson, E. (1999).
[192] Liao, C.-H. / Tauman, Y. (2002).
[193] Vgl. Bakos,Y. / Brynjolfsson, E. (2000a).
[194] Stremersch, S. / Tellis, G. (2002).
[195] Vgl. Stremersch, S. / Tellis, G. (2002), S. 56.

Beim Preisbundling handelt es sich um den Verkauf von zwei oder mehr getrennten Produkten als Paket, jedoch ohne jegliche Integration der gebündelten Produkte. Die Produkte können also nach dem Kauf auch wieder getrennt werden, sie sind beispielsweise nur in einer gemeinsamen Verpackung enthalten. Der Reservationspreis des Bündels entspricht der Summe der einzelnen Reservationspreise der Bündelbestandteile. Stremersch und Tellis weisen darauf hin, dass in diesem Fall durch das Bundling allein kein zusätzlicher Wert für den Konsumenten entsteht, auch wenn das Bündel möglicherweise billiger verkauft wird als die Summe der einzelnen Bündelkomponenten. Preisbundling ist eine Marketingmaßnahme, die kurzfristig und auch für eine beschränkte Dauer angewendet werden kann, da sie keine langfristigen Planungen bei der Produktentwicklung erfordert.

Produktbundling hingegen ist gekennzeichnet durch die Integration der Bündelkomponenten. Eine solche Integration der Produkte bedingt neue Eigenschaften des Bündels z.B. durch Platzeinsparungen, Komplementarität oder Kompatibilität und dadurch zusätzlichen Wert für einige Konsumenten. Produktbundling hat im Gegensatz zu Preisbundling eher strategischen Charakter, da Veränderungen an den Produkten selbst notwendig sind, die eine längerfristige Planung unabdingbar machen.

6.3.2.2 Form: Pure und Mixed Bundling

Die zweite Dimension zur Klassifikation der Bundling-Strategien ist die Form, die drei verschiedene Ausprägungen annehmen kann.

Zunächst besteht die Möglichkeit des Pure Unbundling, auch Pure Components genannt, d.h. des ausschließlich getrennten Verkaufs der einzelnen Produkte. Hierbei handelt es jedoch sich im strengen Sinne nicht um eine Bundling-Form. Pure Unbundling spielt bei digitalen Informationsgütern zunehmend eine bedeutende Rolle, da diese aufgrund der geringen Transaktions- und Distributionskosten eher ungebündelt angeboten werden als materielle Produkte. Verstärkt werden könnte diese Tendenz zum Unbundling durch den Einsatz von Micropayment-Systemen. Einzelne Bezahlungsvorgänge bei jedem Konsum sind allerdings im Vergleich zu Aggregationsstrategien mit erhöhten Transaktionskosten verbunden.

Um Pure Bundling handelt es sich, wenn die Produkte hingegen nur im Bündel und nicht einzeln angeboten werden. Beim Pure Bundling ist der Kauf eines Gutes gekoppelt an den Erwerb eines weiteren Gutes, der gleichzeitig oder seltener zu einem späteren Zeitpunkt zu erfolgen hat.[196] Der Konsument hat also die Wahl, entweder das gesamte Bündel oder nichts zu kaufen. Unter der Bezeichnung „Block Booking" tritt Pure Bundling zum Beispiel auf dem Markt für Filmverleih auf, beschrieben von Stigler.[197] Hierbei werden zwei Filme unterschiedlicher Popularität im Bündel an Kinobetreiber verkauft. Bei digitalen Informationsgütern wird Pure Bundling beispielsweise bei dem Angebot von Software-Paketen oder Bündeln aus digitalen Artikeln (digitalen Zeitungen) angewendet. Pure Bundling ist allerdings nur dann festzustellen, wenn die Bündelkomponenten zwar einzeln handelbar wären, jedoch nicht separat angeboten werden.

Als weitere Bundling-Form bietet Mixed Bundling die Möglichkeit, Produkte sowohl im Bündel als auch separat anzubieten. Mixed Bundling erlaubt also dem Konsumenten, entweder ein Güterbündel oder einzelne Güter zu erstehen. Im engeren Sinne ist Mixed Bundling allerdings erst dann von der Strategie des Pure Unbundling zu unterschieden, wenn beim angebotenen Bündel im Vergleich zur Summe der Komponenten ein Preisabschlag gewährleistet wird. An-

---

[196] Erfolgt der Erwerb des weiteren Gutes nicht zeitgleich, so kann es sich hier auch um ein Abonnement handeln. Dafür müsste es sich allerdings auch um zwei unterschiedliche Auflagen eines an sich selben Produkts handeln. Geht es jedoch um völlig verschiedene Güter, die im Bündel verkauft werden, kann es sich nicht um ein Abonnement handeln.
[197] Vgl. Stigler, G. (1963).

sonsten wäre Mixed Bundling gleichzusetzen mit Pure Unbundling. Diese Unterteilung und Benennung ist zurückzuführen auf Adams und Yellen.[198]

Eppen, Hanson und Martin führen als vierte Ausprägung des Bundling noch die Strategie des Mixed Components an.[199] Streng genommen handelt es sich bei Mixed Components um eine Sonderform des Mixed Bundling, bei der mindestens ein Gut nur als Bündelkomponente angeboten wird.

Neben den Dimensionen Fokus und Form existieren noch zahlreiche andere Faktoren zur Unterscheidung der Bundling-Strategien. Einige davon sollen im Folgenden genannt werden.[200]

1. Grad der Verschiedenheit der Bündelkomponenten. Anhand dieses Kriteriums kann unterschieden werden zwischen Multiple Bundles, Multi-Product Bundles und Variety Bundles. Multiple Bundles sind Bündel mindestens zweier identischer Produkte, d.h. Mehrfach-Packungen ein und desselben Produkts. Diese Art von Bündeln spielt bei digitalen Produkten keine bedeutende Rolle, da diese ohnehin sehr leicht reproduziert und mehrfach genutzt werden können, weshalb Mehrfach-Ausführungen für den Konsumenten keinen Sinn ergeben. Ebenso von geringer Bedeutung bei digitalen Produkten sind die Variety Bundles, die mehrere Varianten eines selben Gutes enthalten. Multi-Product Bundles sind Bündel aus unterschiedlichen Produkten, wie sie typischerweise bei digitalen Produkten auftreten, z.B. in Form von Software-Paketen.

2. Interdependenzen beim Konsum. Bündelkomponenten können unterschiedliche Zusammenhänge beim Konsum aufweisen. Es kann sich einerseits um komplementäre Produkte handeln, die sich beim Konsum ergänzen und jeweils den Nutzen des anderen Gutes steigern (Complementary Bundling).[201] Diese Komplementarität kann auch so stark ausgeprägt sein, dass eine Kom-

---

[198] Vgl. Adams, W. / Yellen, J. (1976). Die Autoren betrachten allerdings nur Bündel aus zwei Gütern.

[199] Vgl. Eppen, G. / Hanson, W. / Martin, R. (1991).

[200] Priemer behandelt u. a. die im Folgenden genannten Faktoren. Vgl. hierzu Priemer, V. (2000).

[201] Ein recht einfaches Beispiel hierfür ist die Eiscreme und die dazugehörige Waffel.

ponente ohne die andere überhaupt keinen Nutzen stiften kann. Andererseits kann es sich bei den Bündelkomponenten auch um substitutive Güter handeln, was bei Multiple und Variety Bundles der Fall ist.[202] Des Weiteren besteht naturgemäß auch die Möglichkeit, dass die gebündelten Güter bezüglich ihrer Verwendung völlig unabhängig voneinander sind.

3. Preisstruktur. Betrachtet wird hierbei der Bündelpreis in Relation zu den Einzelpreisen der Komponenten des Bündels. Diese Einzelpreise sind nur im Falle des Mixed Bundling deutlich erkennbar. In allen anderen Fällen müssen sie z.B. durch Vergleiche mit anderen Produkten geschätzt werden. Ist der Gesamtpreis des Bündels identisch mit der Summe der Komponentenpreise, spricht man von Additive Bundles. Liegt der Gesamtpreis jedoch über der Summe der Einzelpreise, handelt es sich um Superadditive Bundles. Diese treten insbesondere dann auf, wenn dem Konsumenten durch das fertige Bündel Suchkosten erspart bleiben, z.B. wenn die Vollständigkeit des Bündels nur mit großem Arbeits- oder Zeitaufwand erreicht werden kann.[203] Ist dies nicht der Fall, kann sich der Konsument selbst das Bündel zu einem geringeren Preis zusammenstellen. Besonders häufig sind jedoch die Subadditive Bundles, die beim Kauf des Bündels eine Ermäßigung im Vergleich zur Summe der Einzelpreise gewährleistet.

Diese Unterteilung kann ohne weiteres auf alle Aggregationsformen übertragen werden. Auch Lizenzen oder Abonnements können preislich additiv, superadditiv und subadditiv aggregiert werden.

---

[202] Dies macht bei Variety Bundles insbesondere dann Sinn, wenn das Bündel dem Kennenlernen der verschiedenen Produkte dienen soll.
[203] Cready nennt diese Bundling-Art mit Preisaufschlag "Premium Bundling". S. Cready, W. (1991).

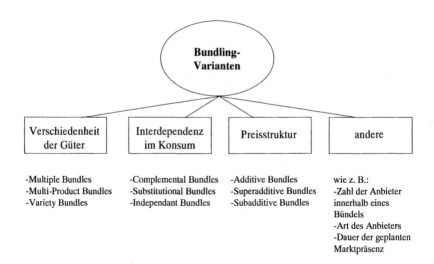

Abbildung 12:   Ausgewählte Bundling-Varianten. Quelle: eigene Darstellung in Anlehnung an Priemer, V. (2000), Kap. 1.3.

Als weitere Faktoren zur Klassifikation der Bundling-Strategien nennt Priemer[204] noch die Anzahl der Anbieter innerhalb eines Bündels. So können die Bündelkomponenten von einem einzigen Anbieter stammen oder aber von mehreren Anbietern gemeinsam als Bündel verkauft werden. Ferner kann noch nach der Art des Anbieters unterschieden werden. Es kann sich um den Produzenten selbst, einen Händler oder um Dienstleistungsanbieter handeln. Auch die Dauer der geplanten Marktpräsenz kann variieren zwischen lang- und kurzfristig. Diese Klassifikationskriterien spielen jedoch in den weiteren Untersuchungen eine untergeordnete Rolle und werden daher an dieser Stelle nicht ausführlicher behandelt.

---

[204] Für die folgende Klassifikation vgl. Priemer, V. (2000).

6.3.3 Gründe für den Einsatz von Bundling

In vielen Marktbereichen ist Bundling ein durchaus übliches Instrument der Anbieter, insbesondere bei den digitalen Informationsgütern. Die Motive der Anbieter für den Einsatz von Bundling sind dabei sehr vielschichtig. Die wichtigsten unter ihnen sollen hier hervorgehoben werden. Sie beziehen sich auf Anbieter aller Produktarten im Allgemeinen und im Speziellen auf Anbieter von digitalen Informationsgütern.

6.3.3.1 Kostenstruktur

Der Einsatz von Bundling-Strategien hat ebenfalls Einfluss auf die Kosten, die beim Anbieter entstehen. Zum einen kann durch Bundling eine Senkung der Kosten in der Produktion der jeweiligen Bündelkomponenten herbeigeführt werden, dies betrifft insbesondere Preis-Bundling. Stremersch und Tellis formulieren dazu folgende These für den Fall des Preis-Bundling:[205]

„The profitability of price bundling is likely to be higher than that of unbundling (a) the higher the relative contribution margin and (b) the stronger the economies of scale or scope."

Einerseits spielt also die Relative Contribution Margin eine Rolle bei der Senkung der Produktionskosten im Falle von Preis-Bundling. Sie wird errechnet aus (Preis - Variable Kosten) dividiert durch den Preis und zeigt den relativen Beitrag einer Einheit des Gutes am Gewinn an. Güter mit hohen variablen Kosten im Vergleich zu ihrem Preis verfügen also über eine niedrige Relative Contribution Margin. Güter mit niedrigen variablen Kosten relativ zu ihrem Preis, wie z.B. digitale Informationsgüter, weisen eine sehr hohe Relative Contribution

---

[205] S. Stremersch, S. / Tellis, G. (2002), S. 68.

Margin auf. Eppen, Hanson und Martin gehen von der Bildung eines Subadditive Bundle aus und empfehlen die Bündelung von Produkten mit hoher Contribution Margin.[206] Die Bedingung a) ist also darauf zurückzuführen, dass subadditive Bündel aus Produkten mit hoher Contribution Margin eine höhere Gewinnsteigerung erwarten lassen als Bündel mit einer niedrigen Contribution Margin.[207]

Andererseits kann eine Kostensenkung in der Produktion bei Preis-Bundling auch auf Economies of Scale (Skalenerträge) und Economies of Scope (Verbundvorteile) zurückzuführen sein. Economies of Scope (Verbundvorteile) liegen dann vor, wenn für ein gegebenes Güterbündel bei gegebenen Inputpreisen die Produktion in einem Unternehmen kostengünstiger ist als die Aufteilung der Produktion auf mehrere Unternehmen. Dies tritt besonders dann auf, wenn die einzelnen Produkte auf ähnliche Art hergestellt werden können und damit Synergien in der Nutzung der Produktionsfaktoren entstehen.[208] Economies of Scale (Skalenerträge) spielen beim Bundling nur dann eine Rolle, wenn das Zusammenfassen mehrerer Güter zu einem Bündel zu einer Absatzausweitung führt.[209]

Beim Preis-Bundling ist also insbesondere die Kostenstruktur der einzelnen Bündelkomponenten von Bedeutung. Beim Produktbundling hingegen spielen nicht nur die bisher genannten Faktoren eine wichtige Rolle, da auch die Kosten des Produktbündelungsprozesses beachtet werden müssen. In diesem Zusammenhang können einerseits Kosten eingespart werden, z.B. wenn bestimmte Komponententeile bei Unbundling bei mehreren Produkten simultan auftreten und bei Bundling derselben Güter im Produktbündel nur einmal integriert werden müssen. Ist die Herstellung eines Produktbündels kostengünstiger als die

---

[206] Die Autoren führen an, dass die Erhöhung der Nachfrage bei subadditiver Bündelpreisgestaltung umso höher ausfallen muss, je niedriger die Relative Contribution Margin ist, um überhaupt eine Gewinnsteigerung erzielen zu können. Vgl. Eppen, G. / Hanson, W. / Martin, K. (1991).

[207] Dies gilt für den Fall konstanter Preiselastizitäten. Stremersch und Tellis argumentieren hier ähnlich wie Eppen, Hanson und Martin.

[208] Solche Synergien können z.B. häufig bei spezieller technischer Ausrüstung oder bestimmtem Humankapital genutzt werden.

[209] Vgl. hierzu Priemer, V. (2000), S. 103ff.

Herstellung der Summe der Bündelkomponenten, so ist Produktbundling immer vorteilhafter als Unbundling, ungeachtet der Reservationspreise der Konsumenten, der Strategie des Anbieters und der Wettbewerbstruktur.[210] Andererseits können bei der Produktbündelung auch zusätzliche Kosten entstehen. In diesem Fall entsteht ein Trade-off zwischen den zusätzlichen Kosten in der Produktion des Produktbündels und der erwarteten Absatz- und Gewinnsteigerung. Letztere wären darauf zurückzuführen, dass die Konsumenten das teurere Produktbündel einem billigeren Preisbündel oder der Summe von Einzelkomponenten aus bestimmten Gründen vorziehen. Auf Gründe für derartige Kaufentscheidungen wurde bereits in Kapitel 5 näher eingegangen.

6.3.3.2 Preisgestaltung

Wichtige Motive der Anbieter für den Einsatz von Bundling neben dem allgemeinen Ziel der Gewinnmaximierung betreffen die Preise. Das bedeutendste unter den Preiszielen ist die Preisdifferenzierung, die durch den Einsatz von Bundling ermöglicht wird. Daneben wird häufig auch eine Preissegmentierung des Marktes bezweckt, ebenso wie das Verändern der Preiselastizität.

Adams und Yellen haben neben Stigler als erste darauf hingewiesen, dass der Einsatz von Bundling-Strategien sehr wirksam zur impliziten Preisdifferenzierung eingesetzt werden kann. Implizit bedeutet hier, dass die Preisdifferenzierung zwischen den einzelnen Gütern innerhalb eines Güterbündels stattfindet, und nicht wie bei der "expliziten" Preisdifferenzierung zwischen einzelnen Gütern, die gesondert angeboten werden, oder zwischen mehreren Bündeln. Stigler erläutert diese Möglichkeit anhand eines Beispiels aus dem Filmverleih, das je-

---

[210] S. Stremersch, S. / Tellis, G. (2002), S. 68.

doch in der Literatur auch auf zahlreiche andere Güter übertragen wurde und allgemeine Anwendung findet.[211]

1) Reservationspreise der Konsumenten:

	Gut 1	Gut 2	Bündel
Konsument A	8	2,5	10,5
Konsument B	7	3	10

2) Pure Unbundling:

	Gut 1	Gut 2	Gut 1 + Gut 2
Konsument A	P: 7; KR: 1	P: 2,5; KR: 0	P:9,5; KR:1
Konsument B	P: 7; KR: 0	P: 2,5; KR: 0,5	P: 9,5; KR: 0,5

Umsatz: 19

3) Pure Bundling:

	Gut 1	Gut2	Bündel
Konsument A	I: 8; KR: 0	I: 2; KR: 0,5	P: 10; KR: 0,5
Konsument B	I: 7; KR: 0	I: 3; KR: 0	P: 10; KR: 0

Umsatz:20

Tabelle 4: Implizite Preisdifferenzierung durch den Einsatz von Bundling (in Anlehnung an Stigler, G. (1963) und Priemer, V. (2000), S. 76).

Der erste Teil der Abbildung zeigt die unterschiedlichen Reservationspreise zweier Konsumenten A und B für die Güter 1 und 2.

Teil zwei der Abbildung stellt die Situation bei separatem Verkauf der Güter dar: Bei Pure Unbundling würde der Anbieter den maximalen Umsatz erzielen, indem er den Preis für Gut 1 auf 7 und Gut 2 auf 2,5 setzt. So würden jeweils A

---

[211] Vgl. Stigler, G. (1963) und Adams, W. / Yellen, J. (1976).

und B beide Güter konsumieren, und der Anbieter würde einen Umsatz von 19 erwirtschaften. Es werden die expliziten Preise (P) und die Konsumentenrenten (KR) bei separatem Verkauf von Gut 1 und 2 dargestellt. Bei Pure Bundling schöpft der Anbieter mehr Konsumentenrente ab, die durch die implizite Preisdifferenzierung entsteht. Als Bündelpreis kann 10 gewählt werden, so dass immer noch beide Konsumenten beide Güter erwerben. Im dritten Teil der oben stehenden Tabelle werden die impliziten Preise (I) und die entsprechend reduzierten Konsumentenrenten (KR) aufgezeigt. Bei Konsument A hätte die implizite Aufteilung auch I: 7,5; KR: 0,5 für Gut 1 und für Gut 2 I: 2,5; KR: 0 sein können. In der Summe wird jedoch mehr Konsumentenrente abgeschöpft als bei Pure Unbundling. Es kann durch implizite Preisdifferenzierung also dazu kommen, dass ein Konsument für ein in ein Bündel integriertes Gut implizit mehr bezahlt, als er aufgrund seines Reservationspreises für genau dieses Gut zu zahlen bereit ist.

Stigler, Adams und Yellen gingen noch davon aus, dass Bundling nur unter der Voraussetzung optimal ist, dass die Reservationspreise der Konsumenten für die einzelnen Güter sehr unterschiedlich sind. Diese Annahme ist auch in der oben stehenden Tabelle impliziert. Eine solche sehr unterschiedliche Bewertung der betrachteten Güter durch alle Konsumenten ist allerdings aus unterschiedlichen Gründen nicht notwendig für die Vorteilhaftigkeit von Bundling gegenüber Unbundling, wie im Folgenden noch gezeigt wird.[212]

Bundling kann also als eine Art von impliziter Preisdiskriminierung angesehen werden. Allerdings besteht in der Anwendung von Pure Bundling der Unterschied, dass nicht wie bei Preisdiskriminierung im üblichen Sinne versucht wird, die Zahl der unterschiedlichen Preise zu erhöhen mit dem Ziel, die Heterogenität der Konsumenten auch preislich zu erfassen und auszunutzen. Bundling hingegen soll die Heterogenität der Konsumenten derart reduzieren, dass möglichst

---

[212] Vgl. Stigler, G. (1963), Adams, W. / Yellen, J. (1976), Schmalensee, R. (1984) und Salinger, M. (1995).

nur ein Preis zum gewünschten Ergebnis führt.[213] Somit kann der Umfang der notwendigen Information über die Reservationspreise der Konsumenten vermindert werden. Dies ist insbesondere bei Pure Bundling der Fall, da bei Mixed Bundling auch die einzelnen Güter neben dem Bündel angeboten werden können. Bei Mixed Bundling findet also eine zusätzliche Preissegmentierung statt. Teilen sich die Konsumenten selbst dem gewünschten Segment zu, handelt es sich um implizite Preisdifferenzierung zweiten Grades. Wird die Segmentierung jedoch anhand externer Faktoren durch den Anbieter vorgenommen, z.b. durch Kundeneigenschaften, so liegt implizite Preisdifferenzierung dritten Grades vor. Die Preisdifferenzierung zweiten und dritten Grades bei Mixed Bundling kann auch "expliziter" Natur sein, sofern mehrere Bündel angeboten werden, deren Preisunterschiede nicht durch entsprechende Kostenunterschiede gerechtfertigt sind.[214]

Des Weiteren verändert der Einsatz von Bundling-Strategien die Nachfragekurve. Sie wird flacher, d.h. elastischer um den mittleren Wert des Preises und steiler, d.h. unelastischer bei den extremen Preisausprägungen. Das bedeutet, dass die Konsumenten bei Bundling auf geringe Preisveränderungen im mittleren Preisbereich sensibler reagieren und in extremen Preisbereichen weniger sensibel. Dieser Effekt ist umso ausgeprägter, je mehr Güter im betrachteten Bündel enthalten sind, da die Bewertungen eines Bündels verhältnismäßig näher am Durchschnitt liegen als die Bewertungen einzelner Güter.[215] Dies wiederum vereinfacht die Preisgestaltung erheblich: Bei einem bestimmten Preis nahe des mittleren Preises fragen beinahe alle Konsumenten das Bündel nach. Andererseits kann es für den Anbieter auch von Vorteil sein, die Preiselastizität bzgl.

[213] "Bundling changes consumers' demands so that a single price fits them all." S. Bakos, Y. / Brynjolfsson, E. (2000b), S. 121.
[214] Vgl. die Definition von Preisdifferenzierung von Phlips, L. (1983), S. 6.
[215] Die extremen Bewertungen für einzelne Güter heben sich in Bündeln teilweise gegenseitig auf. Vgl. Bakos, Y. / Brynjolfsson, E. (2000b).

eines einzelnen Gutes zu senken, indem er es mit einem Gut mit einer niedrigeren Preiselastizität bündelt.[216]

6.3.3.3 Verkauf

Der Einsatz von Bundling-Strategien verursacht auch häufig die Senkung der Transaktions- und Distributionskosten. Durch den Verkauf von Bündeln verursachen die verkauften Bündelkomponenten nicht einzeln die jeweiligen Transaktions- und Distributionskosten. Die Transaktionen und Distributionsprozesse können bündelweise zusammengefasst werden und damit Kostenersparnisse generieren.[217]

Bundling-Strategien werden außerdem mit dem Ziel der Absatz- bzw. Umsatzsteigerung eingesetzt. Für den Konsumenten sollen Anreize geschaffen werden, eine größere Anzahl eines Produkts oder ein oder mehrere zusätzliche Produkte zu kaufen. Dies kann der Anbieter etwa durch Subadditive Bundles oder durch die Reduktion von Such- und Informationsbeschaffungskosten erreichen. Eppen, Hanson und Martin beschreiben diesbezüglich drei verschiedene Strategien: Aggregation Bundling, Trade-Up Bundling und Loyalty Bundling.[218]

Beim Aggregation Bundling geht es darum, verschiedene Marktsegmente mit unterschiedlichen Präferenzen zu einem Segment zu aggregieren. Bei vier verschiedenen Produkten A, B, C und D präferiert ein Kundensegment die ersten drei Güter, das andere die letzten drei Güter. Durch das Zusammenfassen aller vier Güter in ein Bündel kann so die Komplexität der Nachfrage aus Sicht des Anbieters reduziert werden. Ergänzend hierzu schlagen die Autoren vor, kleine-

---

[216] Vgl. Priemer, V. (2000), S. 87.

[217] Vgl. Priemer, V. (2000), S. 106. Bakos, Y. / Brynjolfsson, E. (2000b) analysieren den Einfluss von Transaktions- und Distributionskosten auf die Gewinnsituation bei Bundling. Sie weisen jedoch auch darauf hin, dass bei sehr geringen Transaktions- und Distributionskosten Unbundling profitabler sein kann als Bundling. S. hierzu Bakos, Y. / Brynjolfsson, E. (2000b), S. 123ff.

[218] Vgl. Eppen, G. / Hanson, W. / Martin, K. (1991), S.9f.

re Marktsegmente mit speziellen Bündel- oder Einzelproduktangeboten zu höheren Preisen zu bedienen, um das Ziel der Markterweiterung zu erreichen.

Beim Trade-Up Bundling wird ein mehrstufiges Bündelangebot erstellt. Ausgehend vom Grundausstattungs-Bündel beinhaltet jedes weitere Bündel mehr Komponenten zu einem höheren Preis und einen gewissen Kaufanreiz gegenüber dem jeweils nächstkleineren Bündel. Damit sollen Käufer dazu animiert werden, sich immer für das nächstgrößere Bündel zu entscheiden (Trade-Up). Trade-Up Bundling ist besonders wirksam, wenn neben dem Preis auch andere Faktoren die Kaufentscheidung stark beeinflussen. Bei einer ausgeprägten Nachfrage können die Unterschiede zwischen den Bündeln entsprechend größer sein als bei einer eher schwachen Nachfrage.

Loyalty Bundling wiederum wird als Mittel eingesetzt, um die Switching Costs[219] der Konsumenten zu erhöhen. Somit werden die Bedürfnisse der Konsumenten in einem Bereich möglichst durch einen Anbieter abgedeckt. Stremersch und Tellis weisen darauf hin, dass insbesondere bei neuen Produkten im Hochtechnologie- und Internet-Bereich die Erhöhung der Marktanteile ein ausgesprochen wichtiges Ziel darstellt, welches u. U. wichtiger ist als die Gewinnmaximierung. Ein neu entwickeltes Produkt mit schnell wachsendem Marktanteil hat die Möglichkeit, eine Monopolstellung zu erlangen.[220] Im weiteren Verlauf der Arbeit wird noch genauer auf die Möglichkeit der Absatz- und Umsatzsteigerung, insbesondere durch eine Veränderung der Nachfrage aus Sicht des Anbieters, durch Bundling eingegangen.

---

[219] Hiermit sind die Wechselkosten gemeint, die einem Konsumenten beim Wechsel des Anbieters entstehen. Dadurch, dass der Kunde bei einem einzigen Anbieter ein Bündel mehrerer unterschiedlicher Produkte erhält, braucht er nicht den Anbieter zu wechseln, um unterschiedliche Güter zu konsumieren. Multi-Product Bundling oder Variety Bundling wird häufig zu diesem Zweck eingesetzt.
[220] Vgl. Stremersch, S. / Tellis, G. (2002), S. 66.

6.3.3.4 Anwendung

Eine weitere Absicht, mit der Bundling angewendet wird, kann die Sicherung bzw. Erhöhung der Produktleistung sein. Dies betrifft oft technisch komplexe Güter, die gemeinsam mit anderen, notwendigerweise kompatiblen Gütern genutzt werden, z.b. verschiedene Software-Produkte. Zur Zusammenstellung der nutzbaren Güterkombination fehlt es den Konsumenten u. U. an Expertenwissen. Hier kann die entsprechende Bundling-Strategie des Anbieters dem Kunden eine Kombination aus kompatiblen und hochwertigen Komponenten bieten, die eine gute Funktion aller Komponenten gewährleistet.[221] Für den Fall, dass Güter zusammen besser funktionieren als getrennt, ist Pure Bundling häufig eine vorteilhafte Strategie.[222] Neben der Kompatibilität der Komponenten und der Verbesserung der Leistung des gesamten Bündels kann sich der Anbieter durch geschickte Zusammensetzung des Bündels von seinen Mitbewerbern abheben. Damit ist er nicht bei jedem einzelnen Produkt direkter Konkurrenz ausgesetzt.[223]

---

[221] Vgl. Priemer, V. (2000), S. 100f.
[222] Vgl. Eppen, G. / Hanson, W. / Martin, K. (1991), S. 11.
[223] Vgl. Porter, M. (2000).

6.3.4 Bundling im Monopol

6.3.4.1 Zwei-Güter-Bündel im Monopol

Die Modelle für Bundling-Strategien lassen sich hinsichtlich mehrerer Kriterien unterscheiden. Dabei fällt besonders auf, dass die Strategien unter verschiedenen Annahmen bezüglich der Wettbewerbssituation der Anbieter modelliert werden. Deshalb soll im Folgenden zunächst zwischen Bundling im Monopol und Bundling im Wettbewerb unterschieden werden. Außerdem werden noch Sonderfälle dargestellt, bei denen wiederum besondere Annahmen das Modell beeinflussen. In der Literatur wurde Bundling zunächst nur im Monopol untersucht, vereinfachend wird also angenommen, dass es sich um einen Anbieter mehrerer Produkte handelt. Des Weiteren wird zur grundlegenden Untersuchung von Bundling häufig von nur zwei möglichen Gütern ausgegangen, von denen nur null oder eine Einheit konsumiert werden können.

Die im folgenden Kapitel genauer erläuterten Modelle für Bundling im Monopol basieren ebenfalls auf mehreren Grundannahmen hinsichtlich einiger ihnen gemeinsamer Kriterien. Zwischen den Modellen für Bundling im Monopol wird weiterhin getrennt entsprechend der Zahl der betrachteten Güter. Zunächst werden Zwei-Güter-Modelle erläutert, daraufhin N-Güter-Modelle mit mehr als zwei Gütern. Eine Übersicht der Modelle und der entsprechenden Ausprägungen dieser Kriterien wird untenstehend gegeben. Die genauen Annahmen jedes Modells werden jedoch gemeinsam mit der Darstellung der einzelnen Modelle detaillierter erläutert.

Nicht alle Zwei-Güter-Modelle untersuchen alle Bundling-Strategien, wie die folgende Tabelle zeigt.

	Adams/Yellen (1976)	Schmalensee (1984)	McAfee / McMillan / Whinston (1989)	Salinger (1995)
Bundling-Formen	Pure und Mixed Bundling	Pure und Mixed Bundling	Mixed Bundling	- Pure Bundling - besondere Darstellung durch Vergleich der Bündelnachfrage mit „Aggregated Comoponents"
Reservationspreise	unabhängig vom Konsum des anderen Gutes	- Normalverteilung - homogene und heterogene Reservationspreise für die Güter	- unabhängig - verschiedene Verteilungstypen	- unabhängig - Gültigkeit für verschiedene Verteilungstypen - homogene und heterogene Reservationspreise für die Güter
Antizipierbarkeit der Konsumentenentscheidungen			- nicht antizipierbar - antizipierbar	
Kosteneffekte durch Bundling				Kostensenkung

Tabelle 5:   Übersicht der Zwei-Güter-Modelle für Bundling im Monopol.

Ein weiterer Punkt, in dem sich die dargestellten Modelle unterscheiden, sind die Annahmen hinsichtlich der Reservationspreise. Hier spielt einerseits eine Rolle, ob die Reservationspreise eines jeden Konsumenten jeweils abhängig sind vom Konsum des jeweils anderen Gutes. Ferner ist zu beachten, ob die Reservationspreise für zwei verschiedene Güter insgesamt eher gleich sind oder stark voneinander abweichen. Werden zwei Güter von allen Konsumenten eher unterschiedlich bewertet, so ist von heterogenen Reservationspreisen für die beiden Güter die Rede. Umgekehrt implizieren homogene Reservationspreise, dass zwei Güter von den Konsumenten eher gleich bewertet werden.

Auch enthält ein Modell die Möglichkeit, Konsumentscheidungen zu antizipieren, was bei den übrigen Modellen nicht der Fall ist. Ein weiteres Modell berücksichtigt mögliche Kostensenkungen durch den Einsatz von Bundling.

Basismodelle

Die einfachste Darstellung von Bundling stammt von Stigler[224], der zuerst darauf hinwies, dass Anbieter durch den Einsatz von Bundling die Konsumenten in verschiedene Gruppen mit unterschiedlichen Reservationspreisen einteilen kann. Diese Möglichkeit, mehr Konsumentenrente als bei Unbundling zu extrahieren, macht Bundling für den Anbieter profitabel. Während Stigler die Funktionsweise von Bundling lediglich anhand eines einfachen Beispiels erläutert und dabei mögliche Dependenzen zwischen den Produkten, ihren Technologien oder Reservationspreisen vernachlässigt, stellen Adams und Yellen ein Modell vor, das der weiterführenden Literatur oftmals als Grundlage dient. Die Autoren beschreiben die zwei verschiedenen Aggregationsformen Pure und Mixed Bundling, die zusätzlich zum allgemein üblichen Pure Unbundling (oder Pure Component Selling) eingesetzt werden können.[225]

Für das Modell werden drei Grundannahmen getroffen:

---

[224] Vgl. Stigler, G. (1963).
[225] Vgl. Adams, W. / Yellen, J. (1976).

Die erste Annahme bezieht sich auf die Produktionskosten. Es wird bzgl. der Technologie angenommen, dass die Grenzkosten für den Anbieter konstant und unabhängig von der produzierten Menge sind. Hier wird auch davon ausgegangen, dass die Grenzkosten eines Bündels identisch sind mit der Summe der Grenzkosten der Bündelkomponenten. Außerdem werden keine Fixkosten berücksichtigt.

Die zweite Annahme ist die Unteilbarkeit der Güter, d.h. der Grenznutzen einer zweiten Einheit eines Gutes ist immer null. Die dritte Annahme besteht in der Unabhängigkeit der Reservationspreise vom Konsum des jeweils anderen Gutes. Der Reservationspreis für ein Bündel entspricht also immer der Summe der Reservationspreise für die Komponenten.

Die Reservationspreise dienen der Darstellung der Nachfrage. Zu diesem Zweck verwenden die Autoren bis zu sechs Konsumenten mit Beispielcharakter und deren Reservationspreise. Allerdings werden keine Aussagen über die Verteilung der Konsumenten und ihrer Reservationspreise gemacht, sondern nur Analysen anhand von Beispielen durchgeführt. Dargestellt werden diese Beispiele graphisch in einem Reservationspreisraum mit den Achsen r_1 und r_2.

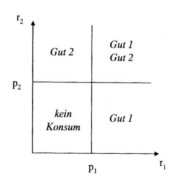

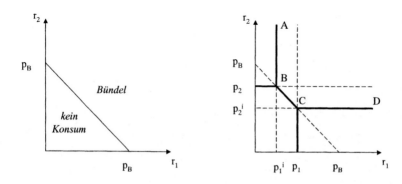

Abbildung 13: **Darstellung der Bundling-Arten bei Adams und Yellen.**
Quelle: Adams, W. / Yellen, J. (1976), S. 478ff.

Der obere Teil der oben stehenden Abbildung zeigt die Strategie des Unbundling. Der Anbieter setzt hier die Preise p entsprechend der waagerechten und senkrechten Linien, und alle Konsumenten mit einem jeweils niedrigeren Reservationspreis r konsumieren das jeweilige Gut. Im unteren linken Feld der Unbundling-Abbildung findet kein Konsum statt, da die Reservationspreise beider Güter unterhalb der entsprechenden Preise liegen. Im rechten unteren Feld hingegen ist der Reservationspreis für Gut 1 mindestens so hoch wie der entsprechende Preis p_1 und daher wird Gut 1 konsumiert. Entsprechendes gilt für Gut 2 im linken oberen Feld. Im rechten oberen Feld wiederum liegen beide im linken oberen Feld. Im rechten oberen Feld wiederum liegen beide Reservationspreise über den Preisen der Güter, so dass beide Güter konsumiert werden. In der linken unteren Abbildung wird Pure Bundling dargestellt, p_B ist dabei der Bündelpreis. Alle Konsumenten, die sich mit ihrer Reservationspreiskombination aus r_1 und r_2 links unterhalb der Verbindungslinie zwischen den beiden p_B befinden, konsumieren nichts. Die Summe aus den beiden Reservationspreisen dieser Konsumenten ist niedriger als der Bündelpreis. Rechts oberhalb der Linie hingegen wird das Bündel konsumiert, da die Summe aus den Reservationspreisen mindestens so hoch ist wie der Bündelpreis.

Die rechte untere Abbildung zeigt den Fall des Mixed Bundling. Neben dem Bündelpreis p_B sind hier auch die Einzelpreise der Güter p_1 und p_2 und die impliziten Preise der beiden Güter im Bündel p_1^i und p_2^i eingetragen. Der implizite Preis p^i ergibt sich jeweils aus der Differenz des Bündelpreises und des Einzelpreises des jeweils anderen Gutes. Dieser implizite Preis der beiden Güter ist hier von Bedeutung aufgrund einer spezifischen Annahme hinsichtlich des Konsumentenverhaltens. Im Modell von Adams und Yellen angenommen, dass der Konsument für seine Kaufentscheidungen immer nur die Einzelgüter betrachtet. Das bedeutet, dass er nicht in allen Fällen, in denen die Summe seiner Reservationspreise für beide Güter über dem Bündelpreis liegt, auch das Bündel konsumiert. Vielmehr betrachtet der Konsument in diesem Modell die Einzelpreise und die impliziten Einzelpreise. Dieses Verhalten sei an einem Beispiel dargestellt. Ist der Reservationspreis für Gut 1 größer als dessen Einzelpreis und der für Gut 2 kleiner als der entsprechende Einzelpreis, gleichzeitig aber der Reservationspreis für Gut 2 auch kleiner als der implizite Preis von Gut 2, so wird nur Gut 1 konsumiert, auch wenn die Summe aus beiden Reservationspreisen über dem Bündelpreis liegt. Entsprechend verhält es sich für Gut 2. Das Bündel wird also nur dann konsumiert, wenn einerseits die Reservationspreissumme über dem Bündelpreis liegt und beide Reservationspreise einzeln über dem jeweiligen impliziten Preis liegen.

Daraus ergeben sich folgende Konsumentscheidungen in der obigen Abbildung bei Mixed Bundling. Die Konsumenten im Bereich rechts oberhalb von ABCD konsumieren das Bündel, während die im Bereich links unterhalb von p_2 BCp$_1$ kein Gut konsumieren. Im Bereich p_1CD hingegen erwerben die Konsumenten lediglich Gut 1. Der implizite Preis für Gut 2, p_2^i, liegt hier über dem Reservationspreis für Gut 2. Im Bereich links oberhalb von p_2BA wird entsprechend nur Gut 2 konsumiert. Und nur im Bereich rechts über ABCD sind alle Bedingungen für einen Bündelkauf erfüllt.

Um die Vor- und Nachteile der einzelnen Bundling-Strategien für den Anbieter aufzuzeigen, ziehen die Autoren den Vergleich mit der für Anbieter denkbar profitabelsten Strategie, der Preisdifferenzierung ersten Grades. Vergleichsmoment sind drei Bedingungen, die bei Preisdifferenzierung ersten Grades im Modell der Autoren erfüllt sind.[226]

1. Complete Extraction: Komplette Extraktion der Konsumentenrente. Im Falle von vollständiger Abschöpfung der Konsumentenrente bezahlt kein Konsument einen Preis, der unter seinem entsprechenden Reservationspreis liegt.

2. Exclusion: Kein Konsument konsumiert ein Gut, dessen Grenzkosten in der Herstellung über seinem Reservationspreis liegen.

3. Inclusion: Jeder Konsument, dessen Reservationspreis für ein Gut größer ist als die entsprechenden Grenzkosten, konsumiert das betrachtete Gut.

---

[226] Vgl. Adams, W. / Yellen, J. (1976), S. 483.

	Complete Extraction	Exclusion	Inclusion
Pure Unbundling	Nicht erfüllt, wenn der Monopolist einer fallenden Nachfrage gegenübersteht.	Erfüllt.	Nur bedingt erfüllt. Wenn der Monopolist einer fallenden Nachfrage gegenübersteht, gilt nicht für alle Konsumenten dieses Kriterium.[227]
Pure Bundling	Bei extrem elastischer Bündelnachfrage und unelastischerer Komponentennachfrage werden die Anforderungen nach Complete Extraction kaum verletzt.	Erfüllung problematisch.	Bei extrem elastischer Bündelnachfrage und unelastischerer Komponentennachfrage werden die Anforderungen von Inclusion kaum verletzt.
Mixed Bundling	Unter bestimmten Gegebenheiten besser erfüllt als bei Pure Bundling (s. u.). Bei Heterogenität der Reservationspreise jedes Konsumenten für die Komponenten ist eine gleichzeitige Erfüllung von Complete Extraction und Inclusion leichter möglich.	Eher erfüllt als bei Pure Bundling.	Bei heterogener Bewertung der Komponenten durch alle Konsumenten ist eine höhere Inclusion möglich.

Tabelle 6: Bundling-Strategien und Preisdifferenzierung ersten Grades im Vergleich. Quelle: eigene Darstellung in Anlehnung an Adams, W. / Yellen, J. (1976).

---

[227] Bei geringer Elastizität der Nachfrage kann der Monopolist nicht die maximale Konsumentenrente für ein Gut abschöpfen, ohne bestimmte Nachfrager vom Konsum auszuschließen. Dabei handelt es sich um einige Konsumenten, deren Reservationspreis über den Grenzkosten in der Herstellung des Gutes liegen. Vgl. hierzu Adams, W. / Yellen, J. (1976), S. 481f.

Der Anbieter wählt jeweils die Preisstrategie, die in seiner Situation die meisten Bedingungen am besten erfüllt. Allgemein kommen die Autoren zu dem Schluss, dass der Anbieter Mixed Bundling dann der Strategie des Pure Bundling vorzieht, wenn in der gegebenen Pure Bundling-Situation die Bedingung der Exclusion nicht erfüllt werden kann. Ein solcher Fall tritt ein, wenn implizite Preisdifferenzierung vorliegt. Bietet sich dem Anbieter die Möglichkeit der impliziten Preisdifferenzierung beim Bundling, wird er sich nach Adams und Yellen immer für die Strategie des Mixed Bundling entscheiden. Im Falle des Pure Bundling kommt es ebenfalls häufig zu impliziter Preisdifferenzierung. Das liegt daran, dass die Möglichkeit zu impliziter Preisdifferenzierung bereits als Motiv für den Einsatz von Bundling-Strategien gelten kann.[228] Durch den Einsatz von Mixed Bundling kann der Anbieter weitere Kategorien zur Einteilung der Konsumenten nutzen. Letztlich hängt aber die Höhe der mit den unterschiedlichen Strategien erwirtschafteten Gewinne ab von der maßgeblichen Kostenstruktur und der Verteilung der Konsumenten im Reservationspreisraum.[229]

Ein weiterer Vorteil der Mixed Bundling-Strategie im Vergleich zum Pure Bundling kann laut Adams und Yellen dann entstehen, wenn Konsumenten mit hohen Reservationspreisen für das Bündel eine geringe Varianz bzgl. ihrer Zahlungsbereitschaften für die Komponenten aufweisen und umgekehrt. Dann kann der Anbieter leichter die Konsumentenrente der Konsumenten mit hoher Zahlungsbereitschaft für beide Güter abschöpfen, indem er den Bündelpreis sehr hoch setzt und separat durch Komponentenverkauf die Rente der Konsumenten abschöpft, die ein, aber nicht beide Güter hoch bewerten. Adams und Yellen weisen darauf hin, dass ihr Modell nach leichten Veränderungen auch verschie-

---

[228] S. o.

[229] In einigen Experimenten der Autoren mit plausiblen Kostenstrukturen erwiesen sich jedoch manche Bundling-Formen als profitabler als das einfache Monopol-Pricing. Vgl. Adams, W. / Yellen, J. (1976), S. 488.

denen Losgrößen oder dem Bundling von mindestens einer nicht getrennt handelbaren Komponente mit einem anderen Gut Rechnung tragen kann.[230]

Zur Untersuchung des ersten Falls, des Großpackungsfalls, misst die horizontale Achse der bisher verwendeten Schaubilder den Reservationspreis für eine erste Einheit des Gutes und die vertikale Achse die Zahlungsbereitschaft für eine zweite Einheit dieses Gutes, die zusätzlich zur ersten konsumiert wird. Durch den Einsatz von Mixed Bundling (Angebot von sowohl Großpackungen als auch kleineren Losgrößen) kann der Anbieter von Konsumenten mit unelastischer Nachfrage einen hohen Einheitspreis auf dem Komponentenmarkt verlangen. Währenddessen bezahlen Konsumenten mit elastischer Nachfrage auf dem Bündelmarkt einen niedrigeren Einheitspreis.

Im zweiten Fall geht es um das Bündeln eines Basisgutes mit Supplementen, die nicht einzeln gehandelt werden können, z.B. Luxusausstattungen bei Automobilen. Die horizontale Achse des Reservationspreisraumes stellt hier die Bewertung der Basiseigenschaft (Transportmittel) dar, während die vertikale Achse die Zahlungsbereitschaft für zusätzliche (Luxus-) Ausstattung misst. Ansonsten ergeben sich keine Veränderungen im Vergleich zu den bisher verwendeten Schaubildern.

Für beide Sonderfälle gilt auch die relative Vorteilhaftigkeit von Mixed Bundling, d.h. einerseits des gleichzeitigen Angebots von Einzel- und Großpackungen und andererseits des simultanen Angebots von Grundausstattung und Luxusausstattung. Allgemein zeigt dieses Modell, dass die Strategie des Mixed Bundling den beiden anderen Strategien Pure Bundling und Unbundling in vielen Fällen leicht überlegen ist, da sie die Vorteile der beiden in sich vereint.

Das Modell von Adams und Yellen erfährt in der Literatur häufig Verwendung und ist insbesondere oftmals erweitert und weiterentwickelt worden. Diese Weiterentwicklungen ermöglichen immer genauere Aussagen über die Vorteilhaftigkeit der unterschiedlichen Bundling-Strategien unter sowohl recht allgemein-

---

[230] Die Autoren beziehen sich hier auf Mehrfach- oder Großpackungen von Zahnpasta (Großpackungsfall) und Luxusausstattungen in Automobilen. Vgl. Adams, W. / Yellen, J. (1976), S. 489.

gültigen Bedingungen als auch in Sonderfällen. Das Modell von Adams und Y-ellen trifft beispielsweise keine restriktiven Annahmen bzgl. der Heterogenität der Reservationspreise eines Konsumenten für beide Güter. Daneben werden auch andere mögliche Dependenzen zwischen Variablen nicht speziell betrachtet. Derartige Spezifikationen können jedoch auf der Basis dieses Modells untersucht werden. Außerdem wird in diesem Modell implizit angenommen, dass die Konsumenten prinzipiell zuerst nach Möglichkeit Güter einzeln konsumieren und ein Bündel nur kaufen, wenn nicht nur die Summe der Reservationspreise für Gut 1 und 2 mindestens dem Bündelpreis entspricht, sondern zusätzlich die beiden Reservationspreise über den impliziten Preisen der beiden Güter liegen. Eine solche Annahme ist recht unrealistisch und wird in anderen Modellen auch nicht unbedingt übernommen.

Allgemein gehen Adams und Yellen davon aus, dass Bundling-Strategien im Vergleich zu vollständigem Wettbewerb zu Wohlfahrtsverlusten führen. Um die Wohlfahrtsimplikationen von Bundling-Strategien darzustellen, werden die Ergebnisse von Bundling im Normalfall und in den beiden Sonderfällen auf ihre Pareto-Optimalität untersucht.[231] Anforderungen an Pareto-optimale Ergebnisse im Modell von Adams und Yellen sind:

1. Gewinne aus gegenseitigem Handel sind nicht möglich.
2. Der Output jeden Gutes ist ausreichend zur Bedienung aller Konsumenten, deren Reservationspreis mindestens den Grenzkosten c_1 bzw. c_2 des Gutes in der Produktion entspricht.

Während im einfachen Monopol nur die zweite Anforderung verletzt wird, können bei Bundling auch beide verletzt werden.

So kann es beim Mixed Bundling dazu kommen, dass bestimmte Konsumenten im Gegensatz zu anderen ein Gut zwar konsumieren (gebündelt mit anderen Gütern), es aber niedriger bewerten als andere, die es nicht konsumieren. In einem solchen Fall kann es zu profitablem gegenseitigen Handel mit diesem Gut kom-

---

[231] Vgl. Adams, W. / Yellen, J. (1976).

men, was bedeutet, dass distributive Ineffizienzen vorliegen. Diese können in der untenstehenden Abbildung verdeutlicht werden. Konsumenten der Fläche AHp_1*E etwa konsumieren Gut 1 nicht. Währenddessen wird Gut 1 aber von den Konsumenten erworben, die sich rechts oberhalb von $FAEp_1*$'. Dennoch bewerten einige Konsumenten der ersten Gruppe das Gut höher als einige der letzteren. Ähnliche Fälle treten bei Gut 2 auf.[232]

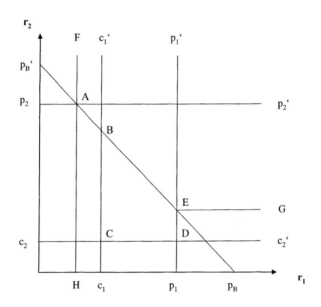

Abbildung 14: **Mixed Bundling. Quelle: Adams, W. / Yellen, J. (1976), S. 491.**

---

[232] Vgl. Adams, W. / Yellen, J. (1976), S. 491f.

Damit stellen die Autoren für den Bundling-Normalfall, in dem jede Bündel-komponente auch aus dem Bündel herausgetrennt werden kann, sowohl distributive als auch allokative Ineffizienzen fest.

Allokative Ineffizienzen können dadurch entstehen, dass es zu einem Über- oder Unterangebot von einem oder beiden Gütern kommt. Auch diese Fälle sind aus der obigen Abbildung ersichtlich. Demnach sollten alle Konsumenten, die links von c_1c_1' dargestellt sind, Gut 1 konsumieren. Im Falle von Mixed Bundling allerdings konsumieren die Konsumenten rechts oberhalb von $FAEp_1^*$ das Gut 1. Wenn nun die Fläche $FABc_1'$ mehr Konsumenten enthält als die Fläche $cBEp_1^*$, dann herrscht ein Überangebot von Gut 1. Ist das Gegenteil der Fall, so herrscht ein Unterangebot von Gut 1.[233]

Allgemein zeigt dieses Modell, dass der Einsatz von Bundling durch einen Monopolisten in allokativen und distributiven Ineffizienzen resultieren kann. Bundling kann nach Adams und Yellen sowohl zu einem Überangebot als auch zu einem Unterangebot führen. Ferner können in diesem Modell im Gleichgewicht potenzielle Gewinne aus Handel zwischen den Konsumenten entstehen. Derartige Probleme entstehen jedoch vergleichsweise weder bei Preisdifferenzierung ersten Grades noch in einem einfachen Monopol.

Das erweiterte Modell von Schmalensee zu Pure und Mixed Bundling

Schmalensee verändert das Modell von Adams und Yellen weiter, um unter anderen Restriktionen jeweils Pure Bundling und Mixed Bundling mit Pure Unbundling zu vergleichen.[234] Eine zusätzliche Restriktion ist die Annahme, dass die Reservationspreispaare der Konsumenten einer bivariaten Normalverteilung unterliegen. Die Annahme einer solchen Verteilung der Reservationspreise hat u. a. den Vorteil, dass sich auch die Summe zweier Normalverteilungen normal

---

[233] Vgl. Adams, W. / Yellen, J. (1976), S. 492.
[234] Vgl. Schmalensee, R. (1984). Ein früheres Modell von Schmalensee basiert zwar auch auf dem Modell von Adams und Yellen, bezieht sich aber auf Bundling im Wettbewerb. Es wird weiter unten genauer dargestellt. Das hier beschriebene Modell stellt eine Weiterentwicklung des früheren Modells dar.

verhält und damit die Verteilungen der Reservationspreise für die einzelnen Güter und das Bündel dieselbe Form aufweisen. Unter Schmalensees Bedingungen ist zwar die Gewinnfunktion nicht überall konkav, dennoch existiert immer ein einziger gewinnmaximierender Preis. Des Weiteren finden die Grundannahmen von Adams und Yellen wieder Verwendung: Es wird ein Monopolist betrachtet, der zwei Produkte an Konsumenten mit unabhängiger Nachfrage für die beiden Güter verkauft. Die Konsumenten erwerben aber höchstens eine Einheit jeden Gutes.

Schmalensee behandelt beim Pure Bundling den symmetrischen Fall: Es wird angenommen, dass die Grenzverteilungen der Differenz aus Preis und den konstanten Stückkosten der Produktion bei beiden Gütern identisch sind. Anhand dieser neuen Restriktionen zeigt Schmalensee, dass eine hohe Heterogenität der Reservationspreise bei den einzelnen Konsumenten für die Profitabilität von Pure Bundling nicht erforderlich ist. Vielmehr ist Pure Bundling auch bei sehr geringer Heterogenität der Reservationspreise der einzelnen Konsumenten immer profitabler als Pure Unbundling, wenn die Nachfrage nach beiden Gütern nur groß genug ist. Das liegt daran, dass bei jeder Ausprägung der Heterogenität der Reservationspreise des einzelnen Konsumenten außer bei perfekter Homogenität Pure Bundling die Heterogenität der Konsumenten aus Sicht des Anbieters senkt. Wenn die Nachfrage nach beiden Gütern ausreichend groß ist, erhöht eine Homogenisierung der Konsumenten aus Sicht des Anbieters, beispielsweise durch Aggregationsstrategien, immer den Gewinn des Anbieters, weil eine verstärkte Abschöpfung der Konsumentenrente möglich wird. Die Heterogenität zwischen den Reservationspreisen eines Konsumenten spielt laut Schmalensee nur eine besondere Rolle, weil mit höherer Heterogenität die durch Bundling hervorgerufene Verminderung der Heterogenität der Konsumenten aus Sicht des Anbieters zunimmt.[235]

---

[235] Vgl. Schmalensee, R. (1984), S. S220f.

Bei der Analyse von Mixed Bundling geht Schmalensee von einem Preisabschlag beim Bündel relativ zur Summe der beiden Einzelpreise aus ($p_B = p_1 + p_2$
$- 2\Phi$ mit $\Phi \geq 0$). Im Falle einer Gaußschen Verteilung ist es sehr schwierig, optimale Mixed Bundling-Strategien numerisch zu beschreiben. Schmalensee formuliert eine Bedingung, unter der Mixed Bundling strikt profitabler für den Anbieter ist als Unbundling.[236] Diese Bedingung resultiert aus der Maximierung
des Gewinns bei Mixed Bundling mit den gewinnmaximierenden Preisen bei
Unbundling, und einem Preisaufschlag bei Mixed Bundling von $\Phi = 0$. In dieser
Bedingung wird der Umsatzverlust bei sinkenden Grenzverkäufen abgezogen
von der Gewinnsteigerung bei Grenzverkäufen. Mixed Bundling ist genau dann
strikt profitabler als Unbundling, wenn die formulierte Bedingung von Schmalensee positiv ist. Dies ist in vielen Fällen erfüllt, wie Schmalensee weiterhin
zeigt.[237]

Nachdem Adams und Yellen bereits gezeigt haben, dass Mixed Bundling auch
für Normalverteilungen immer profitabler ist als Pure Bundling und Schmalensee zu dem Ergebnis kommt, dass Pure Bundling unter gegebenen Bedingungen
mindestens so profitabel ist wie Pure Unbundling, wird die Vorteilhaftigkeit der
Mixed Bundling-Strategie recht deutlich. Während ein bedeutender Vorteil der
Pure Bundling-Strategie die Möglichkeit ist, die Konsumentenheterogenität zu
verringern, ist es ein Vorteil des Pure Unbundling, dass man hohe Preise für ein
Gut von den Konsumenten erzielen kann, die eine sehr geringe Zahlungsbereitschaft für das jeweils andere Gut aufweisen. Sie sind bereit, nahezu den Bündelpreis für das von ihnen hoch bewertete Gut zu bezahlen. Die Strategie des Mixed Bundling macht sich beide dieser Vorteile zueigen.

Insgesamt kommt Schmalensee zu dem Schluss, dass Pure Bundling im symmetrischen Fall die effektive Heterogenität der Konsumentenpräferenzen reduziert. Denn solange die Reservationspreise eines Konsumenten nicht perfekt
homogen sind, ist die Standardabweichung der Bündelreservationspreise gerin-

---

[236] Vgl. Schmalensee, R. (1984), S. S225, Proposition (20).
[237] Vgl. Schmalensee, R. (1984), S. S227f.

ger als die Summe der Standardabweichungen der Reservationspreise für die einzelnen Komponenten.[238] Für Mixed Bundling zeigt der Autor, dass die Heterogenität derjenigen Konsumenten verringert werden kann, die hohe Reservationspreise für beide Güter haben. Andere Konsumenten mit hoher Zahlungsbereitschaft für nur ein Gut werden zu einem relativ hohen Preis mit einem bedeutenden Preisaufschlag bedient. Schmalensee kommt hier zu dem Schluss, dass Mixed Bundling im Vergleich zu Pure Bundling und Unbundling für den Anbieter immer strikt vorteilhaft ist, wenn im Rahmen des Adams-Yellen-Modells unabhängig normalverteilte Reservationspreise angenommen werden.

Schmalensee zeigt mit diesem Modell, dass der Wechsel von Pure Unbundling zu Pure Bundling eine Verbesserung der Wohlfahrt mit sich bringt, u. a. solange die Reservationspreise der einzelnen Konsumenten für die beiden Güter nicht identisch sind.[239] Die Wohlfahrtsimplikationen eines Einsatzes der Mixed Bundling-Strategie untersucht der Autor jedoch nicht genauer.

Das Modell von McAfee, McMillan und Whinston zu Mixed Bundling

Aufbauend auf den bisher erwähnten Artikeln beschäftigen sich McAfee, McMillan und Whinston mit dem Vergleich von Pure Unbundling und Mixed Bundling.[240] Sie gehen ebenfalls von Grundmodell von Adams und Yellen aus, unterscheiden aber zwischen zwei Fällen: Je nachdem, ob der monopolistische Anbieter die Konsumentscheidungen der Konsumenten voraussehen kann oder nicht, ergeben sich unterschiedliche Situationen. Kann der Anbieter die Entscheidungen der Konsumenten nicht voraussehen, muss er das Bündel zu einem Preis P_B anbieten, der maximal so groß ist wie die Summe der Komponentenpreise. Sind die Entscheidungen der Konsumenten hingegen für den Monopolisten vorhersehbar, steht er nicht einer derartigen Restriktion gegenüber, sondern kann die Konsumenten stattdessen davon abhalten, beide Güter getrennt zu er-

---

[238] Vgl. Schmalensee, R. (1984), S. S228.
[239] Vgl. Schmalensee, R. (1984).
[240] Vgl. McAfee, R. / McMillan, J. / Whinston, M. (1989).

werben. In einem solchen Fall wäre es also möglich, den Bündelpreis über die Summe der Komponentenpreise zu setzen. Des Weiteren gehen die Autoren nicht von einer atomar geprägten Verteilung der Reservationspreispaare aus, sondern stellen diesen Sachverhalt mit Hilfe einer Verteilungsfunktion und ihrer Dichtefunktion dar. Die Autoren formulieren Bedingungen, unter denen die Vorteilhaftigkeit von Mixed Bundling gegenüber Unbundling gegeben ist. Die erste Bedingung entspricht der bereits genannten Bedingung von Schmalensee[241] und garantiert einen höheren Gewinn bei Mixed Bundling als bei Unbundling, ohne dass der Anbieter die Konsumentenentscheidungen voraussehen können muss. Allerdings bezieht sich Schmalensee lediglich auf den Fall der Gaußschen Normalverteilung der Reservationspreise, während McAfee, McMillan und Whinston die Untersuchung auf andere Verteilungstypen ausdehnen. Die erste Bedingung beinhaltet eine Komponente, die je nach gewähltem Verteilungstyp variiert (bei Unabhängigkeit ist sie null). Eine zweite Komponente der Bedingung, die hinzuaddiert wird, entspricht dem Zusatzgewinn bei Mixed Bundling aus dem Bündelverkauf an Konsumenten, die bei Unbundling nur ein Gut konsumieren. Ist die Summe aus beiden Komponenten positiv, so ist Mixed Bundling für den Anbieter vorteilhafter als Unbundling. Am Beispiel einer unabhängigen Verteilung der Reservationspreise zeigt dieses Modell, dass Mixed Bundling für den Anbieter vorteilhafter als Unbundling ist. Ferner betonen die Autoren, dass diese Bedingung nicht nur bei Unabhängigkeit erfüllt ist.[242]

Eine zweite Bedingung wird aufgestellt für die Vorteilhaftigkeit von Mixed Bundling unter der Annahme, dass die Entscheidungen der Konsumenten für den Anbieter antizipierbar sind. Die zweite Bedingung bedient sich wieder der Summe der beiden Komponenten der ersten Bedingung, die hier allerdings lediglich ungleich null sein muss, damit Mixed Bundling die dominante Strategie gegenüber Unbundling ist. Bei der Untersuchung der Erfüllungsmöglichkeiten dieser Bedingung kommen die Autoren zu dem Schluss, dass Mixed Bundling

---

[241] Vgl. Schmalensee, R. (1984), S. S225, Proposition (20).
[242] Vgl. McAfee, R. / McMillan, J. / Whinston, M. (1989), S. 379.

Unbundling bei jeder Verteilung der Reservationspreise dominiert, wenn die Entscheidungen der Konsumenten voraussehbar sind.[243] Allerdings bedeutet letzteres, dass der Bündelpreis, wie bereits oben erwähnt, u. U. über die Summe der beiden Komponentenpreise gesetzt werden kann. Hierbei handelt es sich um eine sehr starke Restriktion, die die allgemeine Gültigkeit dieses Ergebnisses der Autoren stark relativiert. Es ist i. d. R. nicht praktikabel, die Entscheidungen der Konsumenten zu antizipieren und letztere zudem daran zu hindern, beide Güter getrennt zu kaufen, wenn dies billiger wäre als der Kauf derselben Güter im Bündel.

McAfee, McMillan und Whinston haben ein Modell konstruiert, das die Möglichkeit beinhaltet, Mixed Bundling und Unbundling aus zwei verschiedenen Perspektiven miteinander zu vergleichen.[244] Neben dem üblicherweise untersuchten Fall, in dem die Entscheidungen der Konsumenten nicht vorhersagbar sind, werden hier auch Situationen betrachtet, in denen die Konsumentscheidungen durch den Anbieter vorausgesehen werden können. In diesem Modell erweist sich die sich durch den Einsatz von Mixed Bundling ergebende Veränderung der Wohlfahrtsverteilung als abhängig von der Verteilung der Reservationspreise.

Kann der Anbieter die Entscheidungen der Konsumenten nicht antizipieren, so erhöht der Einsatz von Mixed Bundling im Vergleich zu Unbundling für viele Typen der Reservationspreisverteilung den Gewinn.[245] Sind die Konsumentscheidungen für den Anbieter hingegen vorhersehbar, ist die Bedingung, für die Mixed Bundling im Vergleich zu Unbundling einen erhöhten Gewinn verursacht, wesentlich leichter erfüllbar. Es ist dem Anbieter bei voraussehbaren Konsumentscheidungen des Weiteren u. U. möglich, den Bündelpreis über die

---

[243] Das Vorzeichen der ersten Komponente ist nicht nur vom Grad der Korrelation zwischen den Reservationspreisen abhängig. Vgl. McAfee, R. / McMillan, J. / Whinston, M. (1989), S. 380.

[244] Vgl. McAfee, R. / McMillan, J. / Whinston, M. (1989).

[245] Die entsprechende Bedingung hierfür ist in Anlehnung an Schmalensee formuliert, vgl. Schmalensee, R. (1984), S. S218. Zusätzlich zu der hier zugrunde gelegten Gaußschen Normalverteilung der Reservationspreise beziehen sich McAfee, McMillan und Whinston auf weitere Verteilungstypen. Vgl. McAfee, R. / McMillan, J. / Whinston, M. (1989), S. 380.

Summe der Komponentenpreise zu setzen, was zu einer weiteren Abschöpfung der Konsumentenrente führt.

In diesem Modell ist Unbundling für den Anbieter also nahezu nie eine optimale Strategie, wenn die Entscheidungen der Konsumenten antizipierbar sind. Im Fall des antizipierbaren Konsumentenverhaltens wird durch Mixed Bundling nahezu immer die Produzentenrente erhöht, im realistischeren Fall ohne Antizipation trifft dies in allen untersuchten Fällen ebenfalls zu, wobei die zusätzliche Reduzierung der Konsumentenrente durch einen erhöhten Bündelpreis nicht möglich ist. Auch dieses Modell zeigt also, dass durch Bundling die Konsumentenrente üblicherweise verringert wird.

Das Modell von Salinger zu Pure Bundling

Eine andere Darstellung für Bundling-Strategien wählt Salinger: Er entwickelt eine graphische Analyse der Pure Bundling-Strategie, um die Profitabilität und die Wohlfahrtsimplikationen dieser Strategie zu verdeutlichen.[246] Zugleich werden von Salinger durch Bundling hervorgerufene Kostensenkungen berücksichtigt, die bisher vernachlässigt wurden.[247] Das Hinzunehmen dieser Möglichkeit ergänzt die allgemeinen Aussagen über die Vorteilhaftigkeit von Bundling weiter. Eine Aussage über die Häufigkeit solcher Kostensenkungen beim Bundling macht der Autor allerdings nicht. Interaktionen zwischen Kosten- und Nachfrageeffekten ermöglichen eine genauere Voraussage der Bedingungen, unter denen Pure Bundling profitabel ist. Salinger gelangt außerdem zu Ergebnissen, die für mehrere Verteilungstypen Gültigkeit besitzen können. Damit werden die Aussagen, die Schmalensee unter der Annahme der Gaußschen Normalverteilung getroffen hat, auch für andere Verteilungen überprüfbar. Dies spielt insbe-

---

[246] Vgl. Salinger, M. (1995).
[247] Gründe für derartige Kostensenkungen in der Produktion sind bereits in Kap. 6.3.3.1 aufgeführt.

sondere dann eine Rolle, wenn theoretisch negative Reservationspreise auftreten, die von einer Gaußschen Normalverteilung nicht ausgeschlossen werden.[248] Salinger führt als „natürliche Benchmark", mit der die Bündelnachfrage verglichen werden soll, die vertikale Summe der beiden Komponentennachfragen („aggregated components") ein.[249] Hierbei ist anzumerken, dass die Bewertung eines Gutes durch einen Konsumenten als unabhängig vom Konsum des anderen Gutes zu betrachten ist. Die vertikale Differenz zwischen diesen beiden Nachfragekurven entspricht genau der Differenz zwischen dem für eine bestimmte Bündelmenge erzielten Preis und der Summe der erzielten Preise für eine gleiche Menge einzelner Komponenten. Bezüglich des Verlaufs dieser beiden Kurven stellt Salinger zwei allgemeine Eigenschaften fest.[250]

1. Die Gesamtflächen unter den beiden Kurven sind identisch. Entweder fallen sie also exakt zusammen oder sie kreuzen sich mindestens einmal.

2. Bei einem beliebigen q* ist die Fläche links von q* unter der Aggregated Components-Nachfragekurve größer oder gleich der entsprechenden Fläche unter der Bündelnachfragekurve.

Aus diesen beiden Eigenschaften folgt außerdem, dass bei einem beliebigen q* die Fläche rechts von q* unter der Aggregated Components-Nachfragekurve kleiner oder gleich ist der entsprechenden Fläche unter der Bündelnachfragekurve.

---

[248] Vgl. Salinger, M. (1995), S. 86. Diese Annahme ist jedoch dann unangemessen, wenn unerwünschte Bündelkomponenten kostenlos zur Verfügung gestellt werden.
[249] S. Salinger, M. (1995), S. 88. Diese Funktion ist hier einsetzbar, da Bündel in diesem Modell immer aus der gleichen Anzahl aller Komponenten besteht. Daher verkauft ein Anbieter bei Pure Bundling zwingend die gleiche Menge von beiden betrachteten Gütern.
[250] Vgl. Salinger, M. (1995), S. 90ff.

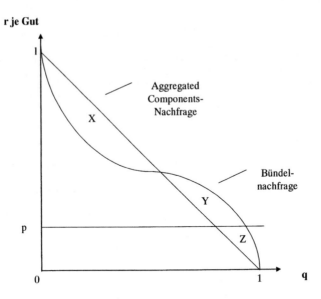

Abbildung 15: **Aggregated Components-Nachfrage und Bündelnachfrage. Quelle: Salinger, M. (1995), S. 90.**

Diese Beziehungen zwischen der Bündel- und der Aggregated Components-Nachfragekurve implizieren folgende Bedingungen, unter denen Pure Bundling profitabler sein kann als Unbundling, auch wenn der Einsatz von Bundling keine kostensenkende Wirkung hat:

Demnach ist Bundling für den Anbieter nur vorteilhaft, wenn der gewinnmaximierende Bündelpreis in dem Bereich liegt, in dem die Bündel- über der Aggregated Components-Nachfragekurve liegt. Außerdem zeigt Salinger, dass in diesem Fall ein Anstieg der Kosten der Komponenten die Bundling-Strategie, die vorher vorteilhafter als Unbundling war, unprofitabel machen kann. Das liegt daran, dass es für jede Menge, für die Bundling strikt von Vorteil ist, eine kleinere Menge gibt, für die Bundling unprofitabler als Unbundling ist. Wird diese kleinere Menge aufgrund eines Anstiegs der Komponentenkosten zum optimalen Output, wird der Anbieter die Güter nicht bündeln.

Der Autor kommt bei einer durch Bundling induzierten Kostensenkung zu dem Schluss, dass Pure Bundling eher profitabler ist als Unbundling, wenn die Reservationspreise jedes Konsumenten für die beiden Komponenten in geringem Maße heterogen sind, und wenn die Komponentenkosten hoch sind. Dieses Ergebnis steht im Kontrast zu den vorausgegangenen Ergebnissen anderer Autoren, weil diese die möglichen Kostenreduzierungen nicht berücksichtigt haben.

Auch graphisch können die Effekte des Einsatzes von Pure Bundling auf die Produzenten- und Konsumentenrente sehr deutlich anhand des Vergleichs der Bündelnachfragekurve und der Aggregated Components-Nachfragekurve gezeigt werden.[251] Dabei sind die Reservationspreise je Gut und die Mengen zwischen null und eins normiert, um sie jeweils auch zu Bündeln addieren zu können.

Entspricht der Bündelpreis der Summe der Komponentenpreise, so ergibt sich durch den Einsatz von Pure Bundling bereits eine Verringerung der Konsumentenrente von Z in der obigen Abbildung. Diese Veränderung der Konsumentenrente beim Wechsel von Unbundling zu Pure Bundling beträgt X − Y. Da die Flächen unter beiden Kurven identisch sind, ergibt sich X = Y + Z, und dadurch wird die Konsumentenrente durch Bundling um genau Z vermindert. Dies wird in der oben stehenden Abbildung gezeigt. Allerdings entspricht gerade bei durch Bundling hervorgerufenen Kostensenkungen der Bündelpreis nicht unbedingt der Summe der Einzelpreise der im Bündel enthaltenen Komponenten. In diesem Fall tritt neben diesen Bundling-Effekt auch noch ein durch die Bündelpreisgestaltung hervorgerufener Effekt. Liegt der Bündelpreis über der Summe der Komponentenpreise, wird der Bundling-Effekt nur noch verstärkt, die Konsumentenrente wird weiter reduziert. Im umgekehrten Fall, also bei Bundling zu Discountpreisen, wirkt dieser Effekt dem Bundling-Effekt entgegen, es kann

---

[251] S. obige Abbildung.

also auch zu einer Vergrößerung der Konsumentenrente kommen, wenn dieser Effekt von ausreichendem Umfang ist.[252]

Die Produzentenrente hingegen kann durch den Einsatz von Bundling ohne Kostenveränderungen nur dann erhöht werden, wenn der gewinnmaximierende Preis sich in dem Bereich befindet, in dem die Bündelnachfragekurve über der Aggregated Components-Nachfragekurve liegt.[253] Die Berücksichtigung von Kostensenkungen durch den Einsatz von Pure Bundling führt zu Ergebnissen bzgl. des Anbietergewinns, die im Gegensatz zu den Ergebnissen anderer Modelle stehen, die keine Kosteneffekte beachten. Bei einer durch Bundling induzierten Kostensenkung ist der Einsatz von Pure Bundling mit besonders großen Gewinnsteigerungen verbunden, wenn die Reservationspreise aller Konsumenten für die Komponenten recht homogen und die Kosten für die Komponenten relativ ausgeprägt sind.[254] Andere Modelle ohne Kostenveränderungen durch Bundling bezeichnen diese Strategie als besonders profitabel, wenn die Reservationspreise jedes Konsumenten für die einzelnen Güter eher heterogen sind.

---

[252] Vgl. Salinger, M. (1995), S. 94.
[253] S. o. und vgl. Salinger, M. (1995), S. 92.
[254] Vgl. Salinger, M. (1995), S. 98.

6.3.4.2 N-Güter-Modelle

Die bisher besprochenen Modelle beziehen sich auf Bündel von maximal zwei Gütern. Je mehr Güter jedoch zum Bündel hinzugefügt werden, desto ausgeprägter ist die mögliche Homogenisierung der Konsumenten aus Sicht des Anbieters.[255] Einige der bisher dargestellten Ergebnisse für Zwei-Güter-Bündel finden keine Anwendung bei größeren Bündeln oder haben bei großen Bündeln ein anderes Ausmaß. Andere Ergebnisse, die bereits für zwei Güter gelten, werden durch die Untersuchung größerer Bündel bestätigt. Letztendlich wird das erforderliche Modell zur Untersuchung großer Bündel mit steigender Komponentenzahl immer komplexer und erlaubt im Extremfall keine allgemeinen Schlussfolgerungen mehr.

Betrachtet man nun die Marktergebnisse, die aus Modellen mit mehr als zwei Gütern resultieren, so gewinnt man den Eindruck, dass die erhöhte Komponentenzahl einige Veränderungen impliziert. Allerdings müssen teilweise auch zusätzliche Restriktionen getroffen werden, um zu interpretierbaren Ergebnissen kommen zu können. Aufgrund dieser Restriktionen eignen sich die N-Güter-Modelle häufig nur zur Betrachtung eines sehr speziellen Einzelfalls. Keineswegs können eindeutige allgemeingültige Aussagen getroffen werden.

Die Modelle für Bundling mit mehr als zwei Gütern lassen sich im Vergleich mit den Zwei-Güter-Modellen auch anhand von anderen Kriterien klassifizieren, wie folgende Tabelle zeigt. Hier spielt insbesondere auch eine Rolle, welche Annahmen hinsichtlich der Grenzkosten in der Produktion getroffen werden. Besonders bei der Untersuchung digitaler Produkte spielt dieser Bereich eine wichtige Rolle.

---

[255] Vgl. Bakos, Y. / Brynjolfsson, E. (2000b). Je größer die Anzahl der Bündelkomponenten ist, desto eher konzentrieren sich die Bündelbewertungen der Konsumenten um den Mittelwert, entsprechend des Gesetzes der großen Zahlen.

	Bakos/Brynjolfsson (1999a)	Bakos/Brynjolfsson (2000)	Chuang/Sirbu (2000)
Bundling-Formen	Pure Bundling	Pure Bundling	Pure und Mixed Bundling
Reservationspreise	verschiedene Verteilungstypen, auch negative Bewertungen einzelner Komponenten	- unabhängig - gleichverteilt	- lineare Nachfragekurven für alle Konsumenten - heterogene Bewertungen der einzelnen Güter
Grenzkosten	-digitale Produkte (keine Grenzkosten) - positive Grenzkosten	Berücksichtigung von Grenzkosten	Spezialfall wissenschaftliche Publikationen: hohe Fixkosten, niedrige variable Kosten, niedrige Grenzkosten
Sonstige Kosten		Distributions- und Transaktionskosten	Skaleneffekte in der Produktion

Tabelle 7: Übersicht der N-Güter-Modelle für Bundling im Monopol.

Zwei Modelle gehen hier noch weiter und beziehen weitere Kosten, wie etwa Distributions- und Transaktionskosten, oder besondere Kosteneffekte mit in die Untersuchungen mit ein.

Die Modelle von Bakos und Brynjolfsson zu Pure Bundling

In einem Modell für mehr als zwei Güter beziehen sich Bakos und Brynjolfsson auf den speziellen Fall der digitalen Produkte.[256] Es wird hier angenommen, dass keine Grenzkosten existieren. Konsumiert werden keine oder eine Einheit jeden Gutes, die Reservationspreise sind dabei unabhängig und einheitlich begrenzt. Des Weiteren wird davon ausgegangen, dass eine Erhöhung der Anzahl der Bündelkomponenten die Zahlungsbereitschaft für das Bündel nicht reduzieren

---

[256] Vgl. Bakos, Y. / Brynjolfsson, E. (1999).

kann, auch wenn dabei die durchschnittliche Zahlungsbereitschaft für jede Bündelkomponente sinken kann. Dieses Modell zeigt allgemein, dass mit sehr großer Komponentenzahl beim Einsatz von Pure Bundling der deadweight loss und die Konsumentenrente pro Gut eines Bündels bei null konvergieren. Ferner wird der Gewinn pro Gut hier maximiert. Mit steigender Komponentenzahl im Bündel garantiert das Gesetz der großen Zahlen, dass die Verteilung der Bündelreservationspreise einen immer größeren Anteil von Konsumenten mit moderaten Reservationspreisen aufweist. Je mehr Güter mit linearer Nachfragekurve man zum Bündel hinzufügt, desto mehr Konsumenten haben Reservationspreise nahe dem Mittelwert der Reservationspreisverteilung. Die untenstehende Abbildung zeigt diese Veränderung der Nachfrage mit zunehmender Bündelgröße. Die Kurve für den Zwei-Güter-Fall entspricht der bereits weiter oben dargestellten Aggregated Components-Nachfragekurve von Salinger. Ebenso wie bei der Aggregated Components-Nachfragekurve sind sowohl die Reservationspreise je Gut und die Mengen zwischen null und eins normiert.

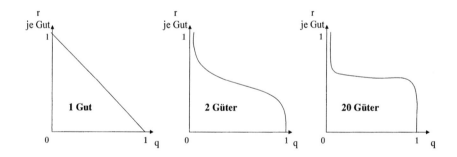

Abbildung 16: **Veränderung der Nachfrage bei Bündeln von zwei und 20 Gütern. Quelle: Bakos, Y. / Brynjolfsson, E. (1999), S. 1617.**

Dieses Ergebnis basiert bzgl. der Verteilungen der Zahlungsbereitschaften lediglich auf der Annahme der Unabhängigkeit der Reservationspreise für die einzelnen Güter. Infolgedessen können die Reservationspreisverteilungen für die einzelnen Güter bei Erfüllung bestimmter Restriktionen völlig unterschiedlich ausfallen, ohne die Aussagekraft dieses Resultats zu schmälern. Obwohl die Autoren die Betrachtung von Mixed Bundling nicht in ihr Modell einbeziehen, weisen sie vor dem Hintergrund der diesbezüglichen Erkenntnisse anderer Autoren darauf hin, dass Mixed Bundling bei einer sehr großen Güteranzahl nicht substantiell vorteilhafter ausfallen muss als Pure Bundling.[257]

Für kleine Komponentenanzahlen erhöht der Einsatz von Pure Bundling allerdings nicht zwingend den Gewinn des Anbieters. An einem Beispiel zeigen Bakos und Brynjolfsson, dass Pure Bundling im Vergleich zu Unbundling auch zu niedrigeren Gewinnen und höherem deadweight loss führen kann. Ist allerdings eine kritische Anzahl von Bündelkomponenten erst einmal überschritten, wird Pure Bundling im Vergleich zu Unbundling immer profitabler. Unter Berücksichtigung einer weiteren Restriktion, die bei Verwendung gängiger Nachfragetypen erfüllt ist, kann dies im Modell von Bakos und Brynjolfsson gezeigt werden. Ist also für eine bestimmte Anzahl von Gütern der Gewinn bei Pure Bundling größer als bei Unbundling, und liegt bei dieser Güteranzahl der gewinnmaximierende Preis über dem durchschnittlichen Reservationspreis, so steigert jede größere Güteranzahl den Anbietergewinn bei Pure Bundling im Vergleich zu Unbundling monoton. Im Spezialfall unabhängiger linearer Nachfragefunktionen erhöht das Bundling jeder beliebigen Güteranzahl den Anbietergewinn.[258]

Ist unter den obigen Bedingungen der Verkauf zweier Güterbündel profitabel für den Anbieter, dann erhöht ein Zusammenfassen dieser beiden Bündel zu einem großen Bündel den Gewinn zusätzlich. Im Allgemeinen stellt dieses Ergebnis

---

[257] So zeigen McAfee, R./ McMillan, J. / Whinston, M. (1989), dass Mixed Bundling bei zwei Gütern die Unbundling-Strategie immer dominiert. Da bei einer hohen Anzahl der Güter durch Bundling aber bereits nahezu der gesamte mögliche Wert abgeschöpft wird, ist eine deutliche Verbesserung durch Mixed Bundling in diesem Modell nicht denkbar. Vgl. Bakos, Y. / Brynjolfsson, E. (1999), S. 1617.
[258] Vgl. Bakos, Y. / Brynjolfsson, E. (1999), S. 1618f.

eine Art von Superadditivität dar: je größer das Bündel ist, desto profitabler wird es für den Anbieter.[259]

Das Modell von Bakos und Brynjolfsson (1999) zeigt, dass der Gewinn und der Gewinn pro Bündelkomponente mit der Anzahl der Bündelkomponenten steigen. Allgemein konvergieren unter den gegebenen Bedingungen bei Pure Bundling der Deadweight Loss und die Konsumentenrente pro Gut eines Bündels bei null für sehr große Komponentenzahlen. Der Anbietergewinn erreicht bei Pure Bundling von sehr vielen Komponenten seinen maximalen Wert. Die kritische Komponentenzahl, ab der Bundling profitabel wird, und die Geschwindigkeit, mit der der Deadweight Loss und der Anbietergewinn sich ihren Grenzwerten annähern, hängt ab von der Art der Verteilung der Reservationspreise der Konsumenten. Die Autoren betonen, dass die gesamte Konsumentenrente aus dem Bündel mit steigender Komponentenzahl ansteigt.[260] Die hier festgestellten Zuwächse bei Effizienz und Gewinn durch Bundling sind wesentlich ausgeprägter als jene, die bei nur zwei Gütern festgestellt wurden. Dies führen die Autoren im Wesentlichen auf die in ihrem Modell erhöhte Komponentenzahl und die bei den betrachteten Informationsgütern nullwertigen Grenzkosten zurück.[261] Die Eigenschaft der hier betrachteten Informationsgüter, die hier von Bedeutung ist – nullwertige Grenzkosten -, trifft auch auf digitale Produkte zu. Somit sind die von Bakos und Brynjolfsson entwickelten Ergebnisse ebenfalls relevant für digitale Produkte. Diese Ergebnisse sind hingegen nicht zutreffend für positive Grenzkosten, sie gelten zwar für digitale Produkte, jedoch nicht für denselben Content, wenn dieser nicht-digital ausgeliefert wird.

---

[259] Vgl. Bakos, Y. / Brynjolfsson, E. (1999), S. 1619.

[260] Dieser Anstieg ist besonders bemerkenswert, da die Konsumentenrente pro Bündelkomponente mit steigender Komponentenzahl bei null konvergiert. Die gesamte Konsumentenrente steigt indessen an, allerdings unterproportional im Vergleich zum Anstieg der Komponentenzahl. Vgl hierzu. Bakos, Y. / Brynjolfsson, E. (1999) und Bakos, Y. / Brynjolfsson, E. (2000a), S. 68.

[261] Vgl. Bakos, Y. / Brynjolfsson, E. (2000a), S. 68.

Die bisher erwähnten Ergebnisse aus dem Modell von Bakos und Brynjolfsson beziehen sich auf die Annahme, dass die Grenzkosten in der Produktion der betrachteten Güter null sind. Die Annahme positiver Grenzkosten kann unter Umständen dazu führen, dass für den Anbieter kein Anreiz mehr dazu besteht, Bundling einzusetzen. Anhand derselben Grundannahmen von Bakos und Brynjolfsson lässt sich für sehr große Komponentenanzahlen beweisen, dass für jedes Gut ein bestimmter Grenzkostenwert existiert, oberhalb dessen der Einzelverkauf profitabler ist als Pure Bundling. Durch erhöhte Grenzkosten sinkt der Anbietergewinn und steigt der Wert des deadweight loss bei Bundling unter die jeweiligen Größen, die sich bei Unbundling ergeben.[262] Dieses Ergebnis bestätigt wiederum Erkenntnisse, die auch für zwei Güter hergeleitet werden können.[263] Insbesondere bei den digitalen Produkten fallen die Grenzkosten jedoch nicht besonders stark ins Gewicht, da sie nahezu null sind. Hier ist also eine Betrachtung unter Berücksichtigung sehr kleiner oder nullwertiger Grenzkosten passender. Allerdings kann es auch ohne positive Grenzkosten möglich sein, dass die Bundling-Strategie den Einzelverkauf nicht dominiert. Dazu kann es kommen, wenn bestimmte Bündelkomponenten negative Bewertungen durch einige Konsumenten erfahren.[264]

Bakos und Brynjolfsson (2000b) berücksichtigen zusätzlich zu den bisher bei Zwei-Güter-Modellen einbezogenen Produktionskosten in einem weiteren Modell auch Distributions- und Transaktionskosten in ihrem N-Güter-Modell. Hier wird angenommen, dass die Reservationspreise der einzelnen Konsumenten für die verschiedenen Güter unabhängig voneinander und identisch verteilt sind und zudem über eine kontinuierliche Dichtefunktion verfügen. Durch die Normierung der Reservationspreise je Gut und der Mengen zwischen null und eins sind auch die entsprechenden Erwartungswerte identisch. Wie auch bisher üblich

---

[262] Vgl. Bakos, Y. / Brynjolfsson, E. (1999), S. 1617f.
[263] Vgl. Salinger, M. (1995), S. 93f.
[264] Bakos und Brynjolfsson nennen hier als Beispiel für solche Komponenten Werbung oder Pornographie. Vgl. Bakos, Y. / Brynjolfsson, E. (1999), S. 1617f.

können hier nur null oder eine Einheit eines Gutes konsumiert werden. Hergeleitet werden zunächst der Gewinn bei Unbundling und der minimale Gewinn bei Bundling ohne Grenz-, Transaktions- und Distributionskosten. Diese Kosten werden durch das Modell zusätzlich berücksichtigt. Dafür werden die Grenzkosten und die Summe aus Distributions- und Transaktionskosten für jedes Einzelprodukt und jedes Bündel definiert. Der Wert der Transaktionskosten für ein Bündel ist in diesem Modell identisch mit den Transaktionskosten jeder Komponente des Bündels, die einzeln angeboten wird. Implizit wird also davon ausgegangen, dass der Einsatz von Bundling Einsparungen im Bereich der Distributions- und Transaktionskosten generiert. Daraufhin kann dann die Bedingung hergeleitet werden, unter der ein Anbieter bei Pure Bundling mit positiven Grenz-, Transaktions- und Distributionskosten positive Gewinne erwirtschaftet.

Für eine sehr große Anzahl bündelbarer Güter ist Pure Bundling dann der Unbundling-Strategie überlegen, wenn gilt: Der Gewinn bei Unbundling ist kleiner als der Gewinn bei Bundling, wobei letzterer ungefähr der Differenz aus dem Mittelwert der Reservationspreise (in der unten stehenden Abbildung durch μ gekennzeichnet) und den Grenzkosten entspricht. Das bedeutet, dass die Differenz aus dem Mittelwert der Reservationspreise und den Grenzkosten in der Herstellung größer sein muss als der Gewinn bei Unbundling, damit sich der Einsatz von Pure Bundling für den Anbieter lohnt. Des Weiteren kann man aus diesem Modell folgern, dass Unbundling nur profitabel ist, wenn die Summe aus den Grenzkosten und den Transaktions- und Distributionskosten kleiner ist als ein maximaler Reservationspreis für das betrachtete Gut, der nicht überschritten wird.[265]

Bakos und Brynjolfsson stellen die Auswirkungen der Höhe der Grenzkosten und der Transaktionskosten auf die Vorteilhaftigkeit von Pure Bundling im Vergleich zu Unbundling in einem Phasendiagramm im d-c-Raum dar. d ist dabei die Summe aus Transaktions- und Distributionskosten, c die Grenzkosten.

---

[265] Vgl. Bakos, Y. / Brynjolfsson, E. (2000b), S. 125.

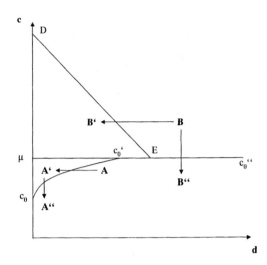

Abbildung 17: **Phasendiagramm für Bundling-Strategien als Funktion der Grenzkosten, Transaktions- und Distributionskosten. Quelle: Bakos, Y. / Brynjolfsson, E. (2000b), S. 126.**

Das Phasendiagramm ist in drei Teile gegliedert, im Bereich I (links von c_0c_0'ED) ist die Unbundling-Strategie dominant, im Bereich II (rechts unterhalb von $0c_0c_0$'c_0'') Pure Bundling und im Bereich III (rechts oberhalb von DEc_0'') sind die Grenzkosten, die Distributions- und Transaktionskosten so hoch, dass beide Strategien unprofitabel werden. Die Verbindung DE entspricht hier der Bedingung, dass die Summe aus Grenz-, Transaktions- und Distributionskosten mit dem maximalen Reservationspreis übereinstimmt. Dieses Diagramm verdeutlicht, dass durch eine Veränderung entweder der Grenzkosten oder der Summe aus Distributions- und Transaktionskosten eine andere Strategie dominant werden kann. So kann beispielsweise, ausgehend von einer Situation A, in der Pure Bundling dominant ist, eine Senkung der Distributions- oder Transaktionskosten dazu führen, dass Unbundling dominant wird (A'). In diesem Zusammenhang wird oft argumentiert, dass neue Technologien im Bereich der Zahlungsmöglichkeiten eine solche Veränderung herbeiführen könnten und der Einsatz von Micropayments zu verstärkt ungebündelten Angeboten führen könnte. Fallen jedoch die Grenzkosten unter den entsprechenden Wert von c_0, also unter die Kurve $c_0c_0'c_0''$, ist wieder Bundling die dominante Strategie (A''). Wie bereits Schmalensee zeigt, kann der Einsatz von Bundling die Homogenität der Konsumenten aus Sicht des Anbieters erhöhen und damit seinen Gewinn steigern.[266] Bei hohen Grenzkosten (insbesondere oberhalb einer bestimmten Grenze) strebt der Anbieter eher eine erhöhte Heterogenität der Konsumenten an, um seinen Gewinn zu maximieren. c_0 stellt das Grenzkostenniveau dar, unterhalb dessen Bundling in jedem Fall profitabler ist als Unbundling, und ist bei einer hohen Komponentenzahl abhängig von der Verteilung der Reservationspreise.[267] Diese c_0-Grenze sinkt, wenn viele Konsumenten einen Reservationspreis von null für eine bestimmte Komponente haben. Dies ist darauf zurückzuführen, dass es sich in einem solchen Fall möglicherweise nicht lohnt, diese Komponente in das Bündel einzugliedern, wenn sie zu positiven Grenzkosten hergestellt wird. Müssen Konsumenten für eine bestimmte Bündelkomponente bezahlen, obwohl sie ihnen keinen Nutzen bringt, so wird der Nutzen aus dem gesamten Bündel für die Konsumenten möglicherweise reduziert. Das bedeutet, in einem solchen Fall wird der Bereich, in dem Bundling bei diesem Gut für den Anbieter profitabel ist, verringert.

Dies zeigt, dass im Bereich II Pure Bundling vorteilhaft sein kann aufgrund der Einsparungen bei den Distributions- und Transaktionskosten (A) oder weil es dem Anbieter ermöglicht, mehr Konsumentenrente zu extrahieren (A''). Bakos und Brynjolfsson weisen darauf hin, dass sich aus diesem Grund die Bündel bei Produkten mit hohen Grenzkosten der Produktion, Distributions- und Transakti-

---

[266] S. o. und vgl. Schmalensee, R. (1984).
[267] Diese Abhängigkeit der c_0-Grenze von der Verteilung der Reservationspreise verdeutlichen die Autoren anhand eines Rechenbeispiels. Vgl. Bakos, Y. / Brynjolfsson, E. (2000b), S. 126f.

onskosten erheblich unterscheiden von Bündeln bei Produkten mit niedrigen Grenzkosten der Produktion und niedrigen Kosten bei Distribution und Transaktion.[268] Ausgehend von einer Situation B im Bereich III des Phasendiagramms, in dem kein Handel stattfindet, können durch Veränderungen der Kosten sowohl Bundling als auch Unbundling profitabel und dominant werden, je nachdem ob die Grenzkosten oder die Transaktionskosten sinken.

Die Erkenntnisse über die Profitabilität und Dominanz von Bundling in diesem Modell sind auch abhängig von der Verteilung der Reservationspreise. So zeigen Bakos und Brynjolfsson anhand einer exponentiellen Verteilung und Grenzkosten nahe null, dass ein anderes Phasendiagramm mit sehr stark veränderten Unterteilungen in die drei Bereiche entsteht.[269] Bei exponentieller Verteilung wird Bundling unprofitabel, sobald sich die Grenzkosten dem durchschnittlichen Reservationspreis eines Gutes nähern.

In diesem Modell wird allerdings nicht geprüft, welche Wohlfahrtsimplikationen sich aus der jeweils gewählten Strategie ergeben. Allein das Niveau der Grenzkosten c_0, unterhalb dessen Pure Bundling immer profitabler ist als Unbundling, ist zusätzlich abhängig von der Verteilung der Reservationspreise der Konsumenten. Ganz allgemein und ohne sich auf die Modellannahmen zu beziehen, beschreiben die Autoren die Konsequenzen aus dem Einsatz von Bundling-Strategien. Prinzipiell wird die Nachfragekurve durch den Einsatz von Bundling elastischer, bei den Extremwerten der Preise jedoch unelastischer. Dieser Effekt wird durch eine Erhöhung der Komponentenzahl weiter erhöht. Bakos und Brynjolfsson kommen zu dem Schluss, dass Pure Bundling zu einem kleineren Deadweight Loss und höheren Anbietergewinnen führt.[270] Allgemein trifft dieses Modell lediglich die Aussage, dass jede Art von Aggregation bei sehr geringen Grenzkosten, also für Anbieter digitaler Güter, eine sehr wirkungsvolle Strategie sein kann, um den Anbietergewinn zu erhöhen und eine sozial vorteilhafte-

---

[268] Vgl. Bakos, Y. / Brynjolfsson, E. (2000b), S. 125.
[269] Bei einer exponentiellen Verteilung der Reservationspreise weisen wenige Konsumenten hohe Produktbewertungen und zahlreiche Konsumenten niedrige, aber positive Reservationspreise auf.
[270] Vgl. Bakos, Y. / Brynjolfsson, E. (2000b), S. 118-120.

re, breitere Verteilung der Güter zu erreichen. Aggregationsstrategien sind jedoch weniger effektiv, wenn die Grenzkosten der Produktion sehr hoch sind oder wenn die Konsumenten ausgesprochen heterogen sind.[271] Weitere Aussagen über Veränderungen der Gesamtwohlfahrt, der Konsumenten- und Produzentenrente werden hier jedoch nicht getroffen.

Das Modell von Chuang und Sirbu: Bundling bei wissenschaftlichen Publikationen

Ein weiteres Modell für mehr als zwei Güter entwickeln Chuang und Sirbu.[272] Konzipiert ist es jedoch für Anwendungen im Allgemeinen auf den Markt digitaler Produkte und im Speziellen auf wissenschaftliche Publikationen in Form von Artikeln. Hier ist aufgrund der Anzahl der Artikel pro Ausgabe einer Fachzeitschrift ein Modell für mehr als zwei Güter angebracht. Es werden hier die drei Strategien Pure und Mixed Bundling und Unbundling verglichen. Auf der Angebots-Seite basiert das Modell von Chuang und Sirbu auf hohen Fixkosten und niedrigen variablen Kosten in der Produktion, also auf typischen Eigenschaften der behandelten Güter. Des Weiteren ermöglicht das Modell die Berücksichtigung von Skaleneffekten in der Produktion. Auf der Nachfrage-Seite wird angenommen, jeder Konsument reihe die Güter entsprechend ihrer Reservationspreise mit sinkenden Bewertungen auf, wobei er für beliebig viele Güter auch einen Reservationspreis von null haben kann. Dadurch ergibt sich in diesem Modell für jeden Konsumenten eine lineare Nachfragekurve für alle positiv bewerteten Güter mit einer Steigung, die gleichzeitig auch angibt, welcher Anteil der betrachteten Güter durch den jeweiligen Konsumenten positiv bewertet werden. Auch die höchste Bewertung für ein Gut durch einen Konsumenten ist aus der Nachfragefunktion ersichtlich.[273]

---

[271] Vgl. Bakos, Y. / Brynjolfsson, E. (2000b), S. 127 und 133.

[272] Vgl. Chuang, J. / Sirbu, M. (2000).

[273] Diesbezüglich wird festgelegt, dass die jeweiligen maximalen Reservationspreise der Konsumenten zwischen null und eins gleichverteilt sind. Außerdem wird für die Steigungen der einzelnen Nachfragekurven eine exponentielle Verteilung angenommen, die auf empirischen Studien beruht. Es wurde

Ausgehend von diesen Gegebenheiten wird anhand des Modells untersucht, wie die Auswahl der optimalen Strategie und die optimale Preissetzung von möglichen Skaleneffekten und der Höhe der Grenzkosten auf der Angebots-Seite beeinflusst werden. Die Grenzkosten eines einzelnen Gutes können hier den maximalen Reservationspreis für das Gut nicht überschreiten, da das Gut sonst nicht angeboten wird. Für oben genannte Restriktionen auf der Nachfrage-Seite und kleine, aber nicht nullwertige Grenzkosten werden die verschiedenen Strategien auf ihre Vorteilhaftigkeit untersucht. Dieses Modell untersucht angesichts sich verändernder Skaleneffekten und Grenzkosten bei der Produktion, welche Strategie für den Anbieter jeweils die am besten geeignete ist.

Liegen unter diesen Bedingungen keine Skaleneffekte vor, unterliegt die Strategie des Pure Bundling klar den beiden anderen Möglichkeiten. Diese beiden wiederum, Unbundling und Mixed Bundling, sind nahezu gleichwertig für den Anbieter. Daraus schließen die Autoren, dass fast der gesamte Umsatz bei Mixed Bundling aus dem Einzelverkauf resultiert.[274] Führt man nun geringe Skaleneffekte ein, verringert sich vorerst nur der Vorsprung der beiden überlegenen Strategien vor dem Ergebnis bei Pure Bundling. Bei höheren Skaleneffekten erweist sich Mixed Bundling als die optimale Strategie unabhängig von der Höhe der Grenzkosten. Die zweitbeste Möglichkeit für den Anbieter ist je nach Ausprägung der Grenzkosten Unbundling oder Pure Bundling. Wird der Extremfall betrachtet, in dem die Produktionskosten einer Fachzeitschrift identisch sind mit denen eines einzelnen Artikels, ist Unbundling die am wenigsten vorteilhafte und deutlich unterliegende Strategie. Pure Bundling liegt in der Bewertung durch den Anbieter knapp hinter Mixed Bundling zurück, nähert sich dennoch mit steigenden Grenzkosten der optimalen Strategie immer mehr an. Bei derart extremen Skaleneffekten basiert der Großteil des Umsatzes also auf dem gebündelten Angebot der Güter.

---

von King und Griffiths festgestellt, dass die Heterogenität bei den Bewertungen verschiedener Artikel in einer wissenschaftlichen Zeitschrift recht ausgeprägt ist. Vgl. hierzu Chuang, J. / Sirbu, M. (2000), S. 146f und King, D. / Griffiths, J. (1995).

[274] Vgl. Chuang, J. / Sirbu, M. (2000), S. 161.

Dieses Modell zeigt, dass Mixed Bundling für alle Werte der Grenzkosten und alle Arten von Skaleneffekten profitabler ist als die beiden anderen Strategien Pure Bundling und Unbundling. Das wurde auch bereits bei Zwei-Güter-Modellen festgestellt. Allerdings dominiert Pure Bundling im N-Güter-Fall nicht unbedingt die Strategie des Unbundling. Hierbei spielt die Höhe der anfallenden Grenzkosten im Vergleich zu den Reservationspreisen der Konsumenten eine entscheidende Rolle. Bei Grenzkosten ungleich null ist Pure Bundling sowohl bei sehr schwachen als auch bei nicht vorhandenen Skaleneffekten unvorteilhaft. Selbst bei ausgeprägten kostenbedingten Anreizen zum Einsatz von Pure Bundling, also bei ausgeprägten positiven Skaleneffekten, entscheidet in diesem Modell die Höhe der Grenzkosten über die Profitabilität von Pure Bundling gegenüber Unbundling.

Mit der zusätzlichen Betrachtung von Mixed Bundling bei einer großen Anzahl von beteiligten Gütern ermöglicht dieses Modell einerseits neue Erkenntnisse bzgl. der optimalen Strategie des Anbieters. Andererseits begründen sich einige Restriktionen auf empirischen Untersuchungen des Marktes für wissenschaftliche Artikel, was die Aussagekraft der Ergebnisse für digitale Produkte im Allgemeinen schmälert, da die relevanten Eigenschaften von digitalen wissenschaftlichen Artikeln und die anderer digitaler Produkte wie z. B. Software sich in sehr großem Maße voneinander unterscheiden können.

Anhand eines Beispiels berechnen Chuang und Sirbu in ihrem Modell die Produzentenrente für drei verschieden Ausprägungen der Skaleneffekte.[275] Das Beispiel basiert auf Daten aus empirischen Untersuchungen von King und Griffiths.[276] Die Produzentenrente wird hier gemessen an der Höhe der gross margin und ist abhängig von den Grenzkosten und dem Ausmaß der Skalenerträge. Für

---

[275] Vgl. Chuang, J. / Sirbu, M. (1999), S. 160f.
[276] Vgl. King, D. / Griffiths, J.-M. (1995), S. 725. Die empirische Studie von King und Griffiths zeigt, dass die Korrelation der Bewertungen von Artikeln in einer akademischen Fachzeitschrift nicht sehr hoch ist. Daraus ist ersichtlich, dass ein sehr großer Anteil der Leser nur wenige Artikel liest. Diese Struktur der Nachfrage ist jedoch nicht ohne weiteres übertragbar auf Bündel von digitalen Produkten im Allgemeinen.

u. a. die Annahme, dass der durchschnittliche Leser einer Fachzeitschrift 7,2% der 100 Artikel einer typischen Zeitschrift liest, erweist sich die Pure Bundling-Strategie bei einer Produktion ohne oder mit schwachen Skaleneffekten für alle Grenzkostenwerte als klar unterlegen im Vergleich mit den beiden anderen Strategien. Mixed Bundling und Unbundling sind unter diesen Bedingungen annähernd gleich profitabel für den Anbieter. Bei ausgeprägten Skaleneffekten ist mit steigenden Grenzkosten zunächst Unbundling, dann Pure Bundling profitabler, beide Strategien werden jedoch für alle Grenzkosten klar dominiert von der Strategie des Mixed Bundling. Bei extremen Skaleneffekten, die den Kostenunterschied zwischen der Produktion eines und der zweier Güter aufheben, ist Mixed Bundling weiterhin die überlegene Strategie, wobei sich die Produzentenrente der zweitbesten Alternative Pure Bundling derjenigen von Mixed Bundling mit steigenden Grenzkosten annähert. Des Weiteren weisen die Autoren darauf hin, dass dann Allokationsineffizienzen auftreten können, wenn die Konsumenten gezwungen sind, ein Bündel und damit Güter zu kaufen, deren Reservationspreis unter deren Grenzkosten liegt.[277]

Berechnung des Bündelpreises durch den Anbieter

In den bisher dargestellten Modellen wurde jeweils für unterschiedlichste Bedingungen untersucht, ob Pure Bundling, Mixed Bundling oder Unbundling für den monopolistischen Anbieter profitabel ist und ggf. welche aus Sicht des Anbieters die optimale Strategie darstellt. Allgemein lässt sich feststellen, dass Pure Bundling aus Sicht des Anbieters nicht immer eindeutig vorteilhafter ist als Unbundling, lediglich im Falle extrem hoher Skaleneffekte ist eine derartige Überlegenheit der Pure Bundling-Strategie gegenüber Unbundling sichtbar. Auch bei mehr als zwei Gütern stellt sich demnach heraus, dass wie bei nur zwei betrachteten Gütern die Strategie des Mixed Bundling in der Mehrheit der Fälle die optimale zu sein scheint.

---

[277] Vgl. Chuang, J. / Sirbu, M. (1999), S. 162.

Zur Ergänzung dieser Ergebnisse wird bei Hanson und Martin behandelt, wie ein Anbieter den optimalen Bündelpreis berechnen kann.[278] Nebenbei enthält das Ergebnis dieser Berechnungen die Auswahl der Produkte, die sinnvollerweise Bestandteil der Produktlinie des betrachteten Anbieters sind. Das Preissetzungsproblem eines Monopolisten wird hier in Form eines Mixed Integer Linear Programm dargestellt. Computertests mit bis zu 21 möglichen Komponenten und damit über einer Million möglicher Bündelzusammensetzungen werden von Hanson und Martin durchgeführt. Betrachtet werden hier alle möglichen Bündelzusammensetzungen, die sich bei gegebener Komponentenzahl ergeben können, also der Einsatz von Mixed Bundling.

In diesem Modell erstellt der Monopolist eine Preisliste für Bündel, die seinen Gewinn maximiert. Die Konsumenten treffen entsprechend dieser Preisliste eine Konsumentscheidung, die ihre Rente – bestehend aus dem Reservationspreis abzüglich des Produktpreises - maximiert. Dieses Konsumentenverhalten wird hier als Restriktion für die Zielfunktion des Anbieters behandelt. Weiterhin wird angenommen, dass nur aus dem Konsum der ersten Einheit einer selben Komponente für den Konsumenten Nutzen entsteht. Die Grenzkosten eines Bündels sind subadditiv. Im Gegensatz zu anderen Modellen werden hier keine Restriktionen bzgl. der Anzahl der angebotenen Komponenten oder der Struktur der Reservationspreise getroffen. Die hier generierten Ergebnisse sind jedoch nur aufgrund von sehr spezifischen Ausgangsdaten entstanden. Die Ergebnisse der Tests sind dementsprechend nicht unbegrenzt gültig für allgemeine Bundling-Probleme.

Von besonderer Bedeutung sind in diesem Modell die gewinnerhöhenden Effekte einer Kostensenkung in der Produktion, hervorgerufen durch den Einsatz von Bundling. Diese stehen aber im Gegensatz zu möglichen Erhöhungen der Reservationspreise, wie sie beispielsweise durch gezielte Werbekampagnen hervorgerufen werden können. Derartige Erhöhungen können, wie die Autoren zeigen,

---

[278] Vgl. Hanson, W. / Martin, R. (1990).

bei Bundling zu Gewinnrückgängen führen.[279] Ebenso kann das Vorhandensein von Verbundvorteilen der Komponenten in der Produktion zur Notwendigkeit des Einsatzes von Bundling-Strategien führen, damit der Anbieter profitabel agieren kann.[280]

Hanson und Martin formulieren hier einen Algorithmus zur Bestimmung von optimalen Preisen und Mengen.[281]. Der hier verwendete Lösungsweg zur Preis- und Mengenbestimmung beinhaltet allerdings nicht die Eigenschaften digitaler Produkte. Betrachtet wird hier auch beispielsweise nicht, inwiefern die Grenzkosten eines Bündels davon abhängen, ob bestimmte Komponenten auch in anderen Bündeln vorkommen. Die zusätzlichen Kosten zur weiteren Integration in andere Bündel sind i. d. R. wesentlich geringer. Die Ergebnisse von Hanson und Martin erlauben infolgedessen keine allgemeinen Schlussfolgerungen für die Preisgestaltung beim Bundling von digitalen Gütern.

---

[279] Vgl. Hanson, W. / Martin, R. (1990), S. 163f.
[280] Vgl. Hanson, W. / Martin, R. (1990), S. 164f.
[281] S. Hanson, W. / Martin, R. (1990), S. 167ff.

6.3.5 Bundling im Wettbewerb

Genau wie bei Modellen für Bundling im Monopol lassen sich auch bei den Modellen für Bundling im Wettbewerb bestimmte Grundannahmen hinsichtlich einiger in allen Modellen relevanten Kriterien identifizieren. Diese werden wieder anhand von einer Tabelle dargestellt. Genau wie beim Bundling im Monopol spielen auch hier die untersuchten Bundling-Formen und die Annahmen hinsichtlich der Reservationspreise eine bedeutende Rolle.

		Leverage-Effekt	
	Bakos/Brynjolfsson (1999b)	**Schmalensee (1982) und Martin (1999)**	**Whinston (1990)**
Bundling-Formen	Pure Bundling	Pure und Mixed Bundling durch Monopolisten	Pure und Mixed Bundling durch Monopolisten
Reservationspreise	unabhängig, gleichverteilt	unabhängig, auch Korrelation	unabhängig, identische und heterogene Präferenzen für Monopol-Gut
Wettbewerbsstruktur	Wettbewerb bei steigender Anzahl von Gütern	ein Gut im Monopol, andere Gut im Wettbewerb	ein Gut im Monopol, anderes im Wettbewerb

Besonderheiten	- Duopol
	- Stufenweise Erhöhung der Güterzahl:
	  1) zwei Güter
	  2) ein einzelnes
	     Gut, ein Bündel
	  3) viele Güter, ein
		Übertragung von Marktmacht aus Monopol auf Duopol durch den Einsatz von Bundling	- Unterscheidung zwischen homogenen und heterogenen Konsumentenpräferenzen
			- Monopol-Gut: nur variable Stückkosten,
			Wettbewerbs-Gut: auch

Tabelle 8: Übersicht der Modelle für Bundling im Wettbewerb.

Dadurch, dass zwei Modelle den Leverage-Effekt untersuchen, ergeben sich spezielle Annahmen für die Wettbewerbsstruktur. Auch beachtet jedes der drei Modelle noch weitere Besonderheiten, die aus der obigen Tabelle ersichtlich sind und im Folgenden genauer erläutert werden.

6.3.5.1 Pure Bundling und Unbundling mit einer stufenweisen Erhöhung der Zahl der Güter: Das Modell von Bakos und Brynjolfsson (2000a)

Ein zusätzliches Modell von Bakos und Brynjolfsson erweitert die Untersuchungen von N-Güter-Bundling im Monopol auf bestimmte Rahmenbedingungen im Wettbewerb.[282] Anhand dieses Modells kann analysiert werden, welchen Einfluss Bundling auf Marktzutrittsschranken und die Erschließung neuer Märkte hat und wie es die Anreize für Innovation verändern kann. Analysiert werden lediglich die Pure Bundling- und die Unbundling- Strategie, die Option des Einsatzes von Mixed Bundling wird nicht berücksichtigt. Unter den gleichen Bedingungen wie im Modell von Bakos, Y. / Brynjolfsson, E. (1999) werden im Grundmodell zwei Gütermengen betrachtet, A und B. A_n und B_n sind jeweils das n-te Gut in jeder Menge und stellen imperfekte Substitute dar. Die Reservationspreise für jeweils die n-ten Güter der beiden Mengen sind unabhängig und gleichverteilt zwischen null und eins. Auch wenn die Bewertungen für A_n und B_n unabhängig voneinander sind, ergibt sich der Nutzen aus dem Konsum beider Gütern aus dem höheren Reservationspreis, da es sich um Substitute handelt. Der Nutzen entspringt also nur dem Konsum des präferierten Gutes, der Konsum des schlechter bewerteten Substituts verursacht keinen Nutzenzuwachs mehr. Des Weiteren wird im Grundmodell angenommen, dass bei der Produkti-

---

[282] Vgl. Bakos, Y. / Brynjolfsson, E. (2000a).

on von A_n und B_n Fixkosten entstehen. Betrachtet werden nun zwei Perioden: in Periode 1 investieren die Anbieter die Fixkosten für alle Güter, die produziert werden. In Periode 2 entscheiden sich die Anbieter jeweils, ob sie die Güter einzeln oder im Bündel anbieten und bestimmen den Preis für ihr Angebot.

In diesem Modell wird die Anzahl der beteiligten Güter stufenweise erhöht. Vorab wird der Fall zweier substitutiver Güter unter Wettbewerbs- und Monopolbedingungen als Grundlage dargestellt. Werden diese beiden imperfekten Substitute von zwei im gegenseitigen Wettbewerb stehenden Anbietern bereitgestellt, so geschieht dies im Gleichgewicht bei beiden Anbietern zu gleichen Preisen, gleichen Mengen und mit gleichem Gewinn.[283] In Periode 2 des Modells werden alle Güter hergestellt, bei denen die Fixkosten unter dem jeweiligen Gewinn für das Gut liegen. Daraus ergibt sich ein zweiter Fall, der bei zwei vorhandenen Anbietern eintreten kann. Wird eines der Güter aufgrund dieser Restriktion nicht produziert, verhält sich der produzierende Anbieter des Substituts wie ein Monopolist und erwirtschaftet einen beinahe doppelt so großen Gewinn.[284] Entstehen bei einem der Güter also Fixkosten über dem Gewinn, der beim gleichzeitigen Angebot beider Anbieter zu erwarten ist und beim Substitut, das durch den anderen Anbieter hergestellt wird, Fixkosten unter dem entsprechenden Gewinn, wird nur letzteres hergestellt und angeboten. Haben beide Güter Fixkosten in der Produktion zwischen dem zu erwartenden Gewinn bei Konkurrenz und dem Monopolistengewinn, so sind zwei verschiedene Gleichgewichte möglich: jeweils einer der beiden Anbieter bedient den Markt, nie jedoch beide.

Werden die Güter A und B hingegen von einem einzigen Anbieter produziert und angeboten, so wird dieser den Gesamtumsatz maximieren. Es ergeben sich dann identische Preise für beide Güter A und B, die über den bisherigen Preisen bei gleichzeitigem Angebot durch beide Anbieter liegen. Die angebotenen Men-

---

[283] Vgl. Bakos, Y. / Brynjolfsson, E. (2000a), S. 71 und 80f.

[284] Liegen allerdings die Fixkosten der Produktion auch nicht unter diesem Monopolistengewinn, so bietet auch der Monopolist nicht an.

gen, die auch für beide Güter identisch sind, sind bei einem einzigen Anbieter dagegen kleiner als im Falle von zwei konkurrierenden Anbietern. Auch durch den Einsatz von Pure Bundling würden sich die Gesamtmenge und der Gesamtumsatz des Monopolisten nicht ändern. Da es sich bei den beiden Gütern jedoch um (imperfekte) Substitute handelt, ändert sich der Bündelpreis, der bei Pure Bundling dem Monopolistenpreis einer einzelnen Komponente entspräche.

Auf einer zweiten Stufe konkurrieren in diesem Modell ein einzelnes Gut und ein Bündel. Anbieter B bietet die Güter B_1, $B_2...B_N$ an. Gut B_1 konkurriert weiterhin mit Gut A_1 von Anbieter A. Anbieter B kann zwischen Unbundling und Pure Bundling wählen, Mixed Bundling wird ausgeschlossen. Ausgehend von Bakos, Y. / Brynjolfsson, E. (1999) steht hier fest, dass Anbieter B seinen Gewinn erhöht, wenn er alle Güter $B_2...B_N$ zu einem Bündel zusammenfasst.[285] Zudem lässt sich herleiten, dass bei ausreichender Komponentenanzahl N Anbieter B in der gleichgewichtigen Situation B_1 in das Bündel einfügt.[286] Verkauft Anbieter B alle von ihm hergestellten Güter in einem einzigen Bündel, bedient er bei steigender Komponentenzahl N einen immer größeren Marktanteil, bei sehr großen Komponentenzahlen nahezu alle Konsumenten. Für Anbieter A bedeutet das andererseits, dass beinahe alle Konsumenten bereits Zugriff auf ein Substitut von Gut A_1 haben. Entsprechend muss er seinen Preis setzen. Für Anbieter A bedeutet der Einsatz der Bundling-Strategie von Anbieter B, dass der Preis von Gut A_1 und sein Marktanteil sowie der mögliche Umsatz sinken. Anbieter B kann im Gegenzug seinen Gewinn deutlich erhöhen und einen Marktanteil von nahezu 100% erreichen, dadurch dass er Gut B_1 in ein großes Bündel einfügt.

Eine dritte Stufe beschreibt die Konkurrenz zwischen einer Vielzahl von Gütern und einem Bündel. Anbieter B steht erneut vor der Situation, die Güter B_1, $B_2...B_N$ gebündelt oder ungebündelt anzubieten. Die Güter A_1, $A_2...A_N$ werden voneinander unabhängig und jeweils als einziges Gut von mehreren Anbietern A

---

[285] Vgl. Bakos, Y. / Brynjolfsson, E. (1999), S. 1616f.
[286] Vgl. Bakos, Y. / Brynjolfsson, E. (2000a), S. 72.

angeboten. Jeweils die Güterpaare A_n und B_n für $0 \leq n \leq N$ konkurrieren miteinander. Für die Analyse dieser Situation wird die der zweiten Stufe auf den Fall zahlreicher Substitutspaare erweitert. Bündelt Anbieter B seine Güter nicht, entsteht die Situation der ersten Stufe. Werden hingegen alle Güter B_n gebündelt angeboten, werden Ergebnisse aus dem N-Güter-Modell von Bakos und Brynjolfsson anwendbar: Dieses Modell bestätigt, dass mit sehr großer Komponentenzahl beim Einsatz von Pure Bundling der deadweight loss und die Konsumentenrente pro Gut eines Bündels gegen null konvergieren und der Gewinn pro Gut maximiert wird.[287] Als Grenzwert für den durchschnittlichen Bruttogewinn ergibt sich der mittlere Reservationspreis von Gut B_n, wenn Gut A_n zu dem Preis gehandelt wird, der sich bereits in der ersten Stufe des Modells für zwei konkurrierende Anbieter ergibt. Für die Anbieter A ändert sich die Situation nicht im Vergleich zur zweiten Stufe des Modells, da jedes Gut A_n mit einem Bündel konkurriert. Anbieter B sieht sich allerdings bei großen Komponentenzahlen N höheren Gewinnen gegenüber als im Falle des Unbundling. Daraus folgern die Autoren, dass in diesem Fall das Bündeln von allen Gütern B_n die dominante Strategie des Anbieters B ist.[288]

Mit konkurrierenden Bündeln werden in Stufe vier dieses Modells zwei Anbieter mit N Gütern dargestellt. Analog zu Anbieter B von Stufe drei, der hier unverändert bleibt, bietet Anbieter A die Güter A_1, A_2 ... A_N als entweder ungebündelt oder im Pure Bundling an. Die Aussage aus dem N-Güter-Modell von Bakos und Brynjolfsson betrifft hier beide Anbieter: sowohl die Mengen des Anbieters A als auch die des Anbieters B gehen für große Komponentenzahlen N gegen eins, das bedeutet, dass bei vielen Bündelkomponenten beinahe alle Konsumenten beide Bündel konsumieren. Des Weiteren entspricht der optimale

[287] Vgl. Bakos, Y / Brynjolfsson, E. (1999), S. 1616.
[288] Vgl. Bakos, Y. / Brynjolfsson, E. (2000a), S. 73. Dies gilt für diesen speziellen Fall, in dem die Güter A_i und B_i paarweise konkurrieren und nur Anbieter B bündeln darf.

Bündelpreis für beide Anbieter bei großer Komponentenzahl N dem mittleren Reservationspreis.[289]

Für die vier verschiedenen Fälle dieses Modells können hinsichtlich der Marktergebnisse vor allem Aussagen über die Produzentenrente getroffen werden. Über Höhe und Veränderungen der Konsumentenrente können sich erst anhand spezifischer Annahmen hinsichtlich einer bestimmten Nachfrage genaue Aussagen gemacht werden.

Der höchste Gesamtgewinn über beide Anbieter und damit die maximale Produzentenrente in diesem Vergleich sind für den Fall zu erwarten, in dem N ungebündelte Güter mit einem großen Bündel konkurrieren. Die niedrigste Produzentenrente entsteht, wenn zwei große Bündel miteinander konkurrieren. Mit steigendem N konvergiert in diesem Fall der deadweight loss bei null.

Aus den modellierten Fällen geht außerdem hervor, dass ein Anbieter, der seine Güter zunächst ungebündelt anbietet und mit einem Bündel aus entsprechenden Substituten konkurriert, durch den Einsatz von Bundling in der Lage ist, seinen Gewinn mehr als verdoppeln zu können. Der Gewinn seines Konkurrenten wiederum halbiert sich durch diesen Strategiewechsel. Bemerkenswert ist ferner, dass es für einen Anbieter B eines N-Güter-Bündels, der mit einem Anbieter A eines einzigen Gutes A_1 in Konkurrenz steht, optimal ist, einen Marktanteil von nahezu 100% zu bedienen. Diese Strategie ist auch dann für B optimal, wenn der Konkurrent erst neu in den Markt eintreten möchte. Für einen Marktneuling A ist ein Markteintritt jedoch erst dann profitabel, wenn seine Fixkoten unter dem erreichbaren Gewinn liegen. Ist das Substitut von A_1 nicht im Bündel des Anbieters B integriert, so lohnt sich ein Markteintritt für Anbieter A selbst bei höheren Fixkosten. Allerdings kann für Anbieter B dann die Möglichkeit bestehen, B_1 in sein Bündel zu integrieren und damit Anbieter A am Markteintritt zu hindern. Diese auf den ersten Blick „aggressive" Strategie des Anbieters B ist nicht zurückzuführen auf Drohungen oder dynamische Strategien wie kurzfristi-

---

[289] Vgl. Bakos, Y. / Brynjolfsson, E. (2000a), S. 73.

ge Preissenkungen, sondern basiert einfach auf der langfristigen Gewinnmaximierung von B bei Konkurrenz.[290] So kann Pure Bundling dazu führen, dass die optimale Strategie des Anbieters im Markt den Markteintritt für potenzielle Konkurrenten mit Fixkosten ab einer bestimmten Höhe wenig attraktiv gestaltet, was wiederum u. U. die Profitabilität des Einsatzes von Pure Bundling weiterhin erhöhen kann. Andererseits kann umgekehrt ein Marktneuling einen im Markt aktiven Ein-Produkt-Anbieter aus dem Markt drängen. Dies geht allerdings nur, wenn er ein großes Bündel anbietet, und würde nicht zum Marktaustritt des Ein-Produkt-Anbieters führen, wenn der Eintretende seine Produkte ungebündelt verkaufen würde.[291]

Die Autoren stellen noch einen weiteren Effekt von Pure Bundling auf die Innovationsanreize für einen Ein-Produkt-Anbieter und einen Anbieter eines großen Güterbündels fest. So sind die Anreize zu Innovation für den Ein-Produkt-Anbieter geringer als bei Konkurrenz mit anderen Ein-Produkt-Anbietern. Der Bündelanbieter hingegen wird größere Anreize zu Innovationen haben. Somit kann ein Bündelanbieter die Zahl der Bündelkomponenten und seinen Gewinn weiter erhöhen. Er wird dabei möglicherweise völlig andere Innovationen vorantreiben als ein Ein-Produkt-Anbieter.[292]

---

[290] Vgl. Bakos, Y. / Brynjolfsson, E. (2000a), S. 76.
[291] Vgl. Bakos, Y. / Brynjolfsson, E. (2000a), S. 77f.
[292] Vgl. Bakos, Y. / Brynjolfsson, E. (2000a), S. 78f.

6.3.5.2 Die Übertragung von Marktmacht aus einem Monopol auf ein Duopol: Der Leverage-Effekt

Das Modell von Schmalensee (1982)

Schmalensee untersucht das Zwei-Güter-Bundling-Modell von Adams und Yellen unter leicht veränderten Annahmen.[293] Er geht insbesondere davon aus, dass eines der beiden betrachteten Güter unter Wettbewerbsbedingungen hergestellt und angeboten wird, während für das zweite Gut Monopolbedingungen gelten. Gut 1 wird von einer Branche mit Wettbewerb hergestellt und damit zu seinen Grenzkosten (die den Stückkosten entsprechen) angeboten. Schmalensee geht weiterhin von denselben Annahmen wie Adams und Yellen aus. Gut 1 wird also konsumiert, wenn der Reservationspreis für Gut 1 mindestens den Stückkosten gleich ist, während Gut 2 dann erstanden wird, wenn der entsprechende Reservationspreis größer oder gleich dem Monopolpreis für Gut 2 ist. Ferner übernimmt Schmalensee hier die Annahme von Adams und Yellen, dass ein Bündel nur dann konsumiert wird, wenn auch die Reservationspreise der Einzelkomponenten mindestens deren Preisen entsprechen.

Für die erste Variante seines Modells nimmt Schmalensee nun an, dass der Monopolist die Pure Bundling-Strategie einsetzt. Gut 2 ist also nur noch im Bündel mit Gut 1 zum Bündelpreis erhältlich, während Gut 1 weiterhin einzeln zu einem den Grenzkosten c_1 entsprechenden Preis angeboten wird. Schmalensee kommt hier zu dem Ergebnis, dass für den Monopolisten Unbundling mindestens so profitabel ist wie Pure Bundling, wenn er den Preis für Gut 2 so setzt, dass er der Differenz aus dem optimalen Bündelpreis und den Stückkosten von Gut 1 entspricht.[294] In diesem ersten Fall werden bestimmte Konsumenten nicht bedient, die bei Pure Unbundling bedient würden. Die Situation unter Pure

---

[293] Vgl. Schmalensee, R. (1982).
[294] Genauere Ausführungen hierzu vgl. Kap. 7.

Bundling wird graphisch wie folgt dargestellt, wobei C die jeweiligen Stückkosten der Güter sind.

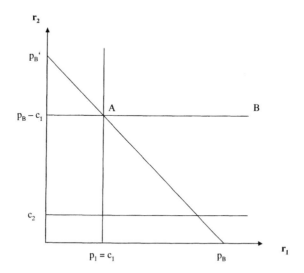

Abbildung 18: **Pure Bundling. Quelle: Schmalensee, R. (1982), S. 69.**

Gut 1 wird in diesem Fall konsumiert von allen, die rechts unter der Verbindung $(p_1 = c_1)$AB liegen. Für alle Konsumenten mit Reservationspreiskombinationen unterhalb der Linie $(p_B - c_1)$ ist der implizite Preis für Gut 2 im Bündel $(p_B - c_1)$ höher als ihr Reservationspreis für Gut 2. Deshalb konsumieren sie kein Bündel, sondern nur Gut 1. Das Bündel wiederum wird konsumiert von allen, die rechts über der Verbindung p_B'AB liegen. Alle weiteren Konsumenten werden bei Pure Bundling von Gut 2 nicht bedient.

Kehrt man zum Vergleich nun die Situation um und geht davon aus, dass p_B der optimale Bündelpreis ist, so erzielt der Monopolist einen Gewinn pro Bündel von $(p_B - c_1 - c_2)$. Bei Pure Unbundling kann er denselben Gewinn für Gut 1 und Gut 2 (getrennt) erzielen, wenn er $p_2 = p_B - c_1$ setzt. Allerdings kann er jetzt alle Konsumenten oberhalb der Linie ($p_B - c_1$) bedienen, also zusätzlich das Dreieck $p_B'(p_B - c_1)A$. Der Gewinn aus Pure Unbundling muss demnach mindestens so hoch sein wie der Gewinn aus Pure Bundling.

Für die zweite Variante wird angenommen, dass der Monopolist die Mixed Bundling-Strategie verfolgt. Gut 1 und 2 werden einzeln und zudem wird ein Bündel aus beiden angeboten. Da in diesem Fall bestimmte Konsumenten Gut 1 im Bündel konsumieren, obwohl ihr Reservationspreis für Gut 1 eigentlich unter dem Einzelpreis von Gut 1 liegt, kommt es insgesamt zu einem größeren, ineffizienteren Angebot und Konsum von Gut 1 als bei Pure Bundling. Andererseits würde der Gesamtoutput der Gut-1-Branche im Vergleich zum Unbundling sinken, würde der Monopolist alle Einheiten von Gut 1 produzieren, die mit Gut 2 als Bündel konsumiert werden.[295] Der monopolistische Anbieter kann außerdem einen höheren Aufschlag auf Gut 2 als auf das gesamte Bündel erzielen. Sind die beiden Reservationspreise für Gut 1 und 2 nun „positiv korreliert", also bei jedem einzelnen Konsumenten eher homogen, so kann Mixed Bundling laut Schmalensee kaum zu erhöhten Gewinnen führen. Sind die Reservationspreise hingegen „negativ korreliert", also sehr unterschiedlich, wie es bereits bei Stigler, Adams und Yellen der Fall war, kann Mixed Bundling profitabler sein als Pure Unbundling. Insgesamt kommt Schmalensee hier zu dem Schluss, dass in einem Monopol Pure Bundling nie vorteilhafter für den Anbieter sein kann als Unbundling. Ferner weist er darauf hin, dass der Monopolist bei Heterogenität der Reservationspreise aller Konsumenten für die zwei Güter mit Mixed Bundling erfolgreich preisdiskriminieren kann.[296]

Im Fall des Mixed Bundling kommt Schmalensee zu dem Ergebnis, dass Mixed Bundling zu einem ineffizienten Überangebot und auch im gleichen Maße größeren Konsum führt als Pure Unbundling.

---

[295] In diesem Fall hätte der Monopolist nicht nur die Monopolstellung am Markt für Gut 2, sondern auch für Gut1.
[296] Vgl. Schmalensee, R. (1982), S. 68.

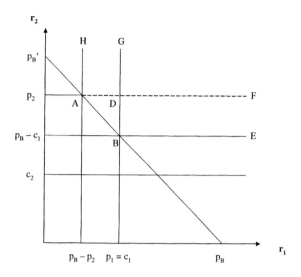

Abbildung 19: **Mixed Bundling. Quelle: Schmalensee, R. (1982), S. 70.**

Die obige Abbildung zeigt sehr deutlich das von Schmalensee erwähnte Überangebot. Im Falle des Pure Unbundling konsumieren alle Konsumenten oberhalb
der Linie p_2 das Gut 2 und alle rechts der Linie $p_1 = c_1$ das Gut 1. Bei Mixed
Bundling hingegen konsumieren alle oberhalb der Linie p_2 und links der Linie
$p_B - p_2$ nur das Gut 2. Alle rechts der Linie $p_1 = c_1$ und unter der Linie $p_B - c_1$
wählen nur das Gut 1. Das Bündel schließlich wird von allen konsumiert, die
rechts über der Verbindung HABE liegen. Der Bereich HABG besteht nun aus
Konsumenten, die bei Mixed Bundling Gut 1 (im Bündel) konsumieren, bei Pure Unbundling jedoch nicht. Und der Bereich FABE besteht aus Konsumenten,
die nur bedingt durch den Einsatz von Mixed Bundling Gut 2 (im Bündel) konsumieren, obwohl sie bei Pure Unbundling dies nicht tun. Das Dreieck ABD
stellt damit die speziellen Bündelkonsumenten bei Mixed Bundling dar, die bei
Pure Unbundling keines der beiden Güter konsumieren würden. Folglich werden

durch den Einsatz von Mixed Bundling bestimmte Konsumenten beide Güter im Bündel konsumieren, obwohl sie bei Pure Unbundling keines der beiden konsumieren. Des Weiteren werden bei Mixed Bundling andere Konsumenten mit einem zusätzlichen Gut bedient, während sie bei Pure Unbundling nur ein Gut konsumieren.

Die Modelle von Martin und Whinston

Mit der möglichen Übertragung von Marktmacht durch den Einsatz von Pure Bundling-Strategien in einem Duopol befasst sich auch Martin.[297] Ausgegangen wird hier von einem Standardmodell für die Konsumentenentscheidungen, das er in Anlehnung an Dixit auf die Untersuchung von Bundling überträgt.[298] Die Nutzenfunktion beinhaltet einen Parameter zur Darstellung der Abhängigkeit zwischen den beiden betrachteten Gütern. Es gibt außerdem eine Unternehmung A, die für Gut 1 Monopolist ist, und am Markt für Gut 2 mit Unternehmung B konkurriert. Martin untersucht den Fall zweier in der Nachfrage unabhängiger Güter bei mengensetzenden Oligopolisten nach Cournot. Das bedeutet, dass beide Anbieter gleichzeitig festlegen, welche Menge sie jeweils produzieren werden. Dabei muss jeder Anbieter die entsprechende Entscheidung des anderen Anbieters prognostizieren, um eine sinnvolle Entscheidung treffen zu können. Ferner wird im Modell angenommen, dass Anbieter A Bündel aus je einer Einheit der beiden Güter anbietet. Unter diesen Bedingungen sinkt der Output von Gut 1 und steigt der Output von Gut 2 durch den Einsatz von Bundling. Jedoch verkauft Anbieter A mit Bundling mehr Einheiten von Gut 2 als ohne Bundling, während es bei Anbieter B umgekehrt ist. Des Weiteren sinkt der Einzelpreis für Gut 2 mit dem Einsatz von Bundling. Für den Anbieter, der letztendlich Bundling anwendet, bedeutet dies, dass der zweite Anbieter weniger und zu einem niedrigeren Preis als ohne Bundling verkauft. Der Gewinn von Anbieter A steigt

---

[297] Vgl. Martin, S. (1999).
[298] Dixit, A. (1979) untersucht mit Hilfe dieses Modells der Nachfrage die Wirkung von Preisdifferenzierung als Markteintrittsschranke in einem Duopol.

mit dem Einsatz von Pure Bundling an, Anbieter B hingegen verzeichnet einen sinkenden Gewinn. Das Modell von Martin beschreibt den Sonderfall, in dem ein Gut aus einem monopolistischen Markt und ein Gut, das unter Konkurrenz angeboten wird, gebündelt werden. Unter den Bedingungen dieses Modells kann ein Anbieter mit Monopolstellung im Markt für ein bestimmtes Gut seine Marktmacht an einem anderen Markt erweitern, indem er beide Güter im Bündel anbietet. Durch einen derartigen Einsatz von Pure Bundling durch einen Monopolisten können demzufolge Konkurrenten geschwächt werden. Sowohl die verkaufte Menge als auch der Gewinn des Bündel-Anbieters steigen mit dem Einsatz von Pure Bundling, während die abgesetzte Menge und der Gewinn des anderen Anbieters sinken.[299] Insgesamt wird durch Pure Bundling in dieser Konstellation die Wohlfahrt reduziert. Dieses Ergebnis zeigt, dass Ergebnisse anderer Modelle für Bundling im Monopol ähnliche Ergebnisse vorweisen wie dieses Modell eines Sonderfalls.[300]

Die Ergebnisse von Martin entsprechen der Theorie des Leverage-Effekts. Diese Theorie besagt, dass ein Anbieter durch den Einsatz von Bundling die Marktmacht, über die er als monopolistischer Anbieter eines Gutes verfügt, auf den Markt eines anderen Gutes übertragen kann, das bisher unter Wettbewerb angeboten wurde. Whinston kommt diesbezüglich zu ähnlichen, jedoch noch extremeren Schlüssen. Er untersucht in zwei unterschiedlichen Fällen, ob und wie durch den Einsatz von Bundling die Struktur des vormals wettbewerblichen Marktes des einen Gutes verändert werden kann, ob diese Strategie profitabel ist und welche Konsequenzen sie auf die Gesamtwohlfahrt hat.[301] Diese beiden Fälle sind die folgenden: erstens unabhängige Güter mit homogenen Konsumentenpräferenzen und zweitens heterogene Konsumentenpräferenzen.[302]

---

[299] Vgl. Martin, S. (1999), S. 374f.
[300] Vgl. Martin, S. (1999), S. 375.
[301] Vgl. Whinston, M. (1990).
[302] Der Fall der komplementären Güter wird hier gesondert besprochen.

Für den ersten Fall völlig unabhängiger Güter und homogener Konsumentenpräferenzen werden zwei Märkte untersucht: der Markt für Gut 1 als Monopol von Anbieter A und der Markt für Gut 2, auf dem Anbieter A und B ihre unterschiedlichen Güter anbieten. Für das Gut 1 entstehen in der Produktion die variablen Stückkosten c_1, es fallen hingegen keinerlei Fixkosten an. Bei den Produkten in Markt 2 entstehen sowohl Fixkosten als auch variable Kosten. Unter homogenen Konsumentenpräferenzen ist hier zu verstehen, dass alle Konsumenten für ein Gut (in diesem Fall Gut 1) den selben Reservationspreis aufweisen. Alle Konsumenten haben also einen identischen Reservationspreis für Gut 1, der über den variablen Stückkosten von Gut 1 liegt und einen Reservationspreis für Gut 2, der von Konsument zu Konsument unterschiedlich sein kann. Hinsichtlich der Reservationspreise wird eine sehr restriktive Annahme getroffen: alle Konsumenten haben denselben Reservationspreis für Gut 1. Konsumiert wird von jedem Konsumenten maximal eine Einheit von 1 und 2, der Wiederverkauf durch Konsumenten wird ausgeschlossen. Ausgehend von diesen Gegebenheiten werden zwei Fälle untersucht: im ersten kann sich der Anbieter beider Güter nicht im Voraus auf eine Bundling-Strategie festlegen, im zweiten ist er hingegen dazu in der Lage.[303]

Kann sich der Monopolist nicht im Voraus darauf festlegen, die Güter 1 und 2 zu bündeln, entsteht ein Zwei-Phasen-Spiel. In der ersten Phase entscheiden beide Anbieter, ob sie im Markt für Gut 2 anbieten werden (es fallen dann Fixkosten an). In der zweiten Phase legen beide Anbieter simultan ihre Preise fest.[304] Jedes gleichgewichtige Ergebnis dieser Konstellation entspricht dem Ergebnis, das sich ohne die Möglichkeit des Einsatzes von Bundling ergibt. In diesem Fall verändert die Möglichkeit des Bundlings also nichts am Ergebnis. Kann sich der

---

[303] Ein Anbieter kann sich durchaus bereits im Voraus darauf festlegen, mehrere Produkte zu bündeln, beispielsweise durch gezielte Gestaltung und Design der Produkte. Whinston führt hier namhafte Beispiele wie IBM und Kodak an, die sich durch technische Eigenschaften ihrer Produkte bereits darauf festgelegt haben, diese gebündelt zu verkaufen. Vgl. Whinston, M. (1990), S. 839. Dieser Fall eignet sich insbesondere zur Untersuchung von Produktbundling.

[304] Anbieter 1 (Monopolist in A) kann hier drei Preise festlegen, P_A, P_{B1} und $P_{Bündel}$. Anbieter 2 nur P_{B2}.

Monopolist jedoch bereits im Voraus auf den Einsatz von Bundling festlegen, entsteht ein Drei-Phasen-Spiel. In der ersten Phase legt sich Anbieter A fest, ob er Gut 1, Gut 2 oder das Bündel herstellt. Er kann sich z.b. darauf festlegen, nur das Bündel aus 1 und 2 zu produzieren, oder das Bündel und Gut 1. Die beiden weiteren Phasen sind dann mit den oberen identisch, mit der Einschränkung, dass Anbieter A die in Phase 1 getroffene Entscheidung bzgl. der von ihm hergestellten Güter zu berücksichtigen hat. Wenn beide Anbieter aktiv sind und Anbieter A nur das Bündel anbietet, so erfährt Anbieter B eine Gewinnminderung im Vergleich zu der Situation ohne die Möglichkeit des Bundlings.

Whinston zeigt anhand dieses Modells, dass Bundling über den Leverage-Effekt tatsächlich zu einer Übertragung von Marktmacht führen kann.[305] Nachdem die Theorie des Leverage-Effektes sehr häufig kritisiert und widerlegt wurde, untersucht insbesondere Whinston diese Theorie ausführlich auf ihre Haltbarkeit unter bestimmten Bedingungen.[306] Sehr häufig kommt die Bundling-Literatur zu dem Ergebnis, dass ein Monopolist durch Bundling des Monopol-Gutes mit einem wettbewerblich angebotenen Gut nicht mehr als den üblichen Monopolistengewinn des einen Gutes erwirtschaften kann. Es wird daher oft davon ausgegangen, das einzig mögliche Motiv für den Einsatz von Bundling sei die hierdurch erzielte Preisdiskriminierung, die Möglichkeit des Leverage-Effekts wird ausgeschlossen. Whinston hingegen zeigt, dass Bundling im beschriebenen Fall durchaus auch dazu eingesetzt werden kann, den Konkurrenten aus dem Markt zu drängen. Der Grund für die unterschiedlichen Ergebnisse ist, dass Whinston zum einen Skalenerträgen berücksichtigt und zum anderen, dass er nicht von gegebenen Preisen auf dem Markt des Wettbewerbs-Gutes ausgeht. Vielmehr zeigt Whinston, dass es möglich ist, durch den Einsatz von Bundling diesen Preis derart zu verändern, dass weiterer Wettbewerb auf dem Komponentenmarkt nicht sinnvoll ist. Bundling kann also für einen Anbieter ein durchaus ef-

---

[305] Vgl. Whinston, M. (1990).
[306] Vgl. Whinston, M. (1990).

fektives Instrument dafür sein, die Marktstruktur derart zu verändern, dass sich für seinen Konkurrenten eine dauerhafte Teilnahme am Markt nicht lohnt.

Auch im zweiten Fall, bei heterogenen Konsumentenpräferenzen hinsichtlich des Monopol-Gutes 1, entstehen im Fall ohne vorherige Festlegung für Anbieter B niedrigere Gewinne. Im Falle vorheriger Bestimmung der Strategie wiederum wählt der Monopolist (Anbieter A) ebenfalls die Strategie des Bundling.

Whinston zeigt hier, dass Bundling eines Monopol-Gutes mit einem wettbewerblich angebotenen Gut[307] unter den gegebenen Annahmen für den Monopolisten durchaus profitabel sein kann, weil es ihm u. U. ermöglicht, seinen Konkurrenten aus dem zweiten Markt zu drängen. Ob dem Monopolisten dies nun möglich ist, hängt davon ab, ob er in der Lage ist, sich im Voraus auf eine bestimmte Strategie festzulegen oder nicht. Hierbei geht es darum, ob der Anbieter nur ein Gut, beide Güter separat oder gebündelt anbietet.[308] In vielen Fällen kann ein Anbieter dies tun, z.B. durch Gestaltung der Produkte und des Produktionsprozesses oder durch Kompatibilitätsentscheidungen.

Whinston stellt in seinem Modell den Leverage-Effekt unter der Berücksichtigung von Skaleneffekten und strategischem Verhalten dar. Die Wohlfahrtsimplikationen hingegen von Bundling bei einem Monopol- und einem Wettbewerbs-Gut sind bei Whinston nicht klar herausstellbar.[309]

---

[307] Diese Art von Bundling wird auch Tying genannt.
[308] Die Möglichkeit des Mixed Bundling wird hier also nicht berücksichtigt.
[309] Vgl. Whinston, M. (1990), S. 855f.

6.3.6 Sonderfälle

Auch bei den Modellen für Bundling-Sonderfälle werden wieder verschiedene Bundling-Formen unter recht unterschiedlichen Annahmen hinsichtlich der Reservationspreise untersucht. Besonderheiten können sich beispielsweise aus der Relation zwischen den untersuchten Gütern ergeben, etwa bei kompatiblen Gütern oder im Fall von Base-Supplemental-Gütern.

Tabelle 9: Übersicht der Modelle für Bundling in Sonderfällen.

	Liao/Tauman (2002)	Anderson/Leruth (1993)	Matutes/Regibeau (1992)	Lee (2000)	Cready (1991)
Bundling-Formen	Pure Bundling	Pure und Mixed Bundling	Pure und Mixed Bundling	Pure Bundling	Premium Bundling
Reservationspreise	homogene Konsumenten	Indirekte Nutzenfunktion, heterogene Konsumenten	- Nutzenfunktion Nutzen nur aus einem System, nicht aus einzelnen Komponenten - heterogene Konsumenten	Nutzenfunktion	Keine Besonderheiten
Relation zwischen den Gütern	jeweils zwei komplementäre Güter pro Anbieter, die wiederum Substitute zu den jeweiligen Gütern des anderen Anbieters sind	je zwei komplementäre Güter pro Anbieter	je zwei kompatible Komponenten bilden ein System	Base-Gut ist Voraussetzung zur Nutzung von Supplemental-Gut	
Wettbewerbsstruktur	- Duopol und Oligopol - Wettbewerb zwischen Komplementär-Gut-Paaren	Wettbewerb zwischen Komplementär-Gut-Paaren im Duopol	Duopol	Base-Markt Monopol, Supplemental-Markt Duopol	Monopol
Besonderheiten	Komplementäre Güter	Unterscheidung: Festlegung auf Strategie vor oder nach Preisbestimmung	Kompatibilität der Komponenten mit der jeweils anderen Komponente des anderen Anbieters	Base-Supplemental-Güter, Grad der Differenzierung, Integration der Anbieter	Premium Bundling (mit Aufschlag)

Wie auch bei den bereits dargestellten Modellen treten auch bei den Sonderfall-Modellen Unterschiede in der angenommenen Wettbewerbsstruktur auf. Auch weitere Besonderheiten der Modelle werden in der obigen Tabelle verdeutlicht.

6.3.6.1 Bundling von komplementären Gütern

Pure Bundling und Unbundling im Duopol und Oligopol: das Modell von Liao und Tauman

Bundling im Fall von Preiswettbewerb zwischen zwei Multiproduktanbietern unter Duopol- und Oligopolbedingungen wird in einem Modell von Liao und Tauman untersucht.[310] Ein Anbieter produziert hier jeweils zwei komplementäre Güter, die wiederum Substitute für die beiden Produkte des zweiten Anbieters sind. Jedes Güterpaar eines Herstellers stellt ein System dar, dessen einzelne Komponenten auch mit den entsprechenden eines anderen Herstellers kompatibel sind. Jeder Anbieter stellt Gut 1 und Gut 2 zu positiven Grenzkosten her. Ein System aus Gut 1 und Gut 2 kann zwei unterschiedliche Ausprägungen aufweisen: es kann ein gemischtes System sein aus Gut 1 und Gut 2 von jeweils unterschiedlichen Herstellern oder ein pures System mit Gut 1 und Gut 2 vom identischen Hersteller.

Das Modell unterscheidet ebenfalls zwei Perioden, in der ersten Periode bestimmt jeder Anbieter entweder die Einzelpreise für seine zwei Produkte, oder er entscheidet sich, sie im Bündel zu einem Bündelpreis anzubieten.[311] In einer zweiten Periode treffen die Konsumenten ihre Kaufentscheidungen. Die Konsumenten werden hier über ihren Reservationspreis für das entsprechende Ergebnis ihrer Kaufentscheidung charakterisiert und als homogen vorausgesetzt.

---

[310] Vgl. Liao, C.-H. / Tauman, Y. (2002).
[311] Angenommen wird hier Bertrand-Wettbewerb, d.h. die Anbieter bestimmen ihre Preise unabhängig voneinander und gleichzeitig.

Jeder Anbieter setzt drei verschiedene Preise, zwei für die Einzelkomponenten und einen für das Bündel. Sobald das Bündel aus beiden Gütern mit einem gewissen Discount im Vergleich zum Einzelkauf angeboten wird, handelt es sich laut Liao und Tauman um eine Bundling-Strategie.[312] Allgemein wird ein Ergebnis bei diesen Autoren ein Bundling-Ergebnis genannt, wenn die Konsumenten ein „pures System" zu einem Discountpreis konsumieren. Für den Bundling-Fall schließt das Modell einen Bündelpreis, der kleiner ist als die Summe der Grenzkosten der Komponenten, aus. Allerdings ist es dennoch möglich, ein einziges Gut zu einem Preis unter den Grenzkosten anzubieten. Die Konsumenten können auch drei oder vier Güter erwerben, entweder in Form eines Bündels und eines Einzelprodukts oder zweier Bündel, um ihr präferiertes System zusammenzustellen.

Unter diesen Annahmen treffen nun alle Beteiligten ihre Entscheidungen, wobei auf der Angebots-Seite von einem Bertrand-Wettbewerb ausgegangen wird. Das bedeutet, dass die Anbieter simultan und unabhängig ihre Preise festlegen, während die Menge von den daraus resultierenden Konsumentscheidungen der Konsumenten bestimmt wird.

Außerdem definieren die Autoren das sozial beste System als das System aus Gut 1 und Gut 2, aus dem die höchste Gesamtwohlfahrt resultiert. Allerdings wird in diesem Modell weiterhin vereinfachend angenommen, dass jedes System ein sozial bestes System ist, wenn die Differenz aus den Reservationspreisen und den Grenzkosten positiv ist.

Auf der Grundlage dieses Basismodells wird nun zunächst der Duopolfall mit den zwei Anbietern A und B und den Gütern 1 und 2 von jeweils jedem der beiden Anbieter behandelt.[313] Existiert ein dritter, nicht-aktiver Anbieter, so sind die Gewinnverteilung und die Konsumentenrente in allen Gleichgewichtspunkten des Duopolfalls identisch.

---

[312] Vgl. Liao, C.-H. / Tauman, Y. (2002), S. 369.

[313] Im Duopol-Modell von Liao und Tauman existiert zwar möglicherweise ein dritter Anbieter, dieser ist hier jedoch nicht-aktiv. Als nicht-aktiv wird der Anbieter bezeichnet, dessen Güter in einem gegebenen Gleichgewicht nicht konsumiert werden. Vgl. Liao, C.-H. / Tauman, Y. (2002), S. 371f.

Ansonsten existiert in diesem Modell für alle möglichen Bundling-Spiele mit zwei teilnehmenden Anbietern ein Gleichgewicht, das folgende Eigenschaften aufweist:[314]

1. Die Konsumenten konsumieren ein sozial bestes System.

2. Wenn nur ein „pures System" (z.b. das des Anbieters A) das sozial beste ist, wird es als ein Bündel verkauft. Der Anbieter A erwirtschaftet dann einen positiven Gewinn, während Anbieter B seine Güter zu Grenzkostenpreisen anbietet und keinen Gewinn erzielen kann. Die Konsumenten erzielen eine positive Konsumentenrente.

3. Wenn beide „puren Systeme" die sozial besten sind, werden beide zu Grenzkostenpreisen verkauft und die Konsumenten können die vollständige Rente abschöpfen.

4. Wenn ein gemischtes System das sozial beste ist, muss zwischen zwei Fällen unterschieden werden. Ist dieses System anderen möglichen Systemen überlegen, verzichten die beiden Anbieter auf Wettbewerb und extrahieren gemeinsam die gesamte Rente. Ist das Bündel hingegen anderen nicht überlegen, so bieten beide Anbieter ihr Bündel zu einem Discountpreis an. Die Konsumenten konsumieren in diesem Fall das gemischte System und erzielen eine positive Konsumentenrente. Das Ergebnis ist jedoch kein Gleichgewicht.

Allerdings kann nicht davon ausgegangen werden, dass in jedem Gleichgewicht das sozial beste System konsumiert wird. In diesem Modell ist der Wettbewerb zwischen den Anbietern deutlich eingeschränkt durch die Annahme, dass es sich um Bertrand-Wettbewerb zweier Anbieter mit vier Gütern handelt. Die Autoren zeigen aber, dass zu jedem sozial besten System ein bestimmter Preis existiert, so dass der Konsum des Systems zu diesem Preis eine gleichgewichtige Situation darstellt.

---

[314] Vgl. Proposition 2 von Liao, C.-H. / Tauman, Y. (2002), S. 372.

Aus dem Modell von Liao und Tauman kann gefolgert werden, dass ein Anbieter nur dann positive Gewinne erwirtschaftet, wenn er wenigstens eine Komponente jedes sozial besten Systems anbietet.[315] Das bedeutet, dass nur dann eine positive Produzentenrente entsteht, wenn mindestens ein Anbieter mindestens eine Komponente jedes sozial besten Systems anbietet. Des Weiteren zeigt das Modell dies: Falls nur ein einziges sozial bestes System existiert, das zusätzlich ein „pures System" des Anbieters A ist, gilt folgendes:[316]

1. Dieses System ist das einzige Gleichgewicht und jeder Konsument zahlt seinen Reservationspreis abzüglich der Differenz aus Reservationspreis und Grenzkosten, die sich beim Konsum des puren Bündels des zweiten aktiven Anbieters ergeben hätte.

2. Bundling mit Discountpreisen ist genau dann das einzige gleichgewichtige Ergebnis, wenn der Anbieter nicht durch Unbundling die Möglichkeit hat, mehr Konsumentenrente abzuschöpfen und somit eine höhere Produzentenrente zu erlangen.

Die Erweiterung des Basismodells auf den Oligopolfall mit einer endlichen Zahl von Anbietern zeigt, dass einige der Ergebnisse des Duopolfalls übertragbar sind. So finden die in Proposition 2 von Liao und Tauman[317] genannten ersten drei Eigenschaften aller Bundling-Gleichgewichte auch hier Anwendung. Ebenso gilt auch hier der in Proposition 3 beschriebene Sachverhalt: Es entsteht auch im Oligopol nur genau dann eine positive Produzentenrente, wenn mindestens ein Anbieter mindestens eine Komponente eines jeden sozial besten Systems anbietet.[318] Im Oligopolfall werden weiterhin zwei Anbieter A und B und zwei verschiedene Güter betrachtet. Zusätzlich wird jedoch die Menge aller Anbieter außer A und B betrachtet. Das Zwei-Güter-System aus dieser Anbietermenge, das die höchste Wohlfahrt α generiert, wird als Vergleich zu den Systemen der Anbieter A und B herangezogen.

---

[315] Vgl. Proposition 3 von Liao, C.-H. / Tauman, Y. (2002), S. 374.
[316] Vgl. Liao, C.-H. / Tauman, Y. (2002), S. 375f.
[317] S. o. und vgl. Liao, C.-H. / Tauman, Y. (2002), S. 372.
[318] S. o. und vgl. Liao, C.-H. / Tauman, Y. (2002), S. 374.

Ist im Oligopolfall ein „gemischtes System" mit je einem Gut von Anbieter A und B das sozial beste, dann gibt es ein Gleichgewicht, so dass

1. die Konsumenten das sozial beste System konsumieren. Die beiden Anbieter A und B können zudem unter bestimmten Gegebenheiten die Produzentenrente in Höhe der Differenz aus Reservationspreis und Grenzkosten des sozial besten Systems extrahieren abzüglich α;

2. die Anbieter A und B ihre Güter als Bündel zu einem Discountpreis anbieten. Die Konsumenten kaufen dann zwei „pure Systeme" und konsumieren dennoch das gemischte sozial beste System und erzielen unter bestimmten Gegebenheiten eine positive Konsumentenrente.[319]

Ist im Oligopolfall das einzige sozial beste System hingegen ein „pures System", z.B. von Anbieter B, so liegt das einzige Bundling-Gleichgewicht beim Kauf dieses Systems. Jeder Konsument zahlt seinen Reservationspreis für das System abzüglich α. Bundling mit Discountpreisen ist das einzige Gleichgewicht nur genau dann, wenn die Güter, die Anbieter B anbietet, in gemischten Systemen mit anderen Gütern anderer Anbieter eine um mindestens α höhere Wohlfahrt ermöglichen würden.[320]

Mit steigender Anbieterzahl erhöht sich der Wettbewerbseffekt und damit die Verteilung der Gesamtwohlfahrt zwischen Konsumenten und Anbietern. In einem sozial besten Gleichgewicht bieten alle Anbieter, die keine Komponente des sozial besten Gleichgewichtsystems anbieten, ihre Güter zu Grenzkostenpreisen an. Dieser Wettbewerb veranlasst die Anbieter der Komponenten des sozial besten Systems, nicht die gesamte Rente zu extrahieren. Es entsteht also eine positive Konsumentenrente, die mindestens so hoch ist wie die aus dem besten aller Systeme aller Anbieter, die keine Komponente des betrachteten sozial besten Systems anbieten.[321]

[319] Vgl. Liao, C.-H- / Tauman, Y. (2002), S. 378f.
[320] Vgl. Liao, C.-H. / Tauman, Y. (2002), S. 379.
[321] Vgl. Liao, C.-H. / Tauman, Y. (2002), S. 379.

Liao und Tauman finden also mit ihrem Modell heraus, dass unter den gegebenen Bedingungen beim Einsatz von Bundling bei komplementären Gütern im Gegensatz zum Unbundling-Fall immer ein Gleichgewicht existiert. Sie können weiterhin herleiten, dass die Konsumenten unter Bundling immer sozial beste Systeme erwerben, und dass sie immer die gesamte Wohlfahrt als Konsumentenrente extrahieren, außer mindestens ein Anbieter bietet mindestens eine Komponente jedes sozial besten Systems an. Die Autoren zeigen mit ihrem Modell außerdem, dass durch den Einsatz von Bundling bei Discountpreisen die Konsumentenrente erhöht werden kann.

In dem Modell von Liao und Tauman (2002) ist der Wettbewerb jedoch deutlich eingeschränkt, da ausgegangen wird von einem Bertrand-Wettbewerb zwischen zwei Anbietern mit je zwei Gütern. Die Autoren gehen zwar vereinfachend davon aus, dass Gleichgewichte immer auch sozial beste Situationen sind, dies muss sowohl im Duopol- als auch im Oligopol-Fall jedoch nicht so sein. Unterstellt man dagegen vollständigen Wettbewerb mit vier Anbietern und je zwei Gütern, muss im Gegensatz zum Oligopol-Fall automatisch jedes Marktgleichgewicht ein sozial bestes System sein.[322]

Sowohl für den Duopol- als auch für den Oligopol-Fall mit den beiden alternativen Strategien Unbundling und Bundling zeigt das Modell, dass die Konsumenten im Gleichgewicht immer ein sozial bestes System konsumieren. Das bedeutet, dass die Konsumenten immer eines der Systeme konsumieren, die in gegebener Situation die höchste Wohlfahrt mit sich bringen. Anhand der Eigenschaften und der Anzahl der sozial besten Systeme kann man drei Fälle unterscheiden, die auch in ihren Ergebnissen hinsichtlich der Verteilung der Wohlfahrt auf Konsumenten und Produzenten verschieden sind:

1. Ist nur ein System das sozial beste, das zudem aus zwei Komponenten desselben Anbieters besteht („pures System"), erhalten die Konsumenten im Duopol und im Oligopol eine positive Rente in Höhe der Differenz

---

[322] Vgl. Tauman, Y. / Urbano, A. / Watanabe, J. (1997). Hier wird lediglich allgemeiner Preiswettbewerb in einem Multiprodukt-Oligopol, aber keine Bundling-Strategien untersucht.

zwischen der Zahlungsbereitschaft für das betrachtete sozial beste System und der Wohlfahrt des puren Systems des anderen Anbieters (im Duopol-Fall) oder der Wohlfahrt des sozial zweitbesten Systems (im Oligopol-Fall). Das sozial beste „pure System" stellt sowohl im Duopol als auch im Oligopol das einzige Gleichgewicht dar. In beiden Fällen kann der Anbieter des sozial besten Bündels einen positiven Gewinn erwirtschaften. Alle weiteren Anbieter hingegen verkaufen ihre Güter zum Grenzkostenpreis, hier entsteht also kein Gewinn. Die Produzentenrente in Duopol und Oligopol ist in diesem Fall unter den Modellannahmen immer positiv.

Im Duopolfall lässt sich dieses Ergebnis mit dem Fall vergleichen, in dem Bundling nicht erlaubt ist. Unter bestimmten Bedingungen gilt für jedes Gleichgewicht sowohl mit als auch ohne Bundling:[323]

a) Im Bundling-Fall kaufen die Konsumenten das sozial beste „pure" System als Bündel zum Discountpreis. Sie erzielen dabei eine positive Konsumentenrente. Auch der Anbieter kann eine positive Produzentenrente erlangen.

b) Im Unbundling-Fall ist das sozial beste System nicht gleichzeitig auch das Gleichgewichtssystem. Die Konsumenten kaufen das gemischte System zu ihrem entsprechenden Reservationspreis, deshalb entsteht keine positive Konsumentenrente, die Produzenten sind in der Lage, diese vollständig abzuschöpfen.

2. Sind beide „puren Systeme" die sozial besten, können die Konsumenten im Duopol sowie im Oligopol die vollständige Rente abschöpfen. Es bleibt keine positive Produzentenrente.

3. Stellt sich heraus, dass ein „gemischtes System" das sozial beste ist, müssen im Duopol wiederum zwei Fälle unterschieden werden.

a) Ist dieses System anderen Systemen überlegen, so bieten beide Anbieter gemeinsam dieses System an, es findet kein Wettbewerb

---

[323] Vgl. Liao, C.-H. / Tauman, Y. (2002), S. 377.

mehr statt. Entsprechend sind die Anbieter in der Lage, die gesamte Rente abzuschöpfen, es bleibt keine positive Konsumentenrente.

b) Wenn dieses System anderen Systemen jedoch nicht überlegen ist, entsteht eine positive Konsumentenrente. Es lässt sich hingegen nicht sagen, ob eine positive Produzentenrente entsteht oder nicht. Dies hängt davon ab, wie hoch die Discountpreise sind, zu denen die beiden Anbieter ihre Bündel verkaufen. Im Modell ist lediglich festgelegt, dass ein Bündeldiscountpreis mindestens so groß ist wie die Summe aus den Grenzkosten der Komponenten. Die Produzentenrente kann also durchaus positive Werte annehmen, nämlich genau dann, wenn mindestens ein Bündelpreis über der Summe der Grenzkosten der Bündelkomponenten liegt.

Ist im Oligopolfall ein „gemischtes System" das sozial beste, so kann es wiederum dazu kommen, dass die Anbieter ihre Bündel zu einem Bündelpreis mit Abschlag anbieten.

Allgemein ist es in diesem Modell einem Anbieter nur möglich, einen positiven Gewinn zu erzielen, wenn er mindestens eine Komponente eines jeden sozial besten Systems anbietet. Eine positive Produzentenrente kann also nur dann entstehen, wenn mindestens ein Anbieter mindestens eine Komponente jedes sozial besten Systems anbietet. Dieses Ergebnis trifft sowohl im Duopol- als auch im Oligopol-Fall zu.

Liao und Tauman zeigen allgemein mit ihrem Modell für Duopol und Oligopol, dass Bundling unter wettbewerblichen Bedingungen immer ein Gleichgewicht generieren kann und das die Konsumenten mit ihrem Konsumverhalten die Wohlfahrt maximieren, indem sie sozial beste Systeme konsumieren. In diesem Modell fällt diese Wohlfahrt nahezu immer vollständig den Konsumenten zu, eine positive Produzentenrente entsteht nur in Ausnahmefällen, in denen mindestens ein Anbieter mindestens eine Komponente jedes sozial besten Systems anbietet. Für den Duopol-Fall zeigen Liao und Tauman in ihrem Modell, dass durch den Einsatz von Bundling zu Discountpreisen die Konsumentenrente erhöht wird.

Mixed Bundling im Duopol: das Modell von Anderson und Leruth

Im Gegensatz zu anderen Modellen betrachten Anderson und Leruth Duopolstrukturen auf den Märkten von zwei Gütern, und beziehen im Gegensatz zu Whinston (1990) sowohl Pure als auch Mixed Bundling in ihre Analyse mit ein. In ihrem Modell zeigen Anderson und Leruth, dass die Vorteilhaftigkeit der Mixed Bundling-Strategie gegenüber Pure Bundling und Unbundling, die sich häufig bei Untersuchungen im Monopol ergibt, im Duopol nicht gegeben sein muss.[324] Sie betrachten den Fall zweier komplementärer Güter, die jeweils von zwei Anbietern angeboten werden. Hinsichtlich der Konsumentenseite nehmen die Autoren ein spezifisches Modell zur Produktwahl an, das für eine Zwei-Perioden-Betrachtung geeignet ist. Die Konsumenten bewerten die vier Konsumoptionen und wählen die Option mit dem höchsten Nutzen. Es handelt sich hier um ein diskretes Entscheidungsmodell mit einer indirekten Nutzenfunktion, die über eine Zufallsvariable eine unterschiedliche Bewertung der Optionen durch die Konsumenten ermöglicht und über einen Grad der Heterogenität der Konsumenten verfügt.

Die Anbieter produzieren zu konstanten Grenzkosten, die für jedes Produkt unterschiedlich ausfallen, aber jeweils bei beiden Anbietern identisch sind. Skaleneffekte und Verbundvorteile (Economies of Scope) werden hier ausgeschlossen. Es bieten sich den Anbieter drei alternative Strategien: Unbundling, Pure Bundling und Mixed Bundling, wobei im letzteren Fall der Bündelpreis ein Discountpreis ist, d.h. niedriger ist als die Summe der Komponentenpreise.

---

[324] Vgl. Anderson, S. / Leruth, L. (1993).

Die Strategiewahl der Anbieter ist in diesem Modell abhängig davon, ob die beiden Anbieter in der Lage sind, sich auf eine bestimmte Strategie festzulegen, bevor sie über die Preise entscheiden.[325]

Ist dies möglich, so wählen beide Anbieter im Gleichgewicht Unbundling. Die Gleichgewichtspreise beider Güter entsprechen den Grenzkosten abzüglich einer Variablen, die den Grad der Heterogenität der Konsumenten wiedergibt. Der Gewinn pro Anbieter und Produkt entspricht infolgedessen zweimal dieser Heterogenitätsvariablen im Gleichgewicht. Die Anbieter meiden hier die Mixed Bundling-Strategie, weil sie mit ihr an mehreren Fronten konkurrieren müssten. Sie vermeiden ebenfalls Pure Bundling, da sie durch diese Strategie Discountpreise anwenden würden und durch mögliche Arbitrage oder Wiederverkauf von Zwischenhändlern die Möglichkeit der Preisdiskriminierung verlieren würden. Damit diese Annahmen halten, müssen die Anbieter in der Lage sein, sich auf diese Strategie festzulegen.[326]

Sind die Anbieter hingegen nicht in der Lage, sich auf eine bestimmte Strategie festzulegen, bevor die die Preise setzen, so wählen im Duopol-Gleichgewicht beide Anbieter Mixed Bundling. Der Gewinn fällt hier allerdings wesentlich niedriger aus.

Weitere Beobachtungen machen die Autoren noch zum Einsatz von Bundling-Strategien als Markteintrittsschranke für weitere Wettbewerber und kommen zum gleichen Ergebnis wie Whinston (1990).[327]

Das Modell von Anderson und Leruth wiederum zeigt lediglich auf, warum unter bestimmten Umständen für Anbieter kein Anreiz besteht, mittels Mixed Bundling zu preisdiskriminieren. Es lässt aber keine genauen Aussagen über die Beeinflussung der Wohlfahrt zu.[328]

---

[325] Vgl. Anderson, S. / Leruth, L. (1993), S. 56f.
[326] Vgl. Anderson, S. / Leruth, L. (1993), S. 51.
[327] S. o.. Vgl. Anderson, S. / Leruth, L. (1993), S. 56 und Whinston, M. (1990).
[328] Vgl. Anderson, S. / Leruth, L. (1993).

Kompatibilität und Mixed Bundling im Duopol: das Modell von Matutes und Regibeau

Von zunächst ähnlichen Annahmen wie Anderson und Leruth gehen Matutes und Regibeau aus.[329] Hier werden ebenfalls beide Güter von zwei Anbietern hergestellt, und es handelt sich auch um komplementäre Güter, die zusammen ein System ergeben. Konsumenten erstehen maximal eine Einheit des von ihnen bevorzugten Systems. Des Weiteren entsteht kein Nutzen aus dem Konsum von lediglich einem Gut. Die Konsumenten können zwischen vier verschiedenen Systemen wählen. Die Autoren definieren die Rente eines Konsumenten, der ein gemischtes System aus Gut 1 von Anbieter A und Gut 2 von Anbieter B ersteht, wie folgt:

Vom Reservationspreis für das präferierte System werden die Preise der beiden konsumierten Güter abgezogen. Ebenfalls abgezogen werden zwei weitere Variable, die die Differenz zwischen der vom Konsumenten gewünschten idealen Ausprägung des jeweiligen Gutes und der realen Ausprägung bei Anbieter A oder B zum Ausdruck bringt.

Matutes und Regibeau modellieren ein Spiel mit drei Runden, und betrachten damit eine zusätzliche Entscheidungsmöglichkeit für die Akteure.[330] In der ersten Runde entscheidet jeder Anbieter, ob seine Komponenten mit denen seines Konkurrenten kompatibel sein sollen oder nicht. In der zweiten Runde wählen die Anbieter eine der drei Marketingstrategien. Die Zahl der möglichen Alternativen hängt hier nun ab von der in Runde eins getroffenen Entscheidung bzgl. der Kompatibilität der Güter.[331] In Runde drei letztendlich setzen beide Anbieter gleichzeitig ihre Preise für die gegebene Kompatibilität und die gegebene Strategie.

---

[329] Vgl. Matutes, C. / Regibeau, P. (1992).
[330] Vgl. Matutes, C. / Regibeau, P. (1992), S. 39f.
[331] Haben sich die Anbieter gegen die Kompatibilität der Güter entschieden, so entsprechen letztendlich alle Strategien der Pure Bundling-Strategie, da die Konsumenten lediglich zwischen kompletten Systemen wählen können, um einen Nutzengewinn zu erzielen. Vgl. Matutes, C. / Regibeau, P. (1992), S. 40.

Jede Komponente wird zu konstanten Grenzkosten von null hergestellt. Bundling bei Kompatibilität implizieren für den Anbieter keine zusätzlichen Kosten. Um zu einem Nash-Gleichgewicht zu gelangen, wird das Spiel rückwärts gelöst. Die Autoren finden heraus, dass die Entscheidung für Kompatibilität in der ersten Phase strikt dominant für beide Anbieter ist. Daraus wird gefolgert, dass für die Anbieter in einer solchen Situation Pure Bundling von Unbundling strikt dominiert wird. [332] Wenn die Anbieter jedoch inkompatible Güter verkaufen, entsprechen ohnehin alle drei Strategien der Pure Bundling-Strategie. Daraus ergibt sich, dass für die zweite Phase des Spiels lediglich die Entscheidung zwischen Mixed Bundling und Unbundling relevant ist, wenn Kompatibilität vorliegt.

Das jeweilige Ergebnis der zweiten Phase ist abhängig von der Ausprägung des Reservationspreises für das ideale System:

Bei einem niedrigen Reservationspreis entscheiden sich beide Anbieter für Mixed Bundling, es entsteht ein Gefangenendilemma. Liegt der Reservationspreis für das erwünschte System in einem recht schmalen Bereich zwischen zwei Grenzwerten, so wählt ein Anbieter Mixed Bundling, der andere Unbundling. Über diesem Bereich ziehen beide Anbieter die Strategie des Unbundling vor.

Die Autoren stellen insgesamt fest, dass die zusätzliche Möglichkeit des Mixed Bundling die Gesamtwohlfahrt auf zwei Arten beeinflusst. Einerseits reduziert der Einsatz von Mixed Bundling tendenziell die Wohlfahrt, wenn beide Anbieter kompatible Güter anbieten. Der gleichzeitige Einsatz von Mixed Bundling durch beide Anbieter ist in keiner Situation sozial optimal. Andererseits ist der Einsatz von Mixed Bundling durch nur einen Anbieter nur optimal für einen sehr kleinen Bereich hinsichtlich der Reservationspreise für das erwünschte System, der nicht übereinstimmt mit dem Bereich, in dem es sich um ein Gleichgewicht handeln würde.[333] Ergänzend zu den obigen Ergebnissen dieses Modells bzgl.

---

[332] Vgl. Matutes, C. / Regibeau, P. (1992), S. 42.
[333] Vgl. Matutes, C. / Regibeau, P. (1992), S. 46.

der Preise und Gewinne ergeben sich folgende Resultate für die Gesamtwohlfahrt.[334]

Allgemein ist festzustellen, dass die Strategie des Unbundling in allen Fällen zur maximalen Gesamtwohlfahrt führt. Des Weiteren ist die Wahl der Strategie des Mixed Bundling durch beide Anbieter nur bei niedrigen Reservationspreisen für das gewünschte System das zweitbeste Ergebnis, also wenn beide Anbieter Mixed Bundling wählen. Ansonsten besteht der wohlfahrtstechnisch zweitbeste Fall nach Unbundling darin, dass nur ein Anbieter Mixed Bundling wählt, während der andere Anbieter seine Güter ungebündelt anbietet.

Neben diesen Effekten zeigt das Modell weiterhin, dass durch die Möglichkeit des Einsatzes von Mixed Bundling die Zahl der Parameter verbreitert wird, für die eine sozial unerwünschte exzessive Standardisierung (Kompatibilität) eintritt.[335]

Bundling von Base-Supplemental-Gütern

In Modell von Lee wird Bundling untersucht für den besonderen Fall von Base-Supplemental-Gütern.[336] Hierbei handelt es sich um zwei komplementäre Güter, bei denen der Konsum des Base-Gutes Bedingung ist für den zusätzlichen Konsum des Supplemental-Gutes. Supplemental-Güter können dem Konsumenten nur dann Nutzen stiften, wenn er bereits über das Base-Gut verfügt, wohingegen ein Base-Gut auch ohne das gleichzeitige Vorhandensein eines Supplemental-Gutes dem Konsumenten einen Nutzengewinn ermöglicht. Bei den digitalen Gütern sind derartige Base-Supplemental-Strukturen insbesondere bei Software anzutreffen: beispielsweise handelt es sich bei Betriebssystemen um Base-Güter, zusätzliche Anwendungssoftware ist entsprechend ein Supplemental-Gut. Überprüft für Bundling-Strategien wird hier die Gültigkeit der Leverage-Theorie, die besagt, dass ein Anbieter mit monopolistischer Marktmacht an einem Markt die-

---

[334] Vgl. Matutes, C. / Regibeau, P. (1992), S. 44.
[335] Vgl. Matutes, C. / Regibeau, P. (1992), S. 47f.
[336] Vgl. Lee, S.-Y. (2000).

se übertragen kann auf einen zweiten Markt, an dem er ursprünglich mit anderen Anbietern konkurriert. Dafür wird vorausgesetzt, dass der Base-Gut-Markt durch einen Monopolisten bedient wird und der Supplemental-Gut-Markt ein Duopol ist. Dadurch werden drei Anbieter betrachtet: der Anbieter des Base-Gutes, und die beiden Anbieter der Supplemental-Güter. Zudem wird angenommen, dass die Konsumenten jeweils nur eines der beiden verfügbaren Supplemental-Güter konsumieren möchten. Die Grenzkosten der Produktion sind null für alle Güter, des Weiteren sind alle fixen Kosten Sunk Costs. Das Basis-Modell von Lee für das Duopol entspricht einem Modell von Tirole: Räumlich dargestellt befinden sich die beiden Supplemental-Gut-Anbieter auf einer Strecke zwischen 0 und 1 jeweils an den Extrempunkten. Konsumenten erfahren einen Nutzenverlust proportional zur Differenz aus dem Preis des Supplemental-Gutes und ihrem Reservationspreis.[337]

Der Gesamtnutzen aus dem Konsum eines Konsumenten entspricht infolgedessen: dem Nutzengewinn, den er aus dem Konsum eines Systems aus einem Base- und einem Supplemental-Gut erfährt, abzüglich der Preise der beiden konsumierten Güter und abzüglich eines weiteren Faktors. Letzterer ist abhängig von der räumlichen Position des Konsumenten zwischen den beiden Supplemental-Gütern auf der oben genannten Strecke und von Grad der Differenzierung zwischen den beiden Supplemental-Gütern, der gleichzeitig Grad des Nutzenverlusts ist. Weiterhin wird angenommen, dass der Nutzengewinn beim Konsum eines Supplemental-Gutes ohne den Konsum eines Base-Gutes null beträgt, während er bei gleichzeitigem Konsum eines Base-Gutes positiv ist. Auch der Nutzengewinn beim Konsum von lediglich einem Base-Gut beträgt null.[338] Beobachtet werden nun drei Phasen: Zunächst entscheidet der Monopolist, ob er mit einem oder beiden der Supplemental-Gut-Anbieter fusionieren möchte oder nicht (eine Fusion ist mit Transaktionskosten verbunden). In einer zweiten Phase

---

[337] Dieser Nutzenverlust entspricht den Transportkosten im Modell von Tirole. Vgl. hierzu Lee, S.-Y. (2000), S. 218 und Tirole, J. (1988), Kap. 7.
[338] Vgl. Lee, S.-Y. (2000), S. 218.

wird der Preis des Base-Gutes festgelegt und das Base-Gut verkauft. In einer letzten Phase bestimmen die verbliebenen Supplemental-Gut-Anbieter die entsprechenden Preise und die Supplemental-Güter werden verkauft.

Es existieren drei verschiedene Eigentumsstrukturen, die in diesem Modell einzeln untersucht werden: unabhängige Eigentumsverhältnisse (Base- und Supplemental-Gut-Anbieter sind unabhängig voneinander), partielle Integration (der Base-Gut-Anbieter fusioniert mit einem der beiden Supplemental-Gut-Anbieter) und vollständige Integration (alle drei Anbieter sind zu einem einzigen Anbieter integriert). Es wird jeweils noch unterschieden zwischen „gesättigten Märkten" (alle Konsumenten konsumieren ein Supplemental-Gut im Gleichgewicht) und „ungesättigten Märkten" (nicht alle Konsumenten konsumieren im Gleichgewicht). Auffällig ist bei den Ergebnissen insbesondere, dass entgegen den Ergebnissen anderer Modelle bei partieller Integration und Pure Bundling von Base- und einem Supplemental-Gut der zweite Supplemental-Gut-Anbieter nicht aus dem Markt gedrängt wird, unabhängig vom Grad der Differenzierung zwischen den beiden Supplemental-Gütern. Für den integrierten Anbieter hingegen besteht die optimale Strategie darin, das Base-Gut mit dem Supplemental-Gut gebündelt anzubieten, da hierdurch die Gewinne am Base-Gut-Markt erhöht werden können.[339] Insgesamt ergibt ein Vergleich der Gewinne, die unter den verschiedenen Gegebenheiten entstehen, welche Strategie von den Akteuren gewählt wird[340]. Vernachlässigt man die Transaktionskosten bei einer Fusion, so ist die gleichgewichtige Eigentumsstruktur unabhängig vom Grad der Differenzierung zwischen den beiden Supplemental-Gütern die vollständige Integration, da alle Anbieter unter vollständiger Integration einen größeren Gewinn erwirtschaften und sich somit besser stellen. Berücksichtigt man jedoch positive Transaktionskosten einer Fusion, so ergeben sich andere Gleichgewichte: Der Gewinnzuwachs aus partieller ist nicht kleiner als der aus vollständiger Integration. Dadurch wählen die Akteure im Gleichgewicht die partielle Integration,

---

[339] Vgl. Lee, S.-Y. (2000), S. 221.
[340] Vgl. Lee, S.-Y. (2000), S. 222.

wenn die Transaktionskosten kleiner als der Gewinnzuwachs aus partieller Integration, aber größer als der aus vollständiger Integration sind. Liegen die Transaktionskosten unter dem Gewinnszuwachs aus vollständiger Integration, so ist diese die gleichgewichtige Struktur. Überschreiten die Transaktionskosten aber bereits den Gewinnzuwachs aus partieller Integration, so bleibt die Marktstruktur unverändert. Das Bundling von Base-Gut und Supplemental-Gut ist also unter den gegebenen Annahmen die optimale Strategie für den Base-Gut-Monopolisten, der gleichzeitig ein Supplemental-Gut anbietet, da die Gewinne aus dem Verkauf des Base-Gutes mit dem Einsatz dieser Strategie steigen. Der Konkurrent wird dabei allerdings nicht aus dem Supplemental-Gut-Markt gedrängt.

Zur Vereinfachung wird in diesem Modell bei der Wohlfahrtsanalyse angenommen, dass die Transaktionskosten, die bei einer Fusion des Base-Gut-Anbieters mit Supplemental-Gut-Anbietern entstehen können, vernachlässigbar sind. Zunächst wird die partielle Integration der Anbieter betrachtet, hierbei spielt wiederum der Grad der Differenzierung zwischen den beiden Supplemental-Gütern eine bedeutende Rolle. Wie bereits dargelegt, setzen die integrierten Anbieter Pure Bundling ein, um ihren gemeinsamen Gewinn zu erhöhen. Je nach Höhe der Substituierbarkeit der Supplemental-Güter ergibt der Wohlfahrtsvergleich folgendes: Partielle Integration und Bundling reduzieren die Gesamtwohlfahrt, wenn die zwei Supplemental-Güter enge Substitute sind. Ist der Grad der Differenzierung zwischen den beiden Supplemental-Gütern jedoch hoch, dann erhöhen gleichzeitige partielle Integration und Pure Bundling die Wohlfahrt.[341] Bei vollständiger Integration ist von Bedeutung, ob der Markt vollständig bedient wird oder nicht: Wenn beide Supplemental-Güter sehr enge Substitute sind, ist die Wohlfahrt bei vollständiger Integration identisch mit der bei unabhängigen Anbietern. In allen anderen Fällen impliziert vollständige Integration der Anbieter die höchste Gesamtwohlfahrt im Vergleich der betrachte-

---

[341] Vgl. Lee, S.-Y. (2000), S. 223.

ten Eigentumsstrukturen.[342] Zusammenfassend kann festgestellt werden, dass bei hoher Subsituierbarkeit der Supplemental-Güter durch den Einsatz von Bundling sowohl ein Wohlfahrtsverlust als auch eine Senkung des Gewinns des Konkurrenten hervorgerufen werden kann. In diesem Fall kann also der integrierte Anbieter von der Marktmacht im Base-Güter-Segment auch im Supplemental-Güter-Segment profitieren. Sind die beiden Supplemental-Güter jedoch keine engen Substitute, so erhöht der Einsatz von Bundling möglicherweise die Wohlfahrt. Die Eigentumsverhältnisse im Gleichgewicht werden von der Höhe der Transaktionskosten bei Fusionen beeinflusst.

6.3.6.2 Premium Bundling

Bei Premium Bundling handelt es sich um eine besondere, bisher nicht beachtete Form des Mixed Bundling. Die Güter werden hier zum einen separat zu Komponentenpreisen angeboten, andererseits als Bündel zu einem Bündelpreis der höher ist als die Summe aus den Preisen der enthaltenen Komponenten.[343] Betrachtet wird hier ein aus maximal zwei Komponenten bestehendes Bündel. Voraussetzung für die Durchführbarkeit dieser Preisstrategie ist die Möglichkeit, Konsumenten daran zu hindern, mehr als eine Komponente separat zu kaufen. Dies ist im Dienstleistungssektor verhältnismäßig einfach, da der Anbieter im direkten Kontakt zu seinen Kunden steht und so über eine recht genaue Kenntnis der Konsumenten verfügt. Schwieriger ist der Einsatz von Premium Bundling für Anbieter, die ihre Produkte an eine große Zahl unbekannter Nachfrager verkaufen, so wie es bei digitalen Produkten generell der Fall ist. Im Folgenden wird jedoch angenommen, der Anbieter sei zur Durchsetzung seiner Strategie in der Lage. Des Weiteren wird angenommen, dass ein Monopolist zwei Güter zu

---

[342] Vgl. Lee, S.-Y. (2000), S. 223.
[343] Vgl. Cready, W. (1991) und untenstehende Abbildung.

unterschiedlichen, aber konstanten Kosten herstellt. Die Konsumenten werden auch hier durch ein Reservationspreispaar charakterisiert. Ferner konsumieren sie höchstens eine Einheit eines jeden Gutes, da eine zweite Einheit für sie keinen Nutzenzuwachs bringt. Die Konsumenten lassen sich entsprechend ihres Konsumverhaltens in vier Gruppen einteilen:[344]

1. Die Akteure der ersten Gruppe konsumieren nicht ($0p_2Ap_1$ in der Abbildung), wobei p_1 der Preis für Gut 1 und p_2 der Preis für Gut 2 ist. Ihre Reservationspreise r_1 und r_2 für beide Güter liegen unterhalb der jeweiligen Preise.

2. Akteure der zweiten Gruppe konsumieren nur Gut 1 (in der Abbildung unterhalb p_1ABD). Für sie gilt: Ihr Reservationspreis für Gut 1 entspricht mindestens dem Preis für Gut 1. Der Reservationspreis für Gut 2 ist kleiner oder gleich dem Bündelpreis p_B abzüglich des Preises für Gut 1. Außerdem ist die Differenz aus Reservationspreis und Preis bei Gut 1 mindestens so groß wie bei Gut 2.

3. In Gruppe drei wird lediglich Gut 2 gekauft (oberhalb p_2ABC in der Abbildung). Für diese Konsumenten ist der Reservationspreis mindestens so hoch wie der Preis für Gut 2, deshalb wird dieses Gut konsumiert. Entsprechend anders verhält es sich bei Gut 1, der Reservationspreis ist hier maximal so groß wie der Bündelpreis abzüglich des Preises für Gut 2. Des Weiteren ist die Differenz aus Reservationspreis und Preis bei Gut 2 mindestens so groß wie bei Gut 1.

4. Akteure der vierten Gruppe kaufen das Bündel zum Premium-Preis (in der Abbildung oberhalb CBD). Sie werden charakterisiert durch einen Reservationspreis für das Bündel, der mindestens dem Bündelpreis entspricht. Außerdem ist die Differenz aus Reservationspreis und Preis beim Bündel mindestens so groß wie bei den beiden Gütern 1 und 2.

---

[344] Vgl. Cready, W. (1991), S. 174.

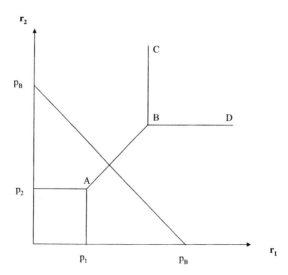

Abbildung 20: **Konsumentengruppen bei Premium Bundling. Quelle: Cready, W. (1991), S. 175.**

Cready zeigt anhand eines Beispiels, dass der Anbieter mit Premium Bundling einen erwartungsgemäß höheren Gewinn erwirtschaftet als im einfachen Monopol mit Mixed oder Pure Bundling. Der Autor stellt außerdem fest, dass Premium Bundling insbesondere dann wünschenswert ist, wenn der Zusammenhang zwischen den Reservationspreisen beider Güter insgesamt positiver Natur ist, also beide Güter durch die Konsumenten ähnlich bewertet werden, gleichzeitig aber die Konsumenten mit niedrigen Reservationspreisen eher unterschiedliche Bewertungen an den Tag legen.[345] Besonders unter diesen Gegebenheiten kann der Einsatz von Premium Bundling den Gewinn des Anbieters erhöhen. Dies gilt jedoch insbesondere nur unter der Voraussetzung, dass der Anbieter verhindern kann, dass Konsumenten mehr als eine Komponente einzeln kaufen. Auch wenn es sich bei den Gütern um Substitute oder komplementäre Güter handelt, kann

---

[345] Vgl. Cready, W. (1991), S. 175.

Premium Bundling die gewinnmaximierende Strategie darstellen. Bei komplementären Gütern ist dies auch besonders dann der Fall, wenn der Anbieter auf dem Markt eines der beiden Güter eine Monopolstellung innehat.[346]

Cready überprüft Premium Bundling auf die Erfüllung der drei positiven Kriterien Extraktion, Inclusion und Exclusion, die auch schon Adams und Yellen verwendet haben. Premium Bundling erfüllt weder das Kriterium der vollständigen Extraktion, noch das der Inclusion – genau wie einfaches Monopolistenverhalten und Mixed Bundling. Beide Kriterien werden verletzt für alle Verteilungen von Reservationspreisen und Produktionskosten. Erfüllt wird hingegen das Exclusion-Kriterium, ebenso wie bei normalem Monopol-Pricing.

Durch Premium Bundling werden ebenso die beiden normativen Kriterien der allokativen und distributiven Effizienz verletzt.[347] Das Ergebnis bei Premium Bundling ist nicht allokativ effizient, da alle impliziten und expliziten Preise über den Grenzkosten der Produktion liegen. Dadurch werden nicht alle Konsumenten bedient, die Reservationspreise haben, die mindestens den Grenzkosten entsprechen. Das Kriterium der distributiven Effizienz wird durch Premium Bundling nicht erfüllt, weil bestimmte Konsumenten, die nur eine Bündelkomponente erwerben, für die andere Komponente einen höheren Reservationspreis haben können als andere Konsumenten, die diese Komponente kaufen. Damit könnten sich Konsumenten durch Handel untereinander besser stellen.

---

[346] Vgl. Cready, W. (1991), S. 176.
[347] Vgl. Cready, W. (1991), S. 175.

6.4 Allgemeine Ergebnisse

Die Modelle für Aggregationsstrategien zeigen die verschiedenen Strategien, deren relative Vor- und Nachteile unter sehr unterschiedlichen Annahmen. Aus diesem Grund ist es auch nur schwer möglich, zwischen allen Modellen einen Vergleich zu ziehen und allgemeingültige Empfehlungen abzuleiten. Im Folgenden sollen dennoch die Ergebnisse zusammengefasst werden, die sich nicht nur auf sehr spezifische Annahmen stützen, sondern etwa mehrfach auftreten und daher möglicherweise allgemeiner Natur sind.

Ergebnisse der Modelle für Bundling im Monopol

Allgemein verdeutlichen die Modelle für zwei Güter im Monopol sehr gut, dass unter den verschiedensten Bedingungen Pure Bundling für den Anbieter häufig vorteilhafter sein kann als Unbundling. Gerade Salinger kann mit dem Einbeziehen von möglichen Kostensenkungen durch Bündelproduktion auf diesem Gebiet einen bei digitalen Produkten recht häufig auftretenden Sonderfall modellieren. Damit ist seine Aussage möglicherweise auch für digitale Produkte besonders aussagekräftig.

Auch die Modelle für Bundling von mehr als zwei Gütern zeigen im Allgemeinen, dass Bundling-Strategien durchaus vorteilhafter sein können als der Einzelverkauf mehrerer Produkte. Bakos und Brynjolfsson (1999) zeigen, dass auch Pure Bundling bei zahlreichen Gütern für den Anbieter gewinnbringender sein kann als Unbundling. Die Autoren weisen aber darauf hin, dass Mixed Bundling im Vergleich nicht unbedingt noch vorteilhafter sein muss.

Insbesondere wird jedoch auf eindrucksvolle Weise klar, dass unter nahezu allen betrachteten Annahmen Bundling im Allgemeinen, und insbesondere Mixed Bundling die für den Anbieter profitabelste Strategie darstellt. Letztere vereint die Vorteile des Pure Bundling und des Unbundling auf sich, so dass sie unter den meisten Bedingungen dominiert. Dies gilt insbesondere für heterogene, aber auch für homogene Reservationspreise der Konsumenten für die Güter. Für sehr unterschiedlich ausgestaltete Bedingungen zeigen die genannten Autoren, dass es für einen Anbieter besonders lohnenswert ist, seine Produkte sowohl separat als auch gebündelt anzubieten.

Ergebnisse der Modelle für Bundling im Wettbewerb

Die Modelle für Aggregation von Gütern im Wettbewerb - und somit auch von Nutzern und über die Zeit – zeigen die Strategien und ihre relativen Vorteile unter sehr unterschiedlichen Annahmen. Aus diesem Grund sind auch die Ergebnisse nicht identisch, sondern sollten differenziert betrachtet werden. Häufig besitzen die dargestellten Ergebnisse der einzelnen Modelle auch nur in sehr spezifischen Fällen Gültigkeit. Allerdings können durchaus auch Gemeinsamkeiten entdeckt werden, die im Folgenden zusammengefasst werden sollen.

Ganz besonders eignen sich Bundling-Strategien zur Übertragung von Marktmacht. Dies kann dann erfolgen, wenn beispielsweise ein monopolistischer Anbieter eines Gutes 1 auch Gut 2 anbietet, das wiederum auch von einem anderen Anbieter angeboten wird. Bündelt der Monopolist nun beide Güter, so kann er durchaus ein gewisses Maß seiner Marktmacht aus Markt 1 auf den Markt für Gut 2 übertragen. Ähnlich kann auch ein Anbieter von Base-Supplemental-Gütern verfahren. Auch in anderen Fällen erweist sich der Einsatz von Bundling-Strategien als vorteilhaft für den Anbieter, besonders gilt dies für Mixed Bundling. Ebenfalls kann der Einsatz von Premium-Bundling für den Anbieter durchaus profitabel sein.

Insgesamt lässt sich feststellen, dass durch den Einsatz von Bundling die Elastizität der Nachfrage erhöht wird. Dies ist umso mehr der Fall, je mehr Güter gebündelt werden. Durch die erhöhte Elastizität der Nachfrage ist es dem Anbieter möglich, einen größeren Anteil der Konsumentenrente abzuschöpfen als beim Unbundling.

Hingegen muss aber auch abschließend angemerkt werden, dass mit Grenzkosten, Distributions- und Transaktionskosten, die gegen null tendieren, Unbundling möglicherweise doch wieder vorteilhafter sein kann. Gerade bei digitalen Produkten sind die genannten Kosten häufig sehr niedrig. Aus diesem Grund werden auch einige Produkte aus digitalem Wege „entbündelt" angeboten, sofern sie vorher bereits auf nicht-digitalem Wege gebündelt erhältlich waren. Ein Beispiel hierfür wären etwa Musiktitel, die nicht-digital gebündelt auf einer CD angeboten werden, und digital einzeln zu Verfügung gestellt werden. Wie im Folgenden jedoch gezeigt wird, scheinen bei anderen digitalen Produkten die Gründe für den Einsatz von Bundling-Strategien zu überwiegen.

7 Fallstudie: die Preis- und Produktstrategien von Anbietern digitaler Software-Produkte

Nachdem bisher die möglichen Preis- und Produktstrategien für digitale Produkte dargestellt wurden, sollen diese nun auf ihre Verwendung beim Angebot digitaler Produkte untersucht werden. Bei der Auswahl der zu untersuchenden Gruppe digitaler Produkte waren mehrere Kriterien ausschlaggebend.

Erstens sollten mehrere Anbieter der betrachteten Güterkategorie mehrere Produkte auch digital anbieten, also zum Download zur Verfügung stellen. Viele Anbieter digitalisierbarer Produkte hingegen bieten diese zwar im Internet an, die Lieferung erfolgt jedoch häufig noch weitgehend auf physischem Wege, etwa auf einem Träger per Postsendung. Dies hängt u. a. auch mit dem Umfang der digitalen Produkte zusammen. Besonders große Dateien zum Download anzubieten ist nicht immer besonders sinnvoll, da die Übertragung zum Kunden sehr lange dauert und damit leicht Übertragungsfehler oder –unvollständigkeiten durch Unterbrechungen der Leitung entstehen können.

Das zweite Kriterium war das Gewinnstreben der betrachteten Anbieter, da schließlich profitable Preis- und Produktstrategien untersucht werden sollen. Gerade im Bereich wissenschaftlicher Publikationen sind einige Anbieter nicht unbedingt zur Erwirtschaftung von Gewinnen gezwungen. Wichtig hinsichtlich der Untersuchung der im Rahmen dieser Arbeit dargestellten Preis- und Produktstrategien ist auch, dass auf dem betrachteten Marktsegment möglichst viele dieser Strategien üblich sind, wie beispielsweise Versioning oder Bundling. Auch der Zusammenhang zwischen den untersuchten Produkten sollte gut erkennbar sein, z. B. ob es sich um Substitute handelt oder um komplementäre oder Base-Supplemental-Güter. Besonders gut eignet sich daher der Markt für Software und die hier im Folgenden dargestellten Anbieter digitaler Software-Produkte, die diese Kriterien erfüllen.

Vor der Darstellung der Ergebnisse aus der Fallstudie sollen noch Besonderheiten des Marktes für Software erläutert werden. Anschließend werden die untersuchten Anbieter kurz beschrieben. Nach der darauf folgenden Skizzierung der Vorgehensweise der Fallstudie werden die Ergebnisse nach Anbietern getrennt dargelegt.

7.1 Besonderheiten des Software-Marktes

7.1.1 Interdependenzen mit dem Hardware-Markt

Besonders auffallend am Markt für Software ist der Zusammenhang von Software mit der entsprechenden Hardware. Das Vorhandensein von Hardware ist Voraussetzung für eine Nutzung von Software. Das gemeinsame Vorhandensein von beiden Elementen, Software und Hardware, ist dann wiederum Voraussetzung für den Empfang und die Nutzung anderer digitaler Produkte, wie z. B. digitaler Artikel oder Musikdateien.

Abbildung 21: **Interdependenzen des Software-Marktes mit anderen Märkten.**

Zwischen den beiden Märkten für Hardware und Software bestehen in bestimmten Bereichen Interdependenzen. Insbesondere die Vielfalt der angebotenen Software-Produkte ist auch abhängig von der Marktstruktur auf dem Hardware-Markt. Dabei spielen speziell die Wettbewerbssituation auf dem Hardware-Markt und die Vielfalt der Software-Produkte eine Rolle. Das ist wiederum darauf zurückzuführen, dass die Software-Produkte jeweils mit der verwendeten Hardware kompatibel sein müssen. Diese Kompatibilität zwischen einzelnen Hardware-Produkten und Software ist von großer Bedeutung für die Vielfalt der Software-Produkte. Dies kann beispielsweise anhand von zwei unterschiedlichen Arten von Hardware (Typ A und B) verdeutlicht werden. Existieren dann zwei Arten von Software, die jeweils mit einem Hardware-Typ kompatibel sind, können Veränderungen der Hardware Einfluss auf die weitere Vielfalt der Software haben. Erhöht man etwa die Kompatibilität der A-Hardware mit der Software, die für Typ B bestimmt ist, so sind zwei Effekte zu erwarten:[348]

1) Die Vielfalt der Software, die speziell für den Hardware-Typ A bestimmt ist, wird langfristig verringert.

2) Die Vielfalt der Software, die speziell für den Hardware-Typ B bestimmt ist, wird langfristig ansteigen.

Nachfrager von Software-Produkten haben i. d. R. eine recht hohe Präferenz für eine große Vielfalt an Software-Produkten, die mit der von ihnen jeweils verwendeten Hardware kompatibel ist. Dies wird durch die neueren technologischen Entwicklungen nur noch verstärkt: je mehr verschiedene digitale Produkte außer Software angeboten werden (z. B. digitale Musikdateien), deren Nutzung eine spezifische Software erfordert, desto größer ist die Präferenz für eine große Vielfalt an Software, die mit dem verwendeten System kompatibel ist.

Das Verhältnis von Hardware zu Software und von Software wiederum zu nahezu allen anderen digitalen Produkten entspricht dem Schema der Base-

---

[348] Vgl. Shy, O. (2001), Kap. 3.

Supplemental-Güter, das bereits weiter oben im Zusammenhang mit den möglichen Preis- und Produktstrategien der Anbieter von digitalen Produkten besprochen wurde.[349] Die Ergebnisse hinsichtlich der Übertragung von Marktmacht sind entsprechend auch hier anwendbar, allerdings betreffen sie nur Anbieter, die sowohl Hardware als auch die kompatible Software gleichzeitig anbieten.

In diesem Zusammenhang ist ferner darauf hinzuweisen, dass Internet-basierte Software, die nicht mehr auf die Hardware jedes Nutzers übergehen muss, sondern innerhalb von Rechnernetzen verwendet werden kann, besondere Vorteile hat:[350]

1) Kompatibilität: Da die betrachtete Software nicht auf der Hardware der Nutzer gespeichert wird, sondern über eine Internet-Verbindung genutzt wird, entstehen keine Kompatibilitätsprobleme zwischen Hardware des Nutzers und der nachgefragten Software.

2) Zugang: Der Zugang zu Internet-basierter Software ist überall dort gewährleistet, wo ein Zugang zum Internet besteht.

3) Installation und Upgrades: Die Installation der Software auf der Hardware durch jeden einzelnen Nutzer entfällt. Auch die Aktualisierung der benutzten Software mittels Upgrades ist für den Anwender nicht mehr nötig.

4) Flexible Bezahlung: Diese Art von Software wird wahrscheinlich eher „vermietet" als verkauft. Das bedeutet, dass jeder Nutzer auch nur seine tatsächliche Nutzung bezahlt. Dieser Vorteil für den Konsumenten entfällt, sobald der Anbieter Aggregationsstrategien anwendet, und beispielsweise zeitlich begrenzte Abonnements, beliebig gegen eine einmalige Gebühr oder den Zugang zu einem Bündel von Software-Produkten anbietet.

Die beschriebenen Besonderheiten des Marktes für Software führen zu einem sehr hohen Maß an Produktdifferenzierung. Es werden also zahlreiche enge, a-

---

[349] Vgl. hierzu Kap. 6.

[350] Internet-basierte Software ist bereits recht verbreitet im Bereich von Software zur Kalenderführung, erwartet wird jedoch auch ein Vorstoß im Bereich der textverarbeitenden Software. Die hier genannten Vorteile von Internet-basierter Software sind zu finden bei Shy, O. (2001), S. 76.

ber imperfekte Substitute angeboten. Daher entsteht zwischen den Produkten kein vollständiger Wettbewerb, sondern vielmehr ein monopolistischer Wettbewerb. Den mit einer bestimmten Marktmacht ausgestatteten Anbietern bietet sich auch deshalb die Möglichkeit, besondere Preis- und Produktstrategien anzuwenden.

7.1.2 Software Pricing und Marktsegmentation

Wie bereits weiter vorne erwähnt, tritt Preisdifferenzierung entsprechend verschiedener angebotener Qualitätsstufen bei digitalen Produkten und insbesondere auch bei Software häufig auf. Es handelt sich hierbei aber häufiger um eine Kombination aus Versioning und Preisdifferenzierung zweiten Grades, bei der sich die Konsumenten selbst aufgrund ihrer Präferenzen und Zahlungsbereitschaften für eine bestimmte Version entscheiden. Der Anbieter muss dazu als Voraussetzung mehrere qualitativ unterschiedliche Versionen gleichzeitig anbieten, etwa eine besonders umfangreiche und eine in ihren Funktionen etwas reduzierte Version. Damit ist es für einen Anbieter unter bestimmten Umständen vorteilhaft, die Kosten der Produktion zu erhöhen, um eine weniger hochwertige Version aus einer hochwertigen Version abzuleiten, die an Konsumenten mit einer niedrigeren Zahlungsbereitschaft verkauft wird. Es wird in diesem Zusammenhang häufig zunächst die höherwertigere Version hergestellt und die zweite dann etwa durch Ausblenden einiger Funktionen oder Abzug bestimmter Besonderheiten abgeleitet. Aus diesem Grund ist es häufig zu beobachten, dass die minderwertigere Version, die zu einem geringeren Preis angeboten wird, nicht selten teurer in der Produktion ist als diejenige, die als höherwertigere Version zu einem höheren Preis angeboten wird. Relevant sind bei dieser Betrachtung aufgrund der wenig kostenintensiven Vervielfältigung digitaler Produkte lediglich die Kosten bei der Herstellung des ersten Exemplars.

Einige Anbieter wenden zusätzlich die Strategie der Preisdifferenzierung dritten Grades an. Das bedeutet, dass die Konsumenten anhand eines überprüfbaren Faktors in eine Gruppe eingeteilt werden können, für die entsprechende Preise festgelegt werden. Ein Beispiel hierfür sind niedrigere Preise für Studenten. Eine solche Strategie ist an sich keine Besonderheit. Allerdings tritt sie am Software-Markt häufig in Verbindung mit Versioning auf, was auf anderen Märkten eher unüblich ist. So können etwa Studenten zu einem niedrigeren Preis eine im Vergleich zur Normalversion etwas eingeschränkte „Studentenversion" erwerben. Eine solche Preisstrategie ist bei anderen digitalen Produkten wie Musikdateien oder Artikeln nicht üblich.

7.2 Die in die Untersuchung einbezogenen Software-Anbieter und ihre Produkte

Für die folgende Fallstudie zur Untersuchung der Preis- und Produktstrategien für digitale Produkte anhand des Software-Marktes sind drei verschiedene Anbieter von Software ausgewählt worden. Diese Unternehmen und ihre für diese Fallstudie relevanten Produkte oder Produktlinien sollen in diesem Abschnitt vorgestellt werden.

7.2.1 Mindjet

Mindjet wurde 1993 gegründet und bietet Software für visuelle Projektplanungen an, die helfen soll, Ideen und Konzepte im Rahmen von Projekten strukturiert darzustellen und zu kommunizieren. Dabei stützt sich die angebotene Software auf die Methode des Mind Mappings. Neben der Software unter dem Namen MindManager werden auch komplementäre Dienstleistungen wie Schulungen und Workshops für Anwender angeboten. Die Produkte und Dienstleistungen von Mindjet werden international angeboten und vertrieben. Untersucht wurde hier allerdings nur das Download-Angebot auf der deutschsprachigen Site.

Das Download-Center von Mindjet umfasst mehrere MindManager-Produktlinien: u. a. die MindManager 2002 Professional Line, die MindManager 2002 Standard Line, Erweiterungsprodukte, MindManager 4.0 und 3.5 sowie kostenlose Viewer. Die im Folgenden dargestellte Untersuchung bezieht sich allerdings nur auf die MindManager 2002 Professional Line, die wiederum mehrere Produktgruppen beinhaltet.

7.2.2 Adobe

Adobe Systems mit dem Hauptsitz in San Jose, Kalifornien, erwirtschaftete im Jahr 2002 einen Umsatz von über einer Milliarde US-Dollar. Das an der Nasdaq notierte Unternehmen beschäftigt weltweit über 3000 Mitarbeiter. Das Angebot von Adobe lässt sich in sechs Kategorien unterteilen: Acrobat-Produkte, Server-Produkte, Print und Web, Digital Imaging, Digital Video und Technologien. Diese breite Produktpalette spricht sehr viele verschiedene Konsumentengruppen an. So beinhaltet sie Produkte für Laien und professionelle Nutzer und für kleine bis große Unternehmen. Die in der folgenden Fallstudie untersuchte Produktlinie Photoshop gehört hauptsächlich zur Kategorie des Digital Imaging, ein Produkt jedoch wird zusätzlich der Kategorie Digital Video zugeordnet. Untersucht wird dabei nur das deutschsprachige Download Store, um die Übersicht über das Angebot zu ermöglichen. Der Unterschied zu anderen Download Stores bezieht sich ohnehin hauptsächlich auf die angebotenen Sprachversionen.

7.2.3 Symantec

Symantec ist einer der größeren Anbietern von Software im Bereich Internetsicherheit. Das Angebot umfasst Softwarelösungen für Privatanbieter bis zu großen Unternehmen, die insbesondere Virenschutz und Firewalls, sowie Intrusion Detection, Internet- und E-Mail-Filter nachfragen. Des Weiteren werden auch entsprechende Sicherheitsdienstleistungen angeboten. Das Nasdaq-100-Unternehmen beschäftigt über 4000 Mitarbeiter und hat seinen Hauptsitz in Cupertino, Kalifornien.

Angesichts des recht breiten Angebotes wird im Folgenden lediglich die Marke Norton für Endanwenderprodukte (für Privatanwender und kleine Unternehmen) untersucht. Es werden von Symantec zwar auch Produkte ähnlicher Funktion für große Unternehmen angeboten, allerdings sind diese häufig gemeinsam mit anderen Produkten und Dienstleistungen in Pakete eingebettet, die an das Unternehmen angepasst werden. Es handelt sich dann kaum mehr um standardisierte und somit vergleichbare Produkte.

Die Untersuchte Produktlinie, Norton, wird auf verschiedenen Sites zum Download angeboten. Aus Gründen der Übersichtlichkeit ist für die folgende Studie allerdings nur relevant, was auch auf deutschsprachigen Sites angeboten wird.

7.3 Vorgehensweise bei der Durchführung der Fallstudie

Nach der Auswahl der zu untersuchenden Produktlinien der Anbieter sollen nun die Preis- und Produktstrategien dieser Anbieter systematisch untersucht werden. Dies geschieht einerseits anhand einer Tabelle, die alle Untersuchungskriterien auflistet. Sie ist für alle betrachteten Anbieter identisch und enthält die entsprechenden Ergebnisse in stichwortartiger Form.[351]

---

[351] Die in der folgenden Untersuchung der Preis- und Produktstrategien verwendeten Daten sind den genannten Internetseiten entnommen (Zugriff am 17.4.2003).

Anbieter: Kriterien:	Mindjet (www.mindjet.de)	Adobe (www.adobe.de)	Symantec (www.symantec.de)
1. Beschreibung der Produktlinie			
a) Allgemeines			
Produktkategorie	MindManager.	Digital Imaging bzw. Digital Video.	Sicherheit bzw. Systemoptimierung.
Bezeichnung der Produktlinie	MindManager 2002 Professional Line.	Photoshop.	Norton.
Enthaltene Produktgruppen	- MindManager 2002 Enterprise Edition: 4 Produkte. - MindManager 2002 Business Edition: 4 Produkte. - MindManager 2002 Mobile Edition: 4 Produkte. - 4 Erweiterungsprodukte (auch als Bündel)	- Photoshop 7.0: 12 Produkte. - Photoshop Elements 2.0: 6 Produkte. - Photoshop Album 1.0: 3 Produkte.	- Norton AntiVirus: 3 Produkte. - Norton PersonalFirewall: 2 Produkte. - Norton Ghost: 1 Produkt. - Norton Utilities: 2 Produkte. - 3 verschiedene Bündel, Multi-User-Packs.
Beschreibung	Visuelle Projektplanungssoftware zur strukturierten Darstellung und Kommunikation von Ideen und Konzepten.	Bildbearbeitungssoftware.	Internetsicherheitssoftware (Antivirensoftware, Firewalls), Systemoptimierungssoftware, vorwiegend für Privatanwender und kleine Unternehmen.
Zielgruppe	Professionelle Nutzer.	Photoshop 7.0: Professionelle Nutzer; andere: Privatnutzer.	Privatnutzer, auch sehr kleine Unternehmen (Professional Edition).

b) Zusammenhänge zwischen den Produkten			
Komplementäre Produkte	Ja, etwa die Mobile Editions.	Ja, z. B. Photoshop Elements und Album.	Ja.
Substitutiv	Ja.	Ja.	Ja.
Base-Supplemental-Struktur	Ja, bei Upgrades und Updates und bei Erweiterungsprodukten.	Nein, nur bei Upgrades und Updates.	Nein, nur bei Upgrades und Updates.
2. Beschreibung der Preis- und Produktstrategien			
Discounts bei digitaler Auslieferung	Nein, gleicher Grundpreis wie bei physischer Auslieferung. Zusätzlich anfallende Versandkosten.	Im Allgemeinen nicht. Wenn ja, dann nur sehr geringfügig.	Nein, gleicher Grundpreis wie bei physischer Auslieferung. Zusätzlich anfallende Versandkosten.
Versioning	Ja. Sprachversionen, Versionen mit reduzierten Funktionen (Business Edition), Versionen für Palm und Pocket PC (Mobile Edition). Upgrading: Ja („Updating" genannt).	Ja. Sprachversionen, Versionen für Betriebssysteme etc. Upgrading: Ja.	Ja. Versionen für professionelle Nutzer und Privatnutzer, Versionen für Betriebssysteme. Upgrading: Ja.
Updates	Ja. Kostenlose „Service Packs" mit Verbesserungen.	Ja.	Ja.
Mixed Bundling	Ja, bei Erweiterungsprodukten.	Ja, allerdings nur nicht-digital. Betrifft nur Photoshop 7.0.	Ja, größtenteils digital. Auch nicht-digital bei Norton SystemWorks und Multi-User-Packs.

Pure Bundling	Nein.	Nein.	Ja, Norton PrivacyControl, Norton SpamAlert und Norton Parental Control nur in verschiedenen Bündeln erhältlich.
Discounts bei Bundling (subadditive Preisstruktur)	-	Ja, ca. 40% Ersparnis. Aber nur nicht-digitale Auslieferung.	Ja. Genaue Höhe nicht feststellbar.
Unbundling	Ja. MindManager 2002 Business Edition-Produkte und Mobile Edition-Produkte nur separat.	Ja, Photoshop Elements 2.0 und Album 1.0 nur separat angeboten.	Nein. Alle Produktgruppen auch in Bündel integriert erhältlich.
Licensing	Ja.	Ja. Preis je nach Menge und Produkt (entsprechend einem eigenen Punktesystem).	Ja. Multi-User-Packs (für 5 Nutzer), Lizenzpakete für Unternehmen (beinhalten mehrere Produkte und Dienstleistungen).
Abonnements	Nein.	Nein.	Ja.
Kostenlose Testversionen	Ja, kostenlose 21-Tage-Testversion. Zusätzlich Guided Tours („Spots").	Ja, für Photoshop 7.0 und Photoshop Elements 2.0. Für Photoshop Album nur Demonstration (Guided Tour).	Ja. Für Unternehmenslösungen: kostenlose 30-Tage-Testversionen, für Privatanwender noch nicht, aber „in Kürze" erhältlich.

Tabelle 10: Preis- und Produktstrategien von Anbietern digitaler Software.

Diese Ergebnisse werden außerdem für jeden Anbieter nochmals genauer analysiert und mit in der Tabelle möglicherweise nicht dargestellter Zusatzinformation ergänzt.[352]

---

[352] Vgl. Kap. 7.4.1.

Die Tabelle umfasst dabei zwei Gliederungspunkte: erstens die Beschreibung der untersuchten Produktlinie und zweitens die Beschreibung der jeweiligen Preis- und Produktstrategie. Die Beschreibung der untersuchten Produktlinie beinhaltet zum einen sehr allgemeine Angaben über die betrachtete Produktlinie. Dabei wird die Anzahl und Gliederung der Produkte der entsprechenden Produktlinie genannt und es wird dargestellt, zu welcher Produktkategorie im Angebot des jeweiligen Anbieters die Produktlinie gehört.[353]

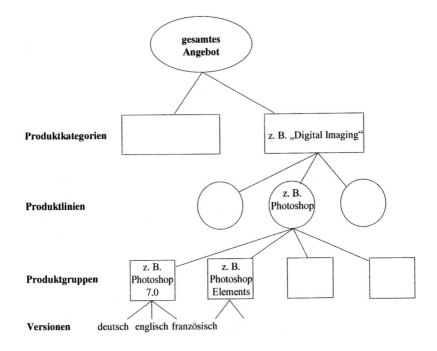

Abbildung 22:   Allgemeine Systematik des Produktangebots am Beispiel von Adobe.

---

[353] Das Produktangebot ist häufig zum Zwecke der Übersichtlichkeit in unterschiedliche Kategorien unterteilt, die in den meisten Fällen in Anlehnung an die Funktion oder den Einsatzbereich der Produkte gestaltet sind. Diese Kategorien werden genannt, um die Positionierung der untersuchten Produktlinie im Angebot des jeweiligen Anbieters zu verdeutlichen.

Das Angebot der meisten Anbieter umfasst mehrere Produktkategorien, die häufig entsprechend der Funktionen der enthaltenen Produkte gewählt sind. Als relevante Produktkategorie wird hier nur die Kategorie erwähnt, in der sich die untersuchte Produktlinie befindet. Die Produktlinie stellt wiederum eine Untergruppe der übergeordneten Produktkategorie dar und ist durch Gemeinsamkeiten auf einem enger definierten Einsatzgebiet gekennzeichnet. Innerhalb der Produktlinie können wiederum einzelne Produkte und Produktgruppen mit unterschiedlichen Ausprägungen unterschieden werden.

Außerdem wird im Rahmen der Beschreibung der Produktlinie die Funktion der betrachteten Produkte beschrieben, ebenso wie die angestrebte Zielgruppe, also ob es sich um Produkte für professionelle Nutzer oder Laien handelt. Zum anderen werden bei der Beschreibung der Produktlinie auch die Zusammenhänge zwischen den einzelnen Produkten untersucht. Dabei geht es um die Frage, ob es sich um komplementäre Produkte oder Substitute handelt, und ob eine Base-Supplemental-Struktur vorliegt.

Die Beschreibung der Preis- und Produktstrategien hingegen zeigt auf, welche der in vorangehenden Kapiteln dieser Arbeit beschriebenen Preis- und Produktstrategien beim jeweiligen Anbieter Anwendung finden. In diesem Zusammenhang wird untersucht, ob Discounts für die Konsumenten digital vertriebener Ware wirksam werden. Daraufhin wird die Verwendung der Strategien Versioning, Upgrading, Bundling, Licensing, Abonnements und das Angebot kostenloser Testversionen überprüft. Ferner wird auch auf die Darstellung der Preise eingegangen, etwa darauf, ob Preisdiscounts entsprechend den Empfehlungen aus Kapitel 5 separat aufgelistet werden.

Eine solche Vorgehensweise ermöglicht eine standardisierte Untersuchung aller betrachteten Anbieter und damit auch einen Vergleich ihrer Preis- und Produktstrategien, da diese nach identischem Muster anhand einer Tabelle dargestellt sind. Des Weiteren kann jedoch auch auf Besonderheiten in der Preis- und Produktstrategie eines jeden Anbieters eingegangen werden. Dies erscheint besonders wichtig vor dem Hintergrund, dass nicht alle Anbieter ihr Angebot auf die gleiche Weise darstellen. Solche Besonderheiten in der Darstellung des Angebots können in einer Tabelle nur schwer dargestellt werden.

7.4 Auswertung

7.4.1 Die Ergebnisse bei den einzelnen Anbietern

7.4.1.1 Mindjet

Beschreibung der Produktlinie

Gegenstand der folgenden Untersuchung ist die Produktlinie MindManager 2002 Professional Line der Produktkategorie MindManager des Anbieters Mindjet. Dahinter verbirgt sich visuelle Projektplanungssoftware zur strukturierten Darstellung und Kommunikation von Ideen und Konzepten, die im Rahmen der Projektplanung eine Rolle spielen. Wie der Name bereits ausdrückt, sind mit dieser Produktlinie professionelle Anwender angesprochen. Sie umfasst drei weitere Produktgruppen und zusätzliche Erweiterungsprodukte.

Produktgruppe	Ausführungen
MindManager 2002 Enterprise Edition	4 Versionen
MindManager 2002 Business Edition	4 Versionen
MindManager 2002 Mobile Edition	4 Versionen
Erweiterungsprodukte	4 verschiedene Produkte
	1 Bündel (aus allen 4 Erweiterungsprodukten)
	„Add-Ins" (zusätzliche Funktionen)

Tabelle 11: Gliederung des Angebots der Produktlinie MindManager 2002 Professional Line von Mindjet.

Die Produkte der Enterprise Edition enthalten nach Angaben des Anbieters den „MindManager Konferenzserver". Dies vermittelt auf den ersten Blick den Eindruck, es handele sich bei den vier Versionen der Enterprise Edition um Bündel. Allerdings stellt der Konferenzserver den Hauptunterschied zu den jeweiligen Versionen der Business Edition dar und wird also nur in Verbindung mit den Enterprise Edition-Produkten angeboten. Er wird ansonsten weder in Verbindung mit anderen Produkten, noch getrennt angeboten. Aus diesem Grund kann der „MindManager Konferenzserver" nicht als eigenständiges Produkt anerkannt werden. Die Versionen der Enterprise Edition sind somit keine Bündel, sondern einfache Produkte. Die Produkte der Mobile Edition, davon je zwei auf Deutsch und zwei auf Englisch, zwei für Palm und zwei für Pocket PC, können durchaus als enge Komplemente zu den Produkten der Enterprise Edition oder der Business Edition betrachtet werden. Die Produkte der Enterprise und der Business Edition wiederum stellen in gewisser Form imperfekte Substitute dar. Sie verfügen beide über bestimmte Funktionen, die Enterprise Edition ist eine etwas erweiterte Version der Business Edition und verfügt demnach über zusätzliche Funktionen. Eine Base-Supplemental-Struktur ist erkennbar bei Updates und Upgrades, aber auch bei den Erweiterungsprodukten, die größtenteils kostenlos sind. Für den Einsatz dieser Produkte ist das Vorhandensein einer Vollversion notwendig. Ebenso verhält es sich bei den angebotenen Add-Ins, die zusätzlich zu einer Vollversion erworben werden können. Allerdings werden diese hier nicht in die Untersuchungen einbezogen.

Beschreibung der Preis- und Produktstrategien

Auffällig beim Download-Angebot von Mindjet ist, dass alle Downloads nur erfolgen können, wenn dem Kunden bereits eine lizensierte Version von MindManager zur Verfügung steht, eine kostenlose Testversion reicht jedoch dafür aus. Für alle Produkte ist ein Preis festgelegt, der unabhängig von der Auslieferung ist. Es werden also grundsätzlich keine Discounts für digital ausgelieferte

Software gewährleistet. Allerdings entsteht dennoch ein Preisvorteil bei digitaler Übertragung, da für den Konsumenten keine Versandkosten entstehen.

Innerhalb der Produktlinie finden sich zahlreiche Beispiele für Versioning. Die Produktgruppe Business Edition ist so bereits eine reduzierte Version der Enterprise Edition, da sie nur über beschränkte Funktionen letzterer verfügt. Innerhalb der einzelnen Produktgruppen finden sich erneut Versionen, da die Produkte in unterschiedlichen Sprachen angeboten werden. Außerdem existieren Versionen der Mobile Edition für Palm und Pocket PC. Auch werden im Zeitablauf regelmäßig neue Versionen produziert, die jeweils durch einen neuen Namenszusatz (wie beispielsweise „2002") gekennzeichnet sind. Zur Erreichung der aktuellen Version auf der Basis von vorhandenen Vorgängerversionen kann der Kunde Upgrades erwerben, die bei Mindjet allerdings „Updates" genannt werden.[354] Updates nach der in dieser Arbeit verwendeten Definition, also geringfügige Verbesserungen oder Aktualisierungen, werden bei Mindjet als kostenlose „Service Packs" angeboten, die bestimmte Funktionen in verbesserter Form ermöglichen.

Mindjet bietet zusätzlich für Lehrende und Lernende an Non-Profit-Bildungs- und -Forschungseinrichtungen die MindManager 2002 Enterprise Edition zu besonders niedrigen Preisen an. Es handelt sich dabei um die normale, also nicht um eine in ihren Funktionen beschränkte Version der Enterprise Edition. Den Kunden wird beim Einzelkauf ein Rabatt von über 50% gewährt. Ferner bietet Mindjet auch verbilligte Mehrfach-Lizenzen für Schulen (für 16 Nutzer) und für Universitäten (für 10 Nutzer) an. Entsprechend des Prinzips der Preisdifferenzierung dritten Grades müssen die Kunden hier einen Berechtigungsnachweis erbringen, wie etwa eine Studienbescheinigung oder eine offizielle Bestellung der berechtigten Institution.

Die Strategie des Mixed Bundling findet Anwendung bei der Produktgruppe der Erweiterungen. Es werden hier vier verschiedene Erweiterungsprodukte angebo-

---

[354] Vgl. Definition und Unterscheidung von Updates und Upgrades in Kap. 4 dieser Arbeit.

ten, wie etwa zusätzliche Symbole oder Lernvideos. Alle vier verschiedenen Produkte können jedoch auch gebündelt als Erweiterungspaket erworben werden. Die Strategie des Pure Bundling findet im Download-Angebot der Mind-Manager 2002 Professional Line keine Anwendung.

Es existieren in der untersuchten Produktlinie mehrheitlich jedoch Produkte, die nur separat angeboten werden. Die dominierende Strategie ist hier also Unbundling, bis auf die Ausnahme der Erweiterungsprodukte.

Auch die Strategie des Licensing findet in der betrachteten Produktlinie Anwendung. Mindjet bietet verschiedene Lizenzformen und Lizenzprogramme. Bei den Lizenzformen kann unterschieden werden zwischen Einzelplatz-Lizenz, Mehrfach-Lizenz (für fünf, zehn oder 25 Anwender) und Server Packs (zehn oder 25 Anwender). Die Enterprise und Business Edition-Produkte können in Form von Mehrfach-Lizenzen erworben werden, als Server Pack sind hingegen nur die Enterprise-Produkte verfügbar. Eine weitere Gestaltungsmöglichkeit hinsichtlich der Lizenz bietet die Wahl des Lizenzprogramms, hier stehen das First-Order-Level-Lizenzprogramm und der Reporting-Lizenz-Vertrag zur Auswahl. Ersteres richtet sich an kleinere Abnehmer, die in ihrer ersten Bestellung durch die Menge den gültigen Rabatt für eventuelle weitere Bestellungen festlegen möchten, sich aber noch nicht auf eine Gesamtmenge eventueller weiterer Bestellungen festlegen können. Preisnachlässe sind dabei abhängig von der Größe der ersten Bestellung. Der Reporting-Lizenz-Vertrag hingegen ist für große Abnehmer konzipiert, die ihren Bedarf innerhalb eines bestimmten Zeitraumes abschätzen können. Diese Lizenz ist insbesondere sinnvoll für große Unternehmen mit Tochterunternehmen oder mehreren Niederlassungen.

Abonnements werden von Mindjet im Rahmen des Download-Angebotes nicht angeboten. Dafür werden dem Anwender jedoch kostenlose Testversionen für 21 Tage zur Verfügung gestellt. Sie können auch als Voraussetzung für das weitere Herunterladen von Software dienen. Des Weiteren kann sich der Kunde bereits im Rahmen von detaillierten Informationen zum jeweiligen Produkt einen so genannten „Spot" (Guided Tour) ansehen, in dem die Funktionen des Produkts dargelegt werden.

7.4.1.2 Adobe

Beschreibung der Produktlinie

Die ausgewählte Produktlinie „Photoshop" von Adobe wird vom Anbieter den Produktkategorien „Digital Imaging" bzw. „Digital Video" zugeordnet und umfasst drei Produktgruppen: Photoshop 7.0, Photoshop Elements 2.0 und Photoshop Album 1.0. Diese Produktgruppen sind, wie im Folgenden dargestellt, in mehreren Versionen erhältlich. Bei den Produkten der untersuchten Photoshop-Linie handelt es sich um Bildbearbeitungssoftware für Fotos und Videos. Während es sich bei Photoshop 7.0 um ein Produkt für überwiegend professionelle Nutzer handelt, sind die beiden Produkte Photoshop Elements 2.0 und Photoshop Album für Laien konzipiert, die die Software für private Zwecke nutzen.

Die Produktlinie umfasst 12 digitale Produkte in der Photoshop 7.0–Reihe, sechs weitere in der Photoshop Elements 2.0–Reihe und zusätzliche drei in der Photoshop Album 1.0-Reihe. In der Reihe der Photoshop 7.0-Produkte handelt es sich um jeweils zwei Vollversionen von Photoshop 7.0 (eine für Macintosh, eine für Windows), und zwei Upgrades (ebenfalls für Macintosh und Windows). Diese vier Produkte sind entsprechend in jeweils drei Sprachen erhältlich (deutsch, englisch, französisch). In der Photoshop Elements 2.0-Reihe werden je eine Version für Macintosh und eine für Windows in den gleichen Sprachen angeboten. Photoshop Album 1.0 wird in diesen drei Sprachen für Windows als Download angeboten. Zusätzlich zu den hier untersuchten Produkten bietet Adobe passende Plug-Ins von anderen Anbietern auf seiner Homepage an. Diese werden jedoch hier nicht weiter beachtet, da sie nicht zur Produktpalette von Adobe gehören.

Komplementaritäten können zwischen den Produkten der Reihen Photoshop Elements 2.0 und Photoshop Album 1.0 entstehen, da beide auch die gleiche Zielgruppe, private Nutzer bzw. Laien, ansprechen sollen. Diese Produkte ergänzen sich und können daher als Komplemente eingestuft werden. Allerdings handelt es sich hierbei nicht um perfekte Komplemente, da die betrachteten Produkte nicht in einem festen Verhältnis zueinander konsumiert werden müssen. Der Anbieter selbst weist explizit darauf hin, dass beide Produkte eine geeignete Kombination für den Nutzer darstellen.[355] Photoshop 7.0 hingegen richtet sich an professionelle Nutzer und ist daher nicht als Komplement zu einer der beiden anderen Produktreihen zu sehen.

Einige der angebotenen Produkte können durchaus als Substitute betrachtet werden, da jede Variante der Software (z. B. Photoshop 7.0) einerseits für unterschiedliche Betriebssysteme, und andererseits in verschiedenen Sprachen als Download verfügbar sind. Ferner können die Upgrades von Nutzern, die bereits über eine ältere Version von Photoshop verfügen, als Substitute angesehen werden zur vollständig neuen Version Photoshop 7.0. Die Zusammenhänge zwischen den Produkten sind also recht vielschichtig, zeigen aber recht deutlich, dass die digital vertriebenen Produkte innerhalb der einzelnen Produktreihen eher Substitute sind, allerdings zwar sehr enge, aber keine perfekten Substitute. Eine Base-Supplemental-Struktur innerhalb der angebotenen digitalen Produkte ist hingegen nicht festzustellen.

Beschreibung der Preis- und Produktstrategien

Bei digitaler Auslieferung eines Produkts hat der Konsument keinen nennenswerten preislichen Vorteil gegenüber der physischen Auslieferung per Post. Vielmehr sind einige Produkte in der digitalen Version sogar geringfügig teurer als in der physischen Auslieferung. Das liegt teilweise auch daran, dass für teu-

---

[355] „Adobe Photoshop Album und Adobe Photoshop Elements: Die optimale Kombination zur Bearbeitung und Verwaltung ihrer digitalen Fotos", vgl. hierzu http://www.adobe.de/products/photoshopalbum/main.html (Zugriff: 7.4.2003).

rere Produkte bei physischer Auslieferung die Versandkosten wegfallen. So ist Photoshop 7.0 beispielsweise in der digitalen deutschen Version für Windows mit EUR 1208,79 um mehr als 4% teurer als die nicht-digitale Version (Auslieferung per Post, EUR 1158,84). Beim Erwerb von Photoshop Elements 2.0 in der nicht-digitalen Version hingegen fallen Versandkosten an, so dass dieses Produkt in der deutschsprachigen Version für Windows mit EUR 110,20 und Versandkosten von EUR 9,28 um fast 4% teurer ist als die digitale Version über Download (für EUR 114,95).

Wie bereits weiter oben beschrieben, wendet der Anbieter bei allen drei Produkten die Strategie des Versioning an. Einerseits wird unterschieden nach Betriebssystemen[356], andererseits nach Sprachen. Des Weiteren zeugen die Bezeichnungen „1.0", „2.0" und „7.0" davon, dass es im Zeitablauf immer neue Versionen eines Produkts gegeben hat, bzw. dass neuere Versionen mit weiteren Funktionen durchaus geplant sind. Auch Upgrades bietet Adobe an, hier jedoch nur für die professionellen Nutzer, die ein Upgrade zur Version 7.0 erwerben können. Bundling-Strategien hingegen wendet Adobe bei den digitalen Produkten hingegen nicht an, sie sind nur einzeln als Download zu erwerben. Allerdings ist darauf hinzuweisen, dass Produkte der Photoshop-Linie in Bündel integriert sind, die nicht-digital vertrieben werden. Hierbei geht es um vier verschiedene Software-Bündel, die für die Bereiche Design, Publishing (professionelle Gestaltung von Geschäftsdokumenten), Digital Video (Erstellen und Bearbeiten von Videos) und Web (Erstellen von Web-Inhalten, professionelle Verwaltung von Web-Sites) konzipiert sind.[357] In allen vier Bündeln ist Photoshop 7.0 enthalten, daneben jeweils drei andere Software-Produkte. Adobe bietet Kunden, die ein solches Bündel erwerben, einen Discount von 40 bis 45% im Vergleich zum Einzelkauf der Komponenten, auf den explizit hingewiesen wird.

---

[356] Eine Ausnahme ist hier Photoshop Album 1.0, das nur für Windows zum Download angeboten wird.
[357] Diese Bündel werden unter den Namen Design Collection, Publishing Collection, Digital Video Collection und Web Collection angeboten. Vgl. hierzu http://www.adobe.de/products/main.html (Zugriff: 7.4.2003)

Vermutlich aufgrund des großen Umfangs sind diese Bündel nicht zum Herunterladen erhältlich, sondern können nur per Post ausgeliefert werden. Bereits das Herunterladen von Photoshop 7.0 dauert mindestens eine Stunde (etwa mit DSL), bei ISDN allein mehr als fünf Stunden. Entsprechend länger würde es dauern, wenn ein gesamtes Produktbündel heruntergeladen werden sollte. Da diese Software-Bündel jedoch lediglich auf dem physischen Wege, also per Post, zum Konsumenten übertragen werden, kann keine Bundling-Strategie bei digitalen Produkten festgestellt werden.

Adobe verfügt für die Mehrheit seiner Produkte über ein eigenes Lizenz-System. Dabei wird den für das Licensing-Programm verfügbaren Produkten eine bestimmte Anzahl von Punkten zugeordnet. Die Höhe der Vergünstigungen wird anschließend anhand der Gesamtzahl der gewählten Produkte bestimmt, wobei die Vergünstigung mit zunehmender Produktzahl stufenweise größer wird. Zusätzlich werden zwei verschiedene Lizenzprogramme angeboten: Das Transactional License Program und das Contractual License Program. Ersteres richtet sich an Unternehmen aller Größen, die Software in einem einzigen Kaufvorgang erwerben möchten. Zweiteres hingegen ist für größere Unternehmen konzipiert, die ihre Software-Bedürfnisse für einen Zeitraum von mindestens zwei Jahren antizipieren können. Im Rahmen beider Programme können sowohl Photoshop 7.0 als auch Photoshop Elements 2.0 erworben werden. Allerdings erfolgt auch hier die Auslieferung nicht-digital, was vermutlich ebenfalls auf das große Volumen und die damit verbundene Dauer eines Downloads zurückzuführen ist.

Für Adobe Photoshop 7.0 und Adobe Photoshop Elements 2.0 ist ferner das Herunterladen einer kostenlosen Testversion möglich. Diese Testversionen sind gegenüber der Vollversion eingeschränkte Versionen, die hauptsächlich kein Drucken, Speichern, Exportieren oder Kopieren ermöglichen. Für Adobe Photoshop Album wiederum steht keine kostenlose Testversion zur Verfügung, allerdings kann der potenzielle Konsument anhand einer Demonstration („Guided Tour") die Funktionen des Produkts testen.[358]

Das Download-Angebot von Adobe umfasst im Gegensatz zum Angebot von Midjet keine ersichtlichen Rabatte für Schüler, Studenten oder Lehrende.

7.4.1.3 Symantec

Beschreibung der Produktlinie

Die hier untersuchte Produktlinie Norton des Anbieters Symantec zählt zu den Produktkategorien „Sicherheit" und „Systemoptimierung" und beinhaltet acht Produkte, sechs verschiedene Bündelprodukte und zusätzlich eine Sonderaktion in Form eines zusätzlichen Bündels. Außerdem werden bereits vordefinierte Lizenzpakete angeboten, so genannte „Multi-User-Packs". Diese Produkte lassen sich wie folgt gliedern:

---

[358] Vgl. http://www.adobe.de/products/photoshopalbum/main.html (Zugriff: 7.4.2003)

Produktgruppe	Ausführungen
Norton AntiVirus	3 Versionen
	2 Multi-User-Packs
Norton PersonalFirewall	2 Versionen
	1 Multi-User-Pack
Norton Ghost	1 Version
	1 Multi-User-Pack
Norton Utilities	2 Versionen
	1 Multi-User-Pack
Bündel:	
Norton InternetSecurity	3 Versionen
	2 Multi-User-Packs
Norton SystemWorks	3 Versionen
	2 Multi-User-Packs
Sonderaktion:	1 Version
Norton InternetSecurity und Norton Ghost	

Tabelle 12: Gliederung des Angebots der Produktlinie Norton von Symantec. Quelle: http://www.symantec.de/region/de/downloads/index.html. (Zugriff: 7. 4. 2003).

Bei sämtlichen Produkten dieser Produktlinie handelt es sich um Internetsicherheitssoftware oder Systemoptimierungssoftware. Das Angebot der Norton-Produkte richtet sich an Privatnutzer mit niedrigen bis hohen Ansprüchen und sehr kleine Unternehmen. Die Unterscheidung diesbezüglich ist nicht wie beim Anbieter Adobe bereits am Namen der Produktgruppe zu erkennen. Vielmehr beinhaltet beinahe jede der in der Tabelle genannten Produktgruppen eine Version für professionelle Nutzer, die explizit mit dem Zusatz „Professional Edition" gekennzeichnet ist.

Wie auch die untersuchte Produktlinie des Anbieters Adobe enthält die Norton-Linie Produkte, die für den Konsumenten durchaus komplementären Charakter haben können, die aber keinesfalls perfekte Komplemente sind. Auch können einige Produkte miteinander substituiert werden, beispielsweise die verschiedenen Versionen für unterschiedliche Betriebssysteme. Ebenso wie beim Anbieter Adobe handelt es sich hier jedoch nicht um perfekte, lediglich um enge Substitute.

Eine Base-Supplemental-Struktur ist nur innerhalb einer Produktgruppe beim Angebot von Updates und Upgrades festzustellen, da hier die aktuelle bzw. die Vorgängerversion Voraussetzung für den Erwerb und die Funktionsfähigkeit sind. Zwischen den Produktgruppen hingegen ist keine Base-Supplemental-Struktur festzustellen, da kein Produkt notwendig für den Einsatz eines anderen ist.

Beschreibung der Preis- und Produktstrategien

Auffällig bei der Produktlinie Norton ist, dass sich die Preise für die Produkte bei digitaler und physischer Auslieferung kaum, aber häufig um den Betrag von EUR 0,01 unterscheiden. Dies ist zumindest der Fall, wenn die Versand- bzw. Downloadkosten außer Acht gelassen werden. Da dieser Betrag allerdings kaum ins Gewicht fallen mag, kann daraus gefolgert werden, dass der Anbieter digitale und nicht-digitale Produkte prinzipiell zu gleichen Grundpreisen anbietet. Im Falle des Versands werden dem Konsumenten zusätzlich die anfallenden Versandkosten in Rechnung gestellt, die digitale Übertragung erfolgt entsprechend den Voraussetzungen des Konsumenten. Zum Zeitpunkt der Untersuchung allerdings wurden die Versandkosten jedoch im Rahmen von Aktionswochen erlassen.

Nahezu jede der untersuchten Produktgruppen umfasst mehrere Versionen, einerseits für professionelle Nutzer und andererseits für unterschiedliche Betriebssysteme. Des Weiteren zeigen die Zusätze des Produktnamens wie etwa „2003", dass der Anbieter auch regelmäßig neue Versionen eines Produkts produziert. Dazu werden entsprechende Upgrades, die aus der Vorgängerversion die aktuelle Version macht, angeboten. Sprachversionen sind auf der deutschsprachigen Site nicht im Angebot inbegriffen, allerdings können sie auf der internationalen, englischsprachigen Site von Symantec erworben werden. Auch Updates können zu der untersuchten Produktlinie heruntergeladen werden, es handelt sich dabei oftmals um Definitionen neuer Viren. Diese Updates stehen dem Kunden kostenlos zum Download zur Verfügung.

Auch der Bundling-Instrumente bedient sich Symantec. Das Angebot schließt zwei Bündelgruppen (Norton InternetSecurity und Norton SystemWorks) und ein Bündel im Rahmen einer Sonderaktion ein. Die jeweils in die Bündel integrierten Komponenten können zum größten Teil auch separat gekauft werden, was auf Mixed Bundling hindeutet. Einige der Komponenten der für Macintosh geeigneten Bündel sind allerdings auch von anderen Herstellern und können bei Symantec nicht einzeln erworben werden. Das Bündel Norton InternetSecurity kann in seinen Versionen für nur einen Nutzer sowohl heruntergeladen als auch per Post empfangen werden, eben dies gilt auch für das Sonderaktions-Bündel aus Norton InternetSecurity und Norton Ghost. Das Bündel Norton System-Works wiederum wird nur auf physischem Wege ausgeliefert. Alle Multi-User-Packs können wiederum nur auf dem physischen Wege ausgeliefert werden. Die Upgrades werden hingegen nur digital ausgeliefert. Bestimmte Produkte werden auch nur in Kombination mit anderen angeboten, etwa Norton PrivacyControl, Norton SpamAlert und Norton ParentalControl.[359] Die Angebotsstrategie für

---

[359] Diese Produkte werden als eigenständige Produkte eingestuft, da sie in unterschiedlicher Kombination in mehreren Bündeln enthalten sind. Wären sie hingegen nur in einem einzigen Fall mit anderen Produkten gebündelt, so könnten sie nicht als eigenständige Produkte angesehen werden, sondern als ein Zusatz zu einem bestimmten Produkt. Da die Produkte, mit denen diese Pure-Bundling-Produkte

diese Produkte ist hier also Pure Bundling. Es existieren jedoch keine Norton-Produkte, die nur separat vertrieben werden und in kein Bündel integriert sind. Das bedeutet, dass kein Fall von Unbundling vorliegt.

Was die Preisstruktur bei den angebotenen Bündeln angeht, so kann allgemein festgehalten werden, dass die Bündelpreise subadditiv sind. Das bedeutet, dass der Konsument im Vergleich zum Einzelkauf der Bündelkomponenten einen Discount erhält. Wie hoch dieser jedoch genau ist, lässt sich hier nicht feststellen, da für bestimmte Komponenten, die von Symantec nicht separat angeboten werden, kein Preis bekannt ist.[360] Allerdings sind für alle Bündel die Einzelpreise von mindestens zwei Komponenten bekannt, deren Summe immer über dem Bündelpreis liegen.

Wie bereits aus der oben stehenden Tabelle ersichtlich, werden auch Lizenzen in Form von Multi-User-Packs angeboten, die immer für maximal fünf Nutzer konzipiert sind. Auch Abonnements gehören zum Angebot der Norton-Produktlinie. Sie betreffen die AntiVirus-Produkte, Norton PersonalFirewall, Norton InternetSecurity und SystemWorks. Das Abonnement bezieht sich auf die regelmäßige Aktualisierung der in der Software integrierten Virusdefinitionen, die online erfolgt. Es handelt sich also um ein Abonnement für regelmäßige Updates der Software.

Kostenlose 30-Tage-Testversionen der angebotenen Software sind zum Zeitpunkt der Untersuchung nur für Unternehmenslösungen verfügbar, für Privatanwender sollen sie laut Angaben des Anbieters „in Kürze" erhältlich sein.[361]

Das Download-Angebot von Symantec umfasst keine verbilligten Versionen für Schüler, Studenten oder Lehrende.

---

gemeinsam angeboten werden, auch einzeln oder in anderen Kombinationen angeboten werden, kann hier die Rede von einem Bündel sein.

[360] Diese Produkte zählen entweder zu jenen, die nur im Rahmen von Pure Bundling angeboten werden, oder zu Produkten anderer Hersteller, die von Symantec nur in Verbindung mit eigenen Produkten vertrieben werden.

[361] Vgl. http://www.symantec.de/region/de/downloads/index.html (Zugriff: 7.4.2003).

7.4.2 Zusammenfassung der Ergebnisse

Allgemein lässt sich feststellen, dass alle drei untersuchten Anbieter viele der genannten Preis- und Produktstrategien anwenden. Grundsätzliche Discounts bei digitaler Auslieferung sind bei diesen Anbietern hingegen nicht festzustellen, obwohl andere Software-Anbieter durchaus einen Rabatt von bis zu 10% bei digitaler Auslieferung gewähren.[362] Der Preisunterschied aus Sicht des Konsumenten zwischen digitaler und physischer Auslieferung entspricht in allen drei Fällen hauptsächlich den Versandkosten.[363]

Alle drei untersuchten Anbieter wenden sowohl Versioning, Upgrading, Updating und Mixed Bundling an. Allerdings werden bei zwei Anbietern einige Bündel nur physisch ausgeliefert, was auch auf den Umfang der Bündel zurückzuführen ist. Pure Bundling, also das ausschließlich gebündelte Anbieten von Produkten gemeinsam mit anderen Produkten ist nur in einem Fall festzustellen. Im Rahmen der Bundling-Strategien gewähren zwei Anbieter subadditive Preise, also Discounts im Vergleich zum Einzelkauf der Komponenten. Allerdings wird auf die so entstehende Ersparnis beim Bündelkauf nicht explizit hingewiesen, wie es laut den weiter oben dargestellten Ergebnissen der Wirtschaftspsychologie am sinnvollsten wäre.[364] Es wird im Falle der digitalen Auslieferung eher darauf hingewiesen, dass die gekaufte Software für den Konsumenten schneller verfügbar ist als bei physischer Auslieferung. Den Discount beim Bündelkauf erkennt der Kunde erst beim expliziten Vergleich der angegebenen Preise für digitale und physische Auslieferung. Beim Anbieter Symantec ist der genaue Preisvergleich dem Konsumenten nicht einmal möglich, da im Bündel Komponenten enthalten sind, deren Einzelpreis nicht feststellbar ist.

---

[362] Ein Beispiel hierfür ist die Download-Angebots-Site von IBM, wo grundsätzlich im Vergleich zur physischen Auslieferung 10% Rabatt gewährleistet werden. Vgl. hierzu www.ibm.com (Zugriff: 19.2.2003).

[363] Diese fallen zum Zeitpunkt der Untersuchung beim Anbieter Symantec im Rahmen von Aktionswochen weg.

[364] Vgl. Kap. 5.

Zwei Anbieter wiederum bieten auch Produkte nur ungebündelt an, der Dritte wiederum bietet alle Produkte auch im Rahmen von Bündeln an.

Mehrfach-Lizenzen können bei allen untersuchten Anbietern erworben werden, diese sind teilweise nur für bestimmte Nutzerzahlen erhältlich. Jeder Anbieter gewährt bei Mehrfach-Lizenzen einen bestimmten Rabatt, der sich teilweise nach anbieterdefinierten Systemen bestimmen lassen. Abonnements werden hingegen nur von einem Anbieter angeboten, bei dessen Angebot besonders auf die Aktualität Wert gelegt wird, da es sich auch um Virenschutzprogramme handelt.

Die Produkte kann der Kunde bei allen drei Anbietern vor dem Kauf anhand einer kostenlosen Testversion und teilweise auch durch Guided Tours kennen lernen. Die Testversionen werden dem potenziellen Kunden für je nach Anbieter verschiedene Zeiträume zur Verfügung gestellt. Der Anbieter Symantec bietet zwar prinzipiell Testversionen an, den Nutzern der untersuchten Produktlinie hingegen sollen sie erst „in Kürze" angeboten werden.

Insgesamt ist festzustellen, dass die Darstellung der Preise für die angebotenen Produkte nicht den in Kapitel 5 dargestellten, vorteilhafteren Methoden entspricht. Vielmehr erfordert es häufig einen längeren Suchvorgang, bis die relevanten Preise genau dargestellt vorgefunden werden. Auf Rabatte und Vorteile im Rahmen der regulären Preise wird selten explizit und sichtbar hingewiesen, vorübergehende Sonderaktionen werden hingegen auffällig angekündigt.

8 Schlussbetrachtung

Ausgangspunkt dieser Arbeit ist die Feststellung, dass eine genaue und umfassende Untersuchung der Besonderheiten digitaler Produkte bislang nur partiell stattgefunden hat. Insbesondere eine Verknüpfung der charakteristischen Eigenschaften digitaler Produkte, die sie von anderen abgrenzen, mit den daraus resultierenden Empfehlungen hinsichtlich Preis- und Produktstrategien ist bisher nur ansatzweise vollzogen worden.

In der vorliegenden Arbeit wurde versucht, in diesem Bereich ergänzende Antworten zu finden. Während zahlreiche Untersuchungen sich mit nur einem sehr kleinen Ausschnitt dieser Thematik beschäftigen, schlägt diese Arbeit einen Brückenschlag vor zwischen den unterschiedlichen Bereichen. Es werden die charakteristischen Eigenschaften der digitalen Produkte herausgearbeitet, um von ihnen Strategieempfehlungen für den Anbieter abzuleiten. Dies Konsequenzen dieser Strategien auf die Wohlfahrt werden ebenfalls in die Untersuchungen mit einbezogen.

Eine besondere Rolle bei der Betrachtung digitaler Produkte spielt der internationale Handel, da diese Produkte sich hierfür im Vergleich zu anderen Gütern in besonderem Maße eignen. Ihr Übertragungsmedium, das Internet ist von nahezu überall aus zugänglich und vereinfacht damit eine besonders schnelle Auslieferung an jeden denkbaren Ort. Um einen allgemeinen Einblick zu gewähren, stellt Kapitel 3 zunächst die bislang ungeklärten Fragen heraus, die sich beim internationalen Handel mit digitalen Produkten stellen. Hierbei handelt es sich vornehmlich um die Klassifikation der digitalen Produkte in der WTO und die Frage, ob diese Produkte im Rahmen des GATT oder des GATS behandelt werden sollen. Die Vor- und Nachteile der jeweiligen Möglichkeiten der Klassifikation werden hier dargelegt. Die Diskussionen um dieses Thema sind bisher noch nicht zu einem definitiven Ende gelangt. Es werden bei dieser Entscheidung allerdings nicht nur ökonomische Argumente berücksichtigt, da sie politisch getroffen wird.

Außerdem werden in Kapitel 4 dieser Arbeit weitere offene Fragestellungen aufgezeigt, die den grenzüberschreitenden Handel mit digitalen Produkten betreffen. Sie beziehen sich jedoch nur auf eine ganz spezielle Eigenschaft digitaler Produkte, nämlich auf ihren Bestandteil geistiges Eigentum. Zu dessen Schutz existieren bereits internationale Regelungen. Dieses Kapitel zeigt jedoch, dass diese nicht immer auch für digitale Produkte geeignet sind. Aber nicht immer ist der Schutz geistigen Eigentums auch vollständig durchsetzbar, gerade bei digitalen Produkten treten hier sehr große Schwierigkeiten auf. Es wird diesbezüglich gemeinhin angenommen, dadurch entstünden neben den offensichtlichen Vorteilen für Konsumenten lediglich Nachteile für den Anbieter. Es kann allerdings gezeigt werden, dass auch der Anbieter digitaler Produkte von einem gewissen Maß an Piraterie profitieren kann. Des Weiteren werden Strategien vorgestellt, anhand derer Anbieter digitaler Produkte selbst zum Schutz des geistigen Eigentums beitragen können. Es zeigt sich hier insbesondere, dass die Strategie des Versioning in diesem Bereich sehr wirksam eingesetzt werden kann, etwa weil der Anbieter durch geschickte Gestaltung seines Angebots auch Kunden gewinnen kann, die eigentlich illegale Kopien konsumieren würden.

Für digitale Produkte besonders geeignet erscheinen weiterhin Aggregationsstrategien. Auf sie beziehen sich die folgenden drei Kapitel der Arbeit. Kapitel 5 beschreibt dazu die Nachfrage-Seite, also die Konsumenten. Neben den Darstellungsarten der Nachfrage in den Modellen der Aggregationsstrategien werden auch Erkenntnisse aus dem Bereich der Wirtschaftspsychologie dargelegt. Insbesondere hinsichtlich der Darstellung des Produkts und seines Preises werden hier Strategieempfehlungen formuliert. Zu empfehlen ist hier eine separate Darstellung und Aufzählung aller Vorteile, die für den Konsumenten entstehen, also von Produkteigenschaften, Preis- und sonstigen Vorteilen. Möglicherweise als nachteilig empfundene Faktoren sollten hingegen möglichst nicht explizit erwähnt, sondern in andere Informationen integriert werden.

Diese Ergebnisse können leider in den daraufhin in Kapitel 6 beschriebenen Modellen nicht berücksichtigt werden, sondern müssen daneben als zusätzliche Empfehlungen berücksichtigt werden. Die Modelle aus Kapitel 6 zur Aggregation untersuchen die relative Vorteilhaftigkeit der drei Strategien Unbundling, Pure Bundling und Mixed Bundling mit einerseits zwei und andererseits n Gütern unter verschiedensten Prämissen. Die Ergebnisse der Modelle sind daher recht differenziert, können aber allgemein wie folgt zusammengefasst werden:

- Bei Bundling im Monopolfall gilt folgendes: Die Strategie des Pure Bundling ist im Vergleich zu Unbundling nicht eindeutig als vorteilhafter für den Anbieter zu bewerten. Im Falle von nur zwei Gütern ist Pure Bundling meistens mit höheren Gewinnen verbunden als Unbundling. Im Falle von mehr als zwei Gütern wird dies nicht so deutlich. Lediglich im Falle extrem hoher Skaleneffekte ist hier eine gewisse Überlegenheit der Pure Bundling-Strategie zu erkennen. Die beste Strategie aus Sicht der Anbieter ist in den meisten Fällen Mixed Bundling, unabhängig von der Anzahl der betrachteten Güter.

- Die Ergebnisse bei Bundling im Wettbewerb vervollständigen diese Empfehlungen um folgendes: Sowohl im Zwei-Güter-Fall als auch im N-Güter-Fall scheint die Strategie des Mixed Bundling jene zu sein, die in den meisten Situationen die vorteilhafteste Wahl für den Anbieter ist.

Die Vorteilhaftigkeit der untersuchten Strategien bezieht sich in den hier dargestellten Modellen lediglich auf die Gewinnverbesserung. Allerdings können Unternehmen die Vorteilhaftigkeit von Strategien auch nach anderen Kriterien, wie etwa der Erhöhung des Marktanteils, messen. Derartige Kn..

in der Bundling-Literatur nicht mit einbezogen.

Neben der relativen Vorteilhaftigkeit für den Anbieter zeigt Kapitel 6 auch ..
Wohlfahrtsergebnisse der jeweiligen Bundling-Strategien für die einzelnen Gegebenheiten der verschiedenen Modelle auf. Auch hier ist aufgrund der relativ
großen Unterschiede in den Annahmen der Modelle keine einheitliche Aussage
möglich. Allgemein kann allerdings festgestellt werden, dass beim Einsatz von
Bundling-Strategien, insbesondere beim Einsatz von Pure Bundling, im Vergleich zu Unbundling gesamtwirtschaftlich gesehen gewisse Ineffizienzen auftreten können. Welchen Einfluss die jeweilige Strategie auf Produzenten- bzw.
Konsumentenrente hat, hängt maßgeblich von den genauen Annahmen zur Kostenstruktur in der Produktion und Preisgestaltung ab.

Ausgehend von diesen Erkenntnissen konnte in Rahmen einer Fallstudie, die im
7. Kapitel dieser Arbeit präsentiert wird, überprüft werden, inwieweit die genannten Preis- und Produktstrategien tatsächlich Anwendung finden. Analysiert
wurde dies anhand von drei Software-Anbietern, die ihre Produkte auch digital
vertreiben. Gerade der Markt für digitale Software scheint für eine derartige Untersuchung besonders geeignet. Es zeigt sich, dass sich die vorliegenden Anbieter wahrhaftig der genannten Strategien bedienen. Sowohl die Strategie des Versioning als auch die Aggregationsstrategien Site Licensing, Abonnement und
Bundling finden Anwendung bei den untersuchten Anbietern. Allerdings wird
den Strategieempfehlungen, die aus den Ergebnissen der Wirtschaftspsychologie
resultieren und sich auf Aggregationsstrategien beziehen, (noch) nicht in vollem
Maße Rechnung getragen. Hier bestünden für die Anbieter weitere, noch nicht
vollständig ausgeschöpfte Möglichkeiten.

Aufgrund der begrenzten technischen Möglichkeiten ist der Anteil digitaler Produkte am gesamten Handel noch recht klein. Allerdings ist zu erwarten, dass mit

...ueren digitalen Übertragungsmöglichkeiten auch die Größe der digital übertragbaren Produkte rapide ansteigt. Damit könnten dann auch Produkte digital angeboten werden, die heute aufgrund der zu hohen Übertragungsdauer noch physisch ausgeliefert werden. Es ist durchaus nicht unrealistisch, derartige Entwicklungen zu erwarten. Das aber bedeutet, dass sich der heute getätigte Handel mit digitalen Produkten erst im Anfangsstadium befindet. So konnten hier zwar zahlreiche Strategien aufgezeigt werden, die aber erst bei einigen Anbietern Anwendung finden und noch nicht etabliert sind. Ihr Einsatz könnte sich jedoch in Zukunft durchaus verbreiten und durch andere Strategien ergänzt werden.

Literatur

Adams, William J. / Yellen, Janet L. (1976)
Commodity Bundling and the Burden of Monopoly; in: Quarterly Journal of Economics 90 (August), S. 475 – 498.

Albers, Sönke / Clement, Michael / Skiera, Bernd (1999)
Wie sollen Produkte vertrieben werden? – Distributionspolitik; in: Albers, S. / Clement, M. / Peters, K. / Skiera, B. (Hrsg.): eCommerce: Einstieg, Strategie und Umsetzung in Unternehmen, Frankfurt, S. 79 – 95.

Alvisi, Matteo / Argentesi, Elena / Carbonara, Emanuela (2002)
Piracy and Quality Choice in Monopolistic Markets. URL: http://www.serci.org/documents.html (Zugriff: 20.1.2003).

Anderson, Simon P. / Leruth, Luc (1993)
Why Firms may Prefer not to Price Discriminate via Mixed Bundling; in: International Journal of Industrial Organization 11, S. 49 – 61.

Armbruster, Karin / Biering, Simone (2003)
Digitale Produkte: Begriff, Eigenschaften und strategische Herausforderungen; Discussion Paper, Abteilung Wirtschaftsinformatik des Instituts für allgemeine Wirtschaftsforschung der Universität Freiburg.

Arthur, W. Brian (1996)
Increasing Returns and the New World of Business; in: Harvard Business Review (July – August), S. 100 – 109.

Bakos, Yannis / Brynjolfsson, Erik (1999)

Bundling Information Goods: Pricing, Profits and Efficiency; in: Management Science 45 (12), S. 1613 – 1630.

Bakos, Yannis / Brynjolfsson, Erik (2000a)

Bundling and Competition on the Internet; in: Marketing Science 19 (1), S. 63 - 82.

Bakos, Yannis / Brynjolfsson, Erik (2000b)

Aggregation and Disaggregation of Information Goods: Implications for Bundling, Site Licensing, and Micropayment Systems; in: Kahin, B. / Varian, H. (Hrsg.): Internet Publishing and Beyond: The Economics of Digital Information and Intellectual Property, Cambridge, S. 114 – 137.

Bakos, Yannis / Brynjolfsson, Erik / Lichtman, Douglas (1999)

Shared Information Goods; in: Journal of Law and Economics 42 (April), S. 117 - 155.

Barth, Dietrich (2000)

Die GATS 2000-Verhandlungen zur Liberalisierung des internationalen Dienstleistungshandels; in: ZEUS – Zeitschrift für Europarechtliche Studien 3, S. 273 - 292.

BDI (2001)

Den Weltmarkt für Dienstleistungen öffnen, Positionspapier, 2. Aufl., Berlin.

Belleflamme, Paul (2002)

Pricing Information Goods in the Presence of Copying. URL: http://www.serci.org/documents.html (Zugriff:22.1.2003).

Ben-Shahar, Danny / Jacob, Assaf (2001)

Preach for Breach: Selective Enforcement of Copyrights as an optimal Monopolistic Behavior. URL: http://www.serci.org/documents.html (Zugriff: 20.2.2003).

Berekoven, Ludwig (1974)

Der Dienstleistungsbetrieb: Wesen – Struktur – Bedeutung; Wiesbaden.

BMJ (2003)

Bundestag stimmt Kompromiss zum neuen Urheberrecht zu, Pressemitteilung Nr. 27/03, 11.4.2003. URL:

http://www.bmj.bund.de/ger/service/pressemitteilungen (Zugriff: 14.4.2003).

Boos, Monica (2003)

International Transfer Pricing: The Valuation of Intangible Assets, Den Haag.

Boucher, Rick (2002)

The Future of Intellectual Property in the Information Age; in: Thierer, A. / Crews, W. (Hrsg.): Copy Fights: The Future of Intellectual Property in the Information Age, Washington, S. 95 - 105.

BSA (2002)

Seventh Annual BSA Global Software Piracy Study. URL:

http://www.bsa.de/softwarepiraterie/details.phtml (Zugriff: 12.2.2003).

Choi, Soon-Yong / Stahl, Dale O. / Whinston, Andrew B. (1997)

The Economics of Electronic Commerce: The Essential Economics in the Electronic Marketplace; Indianapolis.

Chuang, John C. / Sirbu, Marvin A. (2000)

Network Delivery of Information Goods: Optimal Pricing of Articles and Sub-scriptions; in: Kahin, B. / Varian, H. (Hrsg.): Internet Publishing and Beyond: The Economics of Digital Information and Intellectual Property, Cambridge, S. 138 – 166.

Coase, Ronald (1972)

Durability and Monopoly; in: Journal of Law and Economics 15, S. 143 – 149.

Conner, Kathleen R. / Rumelt, Richard P. (1991)

Software Piracy: An Analysis of Protection Strategies; in: Management Science 37 (2), S. 125 – 139.

Cready, William M. (1991)

Premium Bundling; in: Economic Inquiry 14 (January), S. 173 – 179.

DeLong, James V. (2002)

Defending Intellectual Property; in: Thierer, A. / Crews, W. (Hrsg.): Copy Fights: The Future of Intellectual Property in the Information Age, Washington, S. 17 – 36.

Dixit, Avinash (1979)

A Model of Duopoly Suggesting a Theory of Entry Barriers; in: Bell Journal of Economics 19 (1), S. 20 – 32.

Drèze, Jacques H. (1978)

Public Goods with Exclusion; in: Journal of Public Economics 13, S. 5 – 24.

Eppen, Gary D. / Hanson, Ward A. / Martin, R. Kipp (1991)
Bundling – New Products, New Markets, Low Risk; in: Sloan Management Review 32 (2), S. 7 – 14.

Foroughi, Abbas / Albin, Marvin / Gillard, Sharlett (2002)
Digital Rights Management: a Delicate Balance between Protection and Accessibility; in: Journal of Information Science 28 (5), S. 389 – 395.

Gaeth, Gary J. / Levin, Irwin P. / Chakraborty, Goutam / Levin, Aaron M. (1990)
Consumer Evaluation of Multi-Product Bundles: An Information Integration Analysis; in: Marketing Letters 2 (1), S. 47 – 57.

Galanter, Eugene / Pliner, Patricia (1974)
Cross-Modality Matching of Money Against other Continua; in: Moskowitz, H. (Hrsg.): Sensation and Measurement, Dordrecht, S. 65 – 76.

Gayer, Amit / Shy, Oz (2002)
Internet, Peer-to-Peer, and Intellectual Property in Markets for Digital Products. URL: http://www.ozshy.com (Zugriff: 4.2.2003).

Gourville, John T. / Soman, Dilip (1998)
Payment Depreciation: The Behavioral Effects of Temporallly Separating Payments from Consumption; in: Journal of Consumer Research 25 (September), S. 160 – 174.

Hanson, Ward / Martin, R. Kipp (1990)
Optimal Bundle Pricing; in: Management Science 36 (2), S. 155- 174.

Harlam, Bari A. / Krishna, Aradhna / Lehmann, Donald R. / Mela, Carl (1995)

Impact of Bundle Type, Price Framing and Familiarity on Purchase Intention for the Bundle; in: Journal of Business Research 33, S. 57 – 66.

Hauser, Heinz / Wunsch-Vincent, Sascha (2002)

Gutachten für den Deutschen Bundestag: Der grenzüberschreitende Handel mit elektronischen Dienstleistungen – die Rolle der WTO und die Anforderungen an die nationale Politik; St. Gallen.

Hilke, Wolfgang (1984)

Dienstleistungs-Marketing aus Sicht der Wissenschaft; Arbeitsbericht des Betriebswirtschaftlichen Seminars der Universität Freiburg.

Illik, Johann A. (1998)

Electronic Commerce – eine systematische Bestandsaufnahme; in: Handbuch der modernen Datenverarbeitung (HMD) – Theorie und Praxis der Wirtschaftsinformatik 35, S. 10 – 24.

Johnson, Michael D. / Herrmann, Andreas / Bauer, Hans H. (1999)

The Effects of Price Bundling on Consumer Evaluations of Product Offerings; in: International Journal of Research in Marketing 16, S. 129 – 142.

Kahneman, Daniel / Tversky, Amos (1979)

Prospect Theory: An Analysis of Decision under Risk; in: Econometrica 47 (2), S. 263 – 291.

King, Donald W. / Griffiths, José-Marie (1995)

Economic Issues Concerning Electronic Publishing and Distribution of Scholarly Articles; in: Library Trends 43 (4), S. 713 – 740.

Landes, William M. / Posner, Richard A. (1987)

Trademark Law: An Economic Perspective; in: Journal of Law and Economics 30 (October); S. 265 – 309.

Landes, William M. / Posner, Richard E. (1989)

An Economic Analysis of Copyright Law; in: Journal of Legal Studies XVIII (June); S. 325 – 363.

Lee, Sang-Yong T. (2000)

Bundling Strategy in Base-Supplemental Goods Markets: the Case of Microsoft; in: European Journal of Information Systems 9, S. 217 – 225.

Liao, Chun-Hsiung / Tauman, Yair (2002)

The Role of Bundling in Price Competition; in: International Journal of Industrial Organization 20, S. 365 – 389.

Liebowitz, Stan J. (1985)

Copying and Indirect Appropriability: Photocopying of Journals; in: Journal of Political Economy 93 (5), S. 945 – 957.

Liebowitz, Stan J. (2002a)

Re-Thinking the Network Economy: The True Forces that drive the Digital Marketplace; New York.

Liebowitz, Stan J. (2002b)

Copyright in the Post-Napster World: Legal or Market Solutions?; in: Copy Fights: The Future of Intellectual Property in the Information Age, Washington, S. 197 – 204.

Luxem, Redmer (2000)

Digital Commerce: Electronic Commerce mit digitalen Produkten; Lohmar.

Martin, Stephen (1999)

Strategic and Welfare Implications of Bundling; in: Economic Letters 62, S. 371 – 376.

Matutes, Carmen / Regibeau, Pierre (1992)

Compatibility and Bundling of Complementary Goods in a Duopoly; in: Journal of Industrial Economics XL (1), S. 37 – 54.

McAfee, R. Preston / McMillan, John / Whinston, Michael D. (1989)

Multiproduct Monopoly, Commodity Bundling, and Correlation of Values; in: Quarterly Journal of Economics 104 (May), S. 371 – 383.

MIT (1999)

MIT microchip releases chemicals on demand. URL: http://web.mit.edu/newsoffice/nr/1999/microchip.html (Zugriff: 2.7.2001).

Mussa, Michael / Rosen, Sherwin (1978)

Monopoly and Product Quality; in: Journal of Economic Theory 18, S. 301 – 317.

Novos, Ian E. / Waldman, M. (1984)

The Effects of Increased Copyright Protection: An Analytic Approach; in: Journal of Political Economy 92 (2), S. 236 – 246.

OECD (2002)

The Relationship between Regional Trade Agreements and the Multilateral Trading System: Intellectual Property Rights, TD/TC/WP(2002)28/FINAL, 10.7.2002. URL: http://www.wto.org (Zugriff: 20.1.2003).

Payne, John W. / Bettman, James R. / Johnson, Eric J. (1992)

Behavioral Decision Research: A Constructive Processing Perspective; in: Annual Review of Psychology 43, S. 87 – 131.

Peinado, Marcus (2002)

Digital Rights Management in a Multimedia Environment; in: SMPTE (Society of Motion Picture Television) Journal (April), S. 159 – 163.

Phlips, Louis (1983)

The Economics of Price Discrimination, Cambridge.

Porter, Michael E. (2000)

Wettbewerbsvorteile: Spitzenleistungen erreichen und behaupten, 6. Aufl., Frankfurt am Main.

Porter, Michael E. (2001)

Strategy and the Internet; in: Harvard Business Review 79 (3), S. 62 – 78.

Porter, Michael E. / Millar, Victor (1985)

How Information gives you Competitive Advantage; in: Harvard Business Review (July – August); S. 149 – 160.

Priemer, Verena (2000)

Bundling im Marketing: Potentiale – Strategien – Käuferverhalten, Frankfurt am Main.

Ramello, Giovanni B. (2002)

Copyright and Antitrust Issues. URL: http://www.serci.org/documents.html (Zugriff: 20.1.2003).

Rodríguez Adrés, Antonio (2002)

The European Software Piracy: An Empirical Application, Draft: 19.3.2002. URL: http://www.serci.org/documents.html (Zugriff: 20.1.2003).

Salinger, Michael A. (1995)

A Graphical Analysis of Bundling; in: Journal of Business 68 (1), S. 85 – 98.

Schmalensee, Richard (1982)

Commodity Bundling by Single-Product Monopolies; in: Journal of Law and Economics 25 (April), S. 67 – 71.

Schmalensee, Richard (1984)

Pricing Product Bundles: Gaussian Demand and Commodity Bundling; in: Journal of Business 57 (1), S. S211 – S230.

Senti, Richard (2000)

WTO: System und Funktionsweise der Welthandelsordnung; Zürich.

Shapiro, Carl / Varian, Hal. R. (1999)

Information Rules: A Strategic Guide to the Network Economy; Boston.

Shy, Oz (2001)

The Economics of Network Industries, Cambridge.

Simon, Herbert A. (1979)

From Substantive to Procedural Rationalitiy; in: Hahn, F. / Hollis, M. (Hrsg): Philosophy and Economic Theory, Oxford, S. 65 – 86.

Simonson, Itamar / Tversky, Amos (1992)

Choice in Context: Tradeoff Contrast and Extremeness Aversion; in: Journal of Marketing Research 29 (August), S. 281 – 295.

Soman, Dilip / Gourville, John T. (2001)

Transaction Decoupling: How Price Bundling Affects the Decision to Consume; in: Journal of Marketing Research 38 (February), S. 30 – 44.

Spence, Michael (1976)

Product Differentiation and Welfare; in: American Economic Review 66 (2), S. 407 – 414.

Stelzer, Dirk (2000)

Digitale Güter und ihre Bedeutung in der Internet-Ökonomie; in WISU 6/00, S. 835 – 842.

Stigler, George J. (1963)

United States v. Loew's Inc.: A Note on Block-Booking; in: Supreme Court Review152, S. 152 – 157.

Stremersch, Stefan / Tellis, Gerard J. (2002)

Strategic Bundling of Products and Prices: A New Synthesis for Marketing; in: Journal of Marketing 66 (January), S. 55 – 72.

Takeyama, Lisa N. (1994)

The Welfare Implications of Unauthorized Reproduction of Intellectual Property in the Presence of Demand Network Externalities; in: Journal of Industrial Economics XLII (June), S. 155 – 166.

Takeyama, Lisa N. (2002)

Piracy, Asymmetric Information, and Product Quality Revelation. URL: http://www.serci.org/documents.html (Zugriff: 20.1.2003).

Tauman, Yair / Urbano, Amparo / Watanabe, Junichi (1997)

A Model of Multiproduct Price Competition; in: Journal of Economic Theory 77, S. 377 – 401.

Thaler, Richard (1980)

Toward a Positive Theory of Consumer Choice; in: Journal of Economic Behavior and Organization 1, S. 39 – 60.

Thaler, Richard (1985)

Mental Accounting and Consumer Choice; in: Marketing Science 4 (3), S. 199 – 214.

Tirole, Jean (1988)

The Theory of Industrial Organization, Cambridge.

Tversky, Amos / Kahneman, Daniel (1981)

The Framing of Decisions and the Psychology of Choice; in: Science 211, S. 453 – 458.

Varian, Hal R. (1998)

Markets for Information Goods. URL: http://www.sims.berkeley.edu/~hal (Zugriff: 10.4.2001)

Varian, Hal R. (2000)

Buying, Sharing and Renting Information Goods, Version: August 5, 2000. URL: http:www.sims.berkeley.edu/~hal (Zugriff: 10.4.2001).

Venkatesh, R. / Mahajan, Vijay (1993)

A Probabilistic Approach to Pricing a Bundle of Products or Services; in: Journal of Marketing Research 30 (November), S. 494 – 508.

Whinston, Michael D. (1990)

Tying, Foreclosure, and Exclusion; in: American Economic Review 80, S. 837 – 859.

Yadav, Manjit S. (1994)

How Buyers Evaluate Product Bundles: A Model of Anchoring and Adjustment; in: Journal of Consumer Research 21 (September), S. 342 – 353.

Yadav, Manjit S. (1995)

Bundle Evaluation in Different Market Segments: The Effects of Discount Framing and Buyers' Preference Heterogeneity; in: Journal of the Academy of Marketing Science 23 (3), S. 206 – 215.

Yadav, Manjit S. / Monroe, Kent B. (1993)

How Buyers Perceive Savings in a Bundle Price: An Examination of a Bundle's Transaction Value; in: Journal of Marketing Research 30 (August), S. 350 – 358.